贝页
ENRICH YOUR LIFE

货币文化史 IV

启蒙时代货币泡沫与价值反思

[美]比尔·莫勒 主编　[美]克里斯蒂娜·德桑 编
连城 译

A CULTURAL HISTORY OF
MONEY
IN THE AGE OF ENLIGHTENMENT

Bill Maurer
Christine Desan

文匯出版社

伊丽莎白一世时期被切割过的、破旧的银币

威廉三世克朗,1696年

1723年发行的乔治一世南海公司先令

西班牙元,也称"八块",1739年

路易十五埃居，1765 年

玛丽亚·特蕾西亚银元，1780 年，可能是第一种全球货币

1797 年，由索霍铸币厂蒸汽铸币冲压机铸造的车轮便士

1864 年的两美分

英格兰银行银行券,1725 年

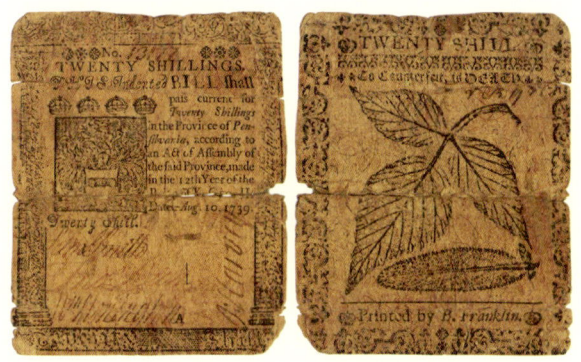

宾夕法尼亚州 20 先令纸币,本杰明·富兰克林印制,1739 年

宾夕法尼亚州面值 15 先令的银行券,1759 年 4 月

马萨诸塞州于 1775 年 12 月 7 日发行的一张四先令的"手持利剑"纸币

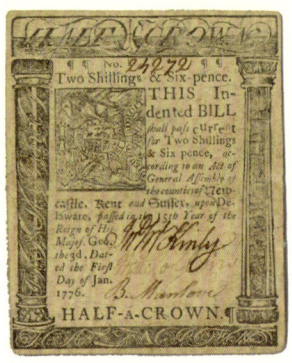 

特拉华州面值2先令6便士的　　1776年发行的1/3美元的大陆元纸币
银行券，1776年1月

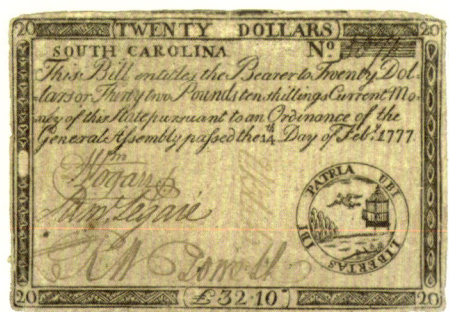

1777年2月14日，南卡罗来纳州发行的一张20美元的纸币

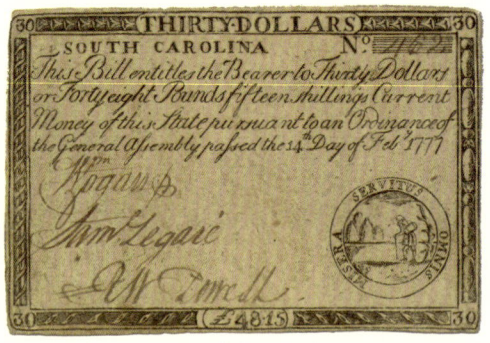

1777年2月14日，南卡罗来纳州发行的一张30美元的纸币

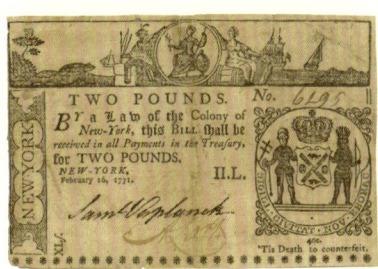

1771年2月16日,纽约发行了一张两英镑的纸币,上面印有横跨大西洋的贸易的图像

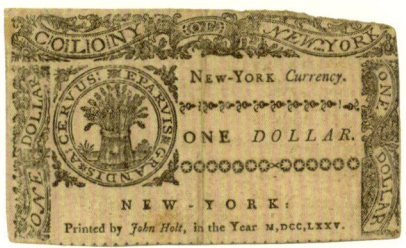

1775年纽约发行的一美元纸币上印有一捆小麦的图案和"积少成多"的格言

1775年11月29日发行的6美元的大陆元纸币

1777年5月20日发行的2美元的大陆元纸币

《托马斯·霍布斯像》,约翰·迈克尔·赖特绘

《约翰·洛克像》,迈克尔·达尔绘,约1693年

《威尔士亲王(乔治二世)肖像》,约翰·史密斯绘,1717年

《孟德斯鸠男爵像》,查理·特·塞孔达绘

《大卫·休谟像》,艾伦·拉姆齐绘

《让-雅克·卢梭像》,艾伦·拉姆齐绘

《亚当·斯密雕版肖像》,罗伯特·格雷夫斯绘

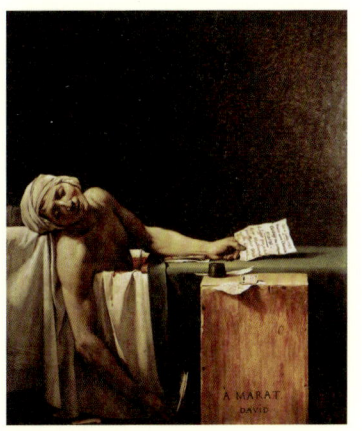

《马拉之死》,雅克·路易·戴维绘,1793年

《雷克继承财产》，威廉·霍加斯绘，1734年

詹姆斯·科尔对证券交易所的描绘，1720年

《热尔桑的画店》，让·安托万·华多绘，1721年

目录
Contents

丛书序言 ·· I

概　述　奇异的新音乐：由启蒙运动四重奏创造的货币乐曲 ········ 1
第一章　货币及其技术：产业对立与信用问题 ················ 33
第二章　货币及其理念：启蒙时代关于金钱之道德属性的辩论 ···· 69
第三章　货币、仪式与宗教：一个世俗化的故事 ················ 97
第四章　货币与日常生活：启蒙时代的新实践 ················ 124
第五章　货币、艺术与表现形式：货币的外观与声音 ············ 162
第六章　货币及其阐释：早期美国的纸币 ···················· 193
第七章　货币与时代：18世纪的货币思考 ···················· 224

图表目录 ·· 257
注　释 ·· 261
参考文献 ·· 281
译名对照表 ·· 311
致　谢 ·· 321
关于各章作者 ·· 323

丛书序言
Series Preface

2012年，大英博物馆决定重新设计陈列硬币和奖章的68号展厅。当时，其策展人大胆摒弃了传统的钱币陈列方式，决定另辟蹊径。以往，古代欧洲的金币、银币和铜币一排排地陈列在展柜中；而在新的展厅中，不仅有硬币和纸币，而且从贝壳到手机，所有的展品都有自己的展柜，呈现了用于交易的古器物和设备的历史沿革。每个展柜都有一个主题：展厅中，一侧的展柜陈列突出了货币的制度基础和发行机构，另一侧展柜则展示了人们使用货币的多种方式——货币不仅用于交换或付款，还可用于典礼或宗教仪式、政治竞争、装饰和故事叙述。

编写这六卷《货币文化史》的目的是给读者提供一种类似的体验，邀请他们参观这些神奇的货币展柜，走近形形色色、错综复杂、色彩缤纷的货币，看到货币不可化简的多元性，聆听货币讲述的多重故事。货币也让我们得以窥见多元经济和道德世界，以及估值与评价、财富与价值体系。货币绝不仅仅是狭义的经济术语中的硬币、现金或信贷，它的含义远远超过"货币拥有四大职能：支付手段、价值尺度、流通手段、贮藏手段"这句工整的习语的定义。货币同时也是一种交流的媒介、一组工具——人们以此交换信息，不仅仅是价格信息，还有政治信仰、权威、忠诚、欲望和轻蔑。货币也是纪念过去的一种方式，它使人、制度、神灵和祖先之间建立的关系超越现在，迈向临近的、遥远的，甚至想象中的未来。

从这个意义上说，货币不可避免地被赋予了"文化"和"历史"的色彩。因而，六卷本《货币文化史》主要聚焦于货币与宗教、技术、艺术和文学、日常生活、形而上学的阐释，以及与各种时代事件的关系。前几卷的编者是钱币学家和考古学家，他们与大量钱币和金银的实体史料打交道。此外，很多数字基础设施（digital infrastructures）研究者、文学和法律史学家、科幻小说研究者、社会学家、人类学家、经济学家和艺术家也为本系列书的编撰作出了贡献。

绝大部分博物馆或私人收藏的古钱币，在被发掘出来时，考古学家都没有收集到有关其周围环境的任何数据。这使许多古代甚至近代历史成为谜团，长期以来，考古学家对此无不扼腕叹息。即使某个考古发现只在特定环境中存在，对其解释也往往模棱两可。在当代社会，货币处在诸多环境之中——电缆和无线信号、数据协议和计算机服务器、游说团体和立法者卷帙浩繁的文字材料、肥皂剧和在线社交媒体。然而，如同在阐释古代窖藏的钱币时那样，我们自身很难摆脱什么是货币、人们用货币做什么，以及如何使用货币等对货币的一些假设。

以实体收银机前一笔简单的信用卡交易为例，对于这种日常付款设备而言，有多少用户可以解释其工作原理？博物馆又该如何组织策划类似的技术性展览？除了简单的付款行为之外，我们再来看一看更加复杂的货币互动。例如，在某些中亚穆斯林移民社区中的"伊玛目·扎明"（Imam Zamin），移民们用一块布将一枚硬币包裹起来，绑在上臂，希望以此保护旅行者。又比如，2005—2009年，在韩国首尔，人们用丙酮溶解塑料交通支付卡，取下射频识别天线

（RFID）和芯片，然后创造性地缝入自己的皮夹、手链或夹克肘部的贴布内，这样就可以轻而易举地穿过（地铁）旋转栅门，人们称之为"调优"（듀닝하다 / doing tuning）。那么，未来的考古学家如何演绎推断诸如此类的行为呢？

深陷于我们自身的"硬币意识"中，我们认为货币应该是，或者其价值应蕴含于一种有形的东西，即使在网络世界中，我们与货币的互动已日益脱离物质形态；我们一直坚守金银通货主义的观念，即使我们不断见证货币的价值随着政治动荡而波动；我们认为货币是抽象的，即使我们在具体的人际关系中使用实体钱币；我们认为货币可与价值相称，商品和服务可以用同一种价值尺度衡量，即使我们用货币来界定差异——民族差异、宗教差异、代际差异、阶级差异、种族差异和性别差异。

六卷的时期断代或有武断，但地理上基本以欧洲为中心。本系列书对作者和主题的选择旨在打破这种西方主导的历史叙述，着力展现一种全球化视野，将政治、帝国和种族动态纳入研究框架。

分卷内的各章从实质和形式上体现了货币的复杂性。实质上，对货币技术和文化的跨文化、跨历史研究，揭示了货币的多样性和复杂性。形式上，虽每卷书选取的主题相同，但若通读各卷，读者会发现这些主题本身是复杂的，因为不同时代的人对同一主题的理解往往很不一致，但又常常被置于一起。如分类账簿——货币记录工具最基本的表现形式之一，本系列书可以"纵向"阅读，即通读一个历史时期的各个章节；也可以"横向"阅读，即阅读每卷书中相同主题的章节。相信读者最终会发现：货币本身就是一部文化史。

比尔·莫勒（Bill Maurer）
加州大学尔湾分校

概 述
Introduction

奇异的新音乐：由启蒙运动四重奏创造的货币乐曲

克里斯蒂娜·德桑（Christine Desan）

18世纪伊始，英格兰银行要求政府延长刚获批不久的特许状期限。这看起来只不过是一个简单的要求——除了那些清楚这项举动意味着银行将在货币制造领域进行创新试验的人。如果议会同意延长银行的运营期限，那它将以人们难以预料的方式扩大这一试验的规模。接下来的争论更像是一段被展开的历史：货币被置于一个深远议题——重新设计交易方式的核心，从而显露出其平衡政府部门和私人机构的特性。

英格兰的创新体现了一项更广泛的变革。在整个欧洲和美洲，启蒙运动给政治经济最基本的属性——它的媒介（即货币）——带来了知识和制度上的混乱。到启蒙时代结束时，货币已经按照一种新的设计方式来运作了。它促成了一系列前所未有的金融实践：现代货币与流通公债、资本市场和商业银行的协同运作。这创新的四重奏共同改变了西方的政治经济学，后来更将其影响扩展到全球范围。

*　*　*

这场关于银行业务发展的小型辩论，以两份具有相互争辩性质的小册子为代表，暗示了这一时期变革的主题。这个缩影捕捉到了主要参与者们观念的转变，货币试验的实现，以及对这场辩论深刻意义的理解。

辩论的双方是从共同立场出发的。他们一致认为英格兰是靠信用运转的。"光靠信用，我们就可以生存，"当约翰·布劳顿（John Broughton）准备抨击银行时，他写道，"没有它（信用），我们就会成为这个世界上最卑不足道的人，一如我们的国家在世界地图上所处的位置。"政府和个人都非常依赖信用。通常情况下，为了满足突发性的需求，政府必须迅速做出反应。在等待税收带来财政收入的同时，政府需要贷款。类似地，当时的英格兰有四分之三的店主是基于信用而非硬币运营的。[1] 布劳顿的反对者也一致认可信用的重要性，因为银行对政府和私营企业者来说都是不可或缺的（例如，"A Vindication", 1707: 7–8, 20–1）。

然而，即使每个人都认为信用是必要的，人们同时也清楚只有信用是不够的。政府可以清空贷款者的账户，但这会使商人缺少现金；或者政府也可以在承诺未来付款的情况下购买所有商品，但这将推高公共部门的成本（Broughton, 1705: 5–6）。个人处于同样的困境：信用的成本太高了。英格兰需要的是一种可以将信用抽象成日常使用工具的方法，这要依靠货币来实现。

布劳顿提倡"公共选择"。在他看来，政府利用自身信用创造货币的能力正是解决问题的关键所在。他用一种寓言的形式提出了这个方法。布劳顿建议，想象"一个大型地产的所有者，他拥有的地产价值最高，且价值最稳定，同时他拥有大量租户"。房东大部分时间都收支平衡，用租金收入来支付他的营业费用。但在某个时刻，紧急情况发生了——也许是大坝决堤了，或者是一处水井需要修复。假如房东能够从房客那里购买到"大量的物资储备"，诸如沙子或砖块还有劳动力，他就可以用地产上的材料重建供水系统。但他的流动资金短缺：地产能提供收入来源，因此房东有偿付能力，而他"手头没有钱"。假如他从一些房客那里借钱支付给其他房客，将不得不支付很高的利息，因为地产中的货币太短缺了（Broughton, 1705: 7）。

最后房东"想出"了一个巧妙的主意。他会用自己的书面承诺——以货币金额计价的借据来支付耗材。同时，他会承诺收回借据以抵偿房客应付的租金。当房东签发借据时，该策略会创造一种流通信贷供应；而当房东以原价收回借据时，该策略将创造出对借据的需求。除此之外，在借据持有人的要求下，房东甚至同意可以用货币赎回他的借据（Broughton, 1705: 7）。

你瞧，这个解决方案奏效了。人们向房东出售日常用品以换取借据，并且"很快就明白这些账单是多么安全和方便"。"他们以更快的速度在彼此之间完成了各种各样的金钱交易。"这种类似现金的信用交易方式缓解了地产中的资金短缺，而且是通过一种轻便、易于流通的工具实现的。事实上，很少有人要求将借据兑换成货币，既然房东的借据能发挥同样的作用而且方便得多，他们为什么要这样要求呢？布劳顿在他的小册子上写道：

> 因此，这位聪明的总管（我冒昧地这样称呼他）通过巧妙地管理自己的良好信用，以低廉的价格购买所需的物资，而且从各个来源得到了大量的现金。这样，他的地产

就没有债务了,同时还促进了贸易,给他的租户创造了大量财富。(Broughton, 1705: 8)

布劳顿的寓言可能在期许一种和睦的愿景,在现实世界中却遭遇了激烈的抵制。银行的支持者们用他们在过去十年中不断完善的私人选择进行了反击。英格兰银行最初是英格兰政府的放贷人,1694年它为政府提供了120万英镑的贷款。但后来,交易双方认识到,英格兰需要的不仅是现有货币存量的增加,还需要扩大货币供应量。因此,英格兰银行以付款承诺的形式放贷。英格兰银行将其发行的银行券①借给政府,政府花掉这些银行券,最终,政府用税收和其他款项来偿还银行贷款。[2] 人们可以拿着银行券使用而无须在银行存有硬币,这样银行券就可以作为"一种等同于货币……即现金的信用"("A Vindication", 1707: 15, 22)。类似于公共选择,这种方式创造了信用票据的供应——当政府接受信用票据的价值时,就产生了对信用票据的需求。

在英格兰银行成功地流通了"与货币同等价值"的银行券的第一个十年里,出现了一些认为这"有失公平"的声音。反对者指出,这源于特权。与其他贷款人不同的是,英格兰银行提供"他们的信用",也就是说英格兰银行发行的银行券,"建立在以议会法案为担保的良好基础上"("A Vindication", 1707: 15, 13)。换言之,英格兰银行拥有一个无与伦比的优势:国家提供了承诺向银行付款的资金。因此,银行不可能倒闭,"除非国家灭亡"(Paterson, 1694: 12)。

---

① 银行券,银行发行的、用以代替商业票据的银行票据,是一种信用货币,属于最早的纸币。——译者注(如无特殊说明,本书注释均为译者注。)

英格兰银行的支持者强调，这种独特优势是经营者的商业头脑，以此来回应反对者对特权的指控。"议会并非在推动信贷扩张，人们乐于看到议会为信用提供担保，议会的权力正是建立在这一观点的基础之上，而不是议会赋予向他人提供贷款的特权。"银行获得了"提供信用"的权力，即让银行券流通的能力。一位英格兰银行的支持者写道，这种能力"是银行自身毋庸置疑掌握在政府手中的资金，是规模庞大的、运用得当的股票，是公正而及时的交易，是审慎而有效的管理等这些方面的自然结果"，而不是"议会给了他们借钱的权力"。同时，银行的支持者强调了银行如何谨慎地管理其货币储备，并"温和而谨慎"地去使用它（"A Vindication", 1707: 13–15, 17）。

英格兰银行的支持者们经过深思熟虑，又回到了公众面前。他们承认以银行券的方式"发放信贷"是"银行家利润的主要来源之一"。但银行正是通过扩大其有效货币储备的方法，才"使其能够如此低成本地运营"。"用更少的货币流通更多的信贷"的做法使得银行可以"更好地造福公众"。一本小册子的作者宣称，银行"每获得一便士"，公众"获得一英镑信贷"的成本降低了。因此，银行"对于政府而言是非常有益的帮手，在贸易中也发挥了一定有利的作用"（"A Vindication", 1707: 20–1, 6–7）。

* * *

由英格兰银行引发的这场辩论，又引发了一场更大规模的启蒙运动历史剧的上演——关于交易和如何实现交易。首先，这场辩论展示了货币理论的新方向，具有惊人的创造性。其次，这一时代的人在理论之上进一步改造了货币设计——英格兰银行是其中最重要的部分，它真正革命性地对金融机构进行了重新设计。再次，这场辩论具有一种存在主义的性质：它质疑了根深蒂固的价值观，比如国家政府的作用；并提出了新的观点，特别是利润动机的效用。接下来，我们将更深入地了解这些主题。下面的内容简明扼要地介绍了四种共同改变了现代政治经济学的金融新实践。历史上的这一时期还发生了许多其他事情：本书中出现的演员（行为者）、事件和阐释共同造就了启蒙运动这场"戏剧"。整体来说，本书旨在表明：为了理解现代世界，我们必须理解启蒙时代的货币。

启蒙运动乐曲的几个主题

早在启蒙运动之前，货币就已经是政治辩论的对象了，这种辩论甚至到了争论不休的程度。在中世纪的欧洲，对货币的控制权是一种被君主牢牢掌控的最高权力。民法和普通法官员都同意铸币权"是君主们与生俱来的权利"，而相比君主，政治精英们则通过谈判获得对铸币厂的控制权。[3] 这些设计制造出来的商品货币①在过去几个世纪里发挥了作用，其复杂程度往往是它们的继任者难以企及的。商品货币需要持续的关注，它曾是一种脆弱的媒介，因为货币失去商品含量时②容易出现经常性的价值波动，而且随着金银供应量的起伏不定，货币的价值也会发生不稳定的变化。[4]

到了 17 世纪，货币已经成为英国早期重商主义者关注的焦点。同样，他们的方法比后来评论者所述的更精明。有贸易平衡论者

---

① 商品货币是指有实物支持的货币，如黄金白银。它是法定货币以外的另一种货币类型，货币本身有其内在的基本价值。——编者注
② 原文为 lost commodity content，此处应指货币因切割或磨损失去贵金属含量而损失价值。

认为，英国必须最大限度地从出口商品中获取贵金属，同时最大限度地减少由于购买进口货物而损失金属货币的情况。其目的是确保贵金属流向国内铸币厂。重商主义者认为，像白银或黄金这样的商品代表的是财富而不是生产力，而后来的学者指责说这是一种无知的看法。事实上，早期的理论家正在努力挽救商品货币体系。假如他们能够使制造货币的原材料流向铸币厂，他们就能通过一种交换媒介来滋养本地的经济。爱德华·米塞尔登（Edward Misselden）①在关于英格兰货币体系的文章中写道："货币是贸易的精神，如果精神涣散，身体必然虚弱无力。"⁵

某种程度上，到了17世纪，货币讨论的基调发生了变化。尽管中世纪的重商主义者几乎投入了他们全部的注意力和学识，但他们的努力仍然限于延续历史的传统货币体系范围内。中世纪之后的政治评论家们开始背离传统体系，与启蒙运动乐观主义相呼应，在这样的认识变化中重新审视货币及其作用。最显著的变化是，他们认为政府可以重新设计货币并制造硬币的替代品，从而更好地支持社会的经济发展。因此，布劳顿的寓言以其简洁的构思和充满希望的目标闪耀着光辉。只要参与者之间能达成一个协议，他们就可以构建他们自己的类似于货币的工具，这种媒介会使"地产没有债务，促进贸易，并为租户创造大量财富"。同样地，英格兰银行发行的银行券或"发放的信贷"也是通过公私合作来设计的，可以有效地扩大货币供应量。银行为获得的每一"便士"而发放的每一"英镑"贷款同样会使公众和私人受益。于是，启蒙运动对货币的态度开始

---

① 爱德华·米塞尔登（1608—1654），英国晚期重商主义代表，主张政府政策应以贸易总差额收入最大化为目标。——编者注

有了一个引人注目的转变，即在理论上将货币视为一种能够设计和重新设计的制度。

这种新的讨论方向有几个来源。在广泛的层面上，它遵循了政治哲学关于社会秩序有其契约根源的集体辩论。依照这一观点，人类有能力实际上也有责任去塑造他们的环境。他们应该采取行动去支持生产性企业、缓解贫困或改善政治秩序，而不是假设存在一种神圣的秩序或翘首期盼神意的干预。另一群与塞缪尔·哈特利布（Samuel Hartlib）①有关的改革者、学者和自然哲学家，他们断言"通过不断追求知识、创新和工业"，人类有可能取得内在发展的进步。他们特别关注货币实现生产性交换的能力，认为货币可以开发出原本无法获得的资源。炼金术提供了一种扩大货币供应量的方法，他们以对科学技术的培根（Francis Bacon）②式投入来进行这项努力。当这一切失败后，他们将试验性的努力转向信贷，致力于将信贷重新设计成一种货币形式。[6]

社会改革家的努力与政治官员的举措相结合，他们不顾一切地想在17世纪后期反复出现的财政危机中构想出金融方面的权宜之计。在军事成本不断上升的时代，负责筹集资金的政府承认有限而脆弱的货币储备是一个核心问题。面对这个问题，他们探索了各种各样的想法，包括从符木③赊销（一种自14世纪以来在英国以类似货币的性质流通的公共信用工具）等本土方法到荷兰人或其他人开创的

---

① 塞缪尔·哈特利布（1600—1662），17世纪英国著名的实业家、教育家以及科学保护人。——编者注
② 弗朗西斯·培根（1561—1626），英国文艺复兴时期的散文家、哲学家，出身于贵族家庭，曾任大法官，晚年脱离政治专门从事科学和哲学研究，在文学、哲学、自然科学领域都取得了重大成就。
③ 古时刻痕计数的木签，分成两半，借贷双方各执一半为凭。

外国创新方式。在 17 世纪末的最后 10 年里，辉格党的政治领袖们提倡企业应具备一种主动的感知力，即企业可以在制造业、贸易和劳动实践等领域中使英格兰走出原来的萧条局面。有了适当的媒介，贸易可以成为互利的源泉，而不是资源的零和博弈。之后，政治战略家们与社会改革家们不谋而合，他们集思广益，想出了新的方法，即将货币构建为人类生产力的工具。[7]

18 世纪早期的辩论性小册子阐明了启蒙运动对待货币方式的第二个特点。它们之间引发的辩论超越了单纯的理论化，政府积极参与试验各种设计方案。布劳顿的寓言展现了议会在 1696 年实际采用的权宜之计的逻辑。国库券是政府发行的相对小面额的借据。将布劳顿寓言中的"地主"替换成英国君主，你就能理解以下计划：政府根据其需要花掉借据，英国（"地产"）居民可以用借据支付税款和其他费用（"租金"），或是兑现借据。[8] 至于私人选择——英格兰银行提议政府用它发行的银行券作为现金——这是政府在 1694 年接受并实施的策略。从那一年开始，英格兰银行不断与政府这个赞助人谈判，通过改善其经营方式来扩大票据的流通。[9]

英国政府的激进实验主义超越了原有货币的范畴，构建了一系列新的制度。事实上，启蒙运动这场戏剧的演员们与作为新兴事物出现的补充机构合作，重新设计了货币。这一创新是即兴的、不稳定的，充其量只是试验性的，时不时还会出现意想不到的后果。但到了 18 世纪末，四个组成部分共同运作，使每一项创新的效果更加复杂。

我们已经与将成为新秩序核心的现代货币打过照面了。英格兰银行确实获得了它的特许状，并在随后的几个世纪里继续得到更新。它的银行券成了中央银行货币，并在未来几个世纪里被称为"高能货币"。[10]银行的票据依赖于公共债务，公共债务是启蒙时代重塑的一种工具，银行不断扩大货币存量，从而推动了自身的发展。现代（高能）货币和公共债务一起创造并稳定了新的证券资本市场，包括公共和私人的。最后，以现代模式组织起来的商业银行在18世纪末取得了突飞猛进的发展，以空前的规模扩大了高能货币的储备。简言之，制度试验伴随着启蒙运动的智慧激荡——关于新设计的尝试和观念相互促进。

围绕银行特许状的争论说明了最后一个特点：代表了启蒙运动对货币进行创新的尝试。这一过程极具争议。社会创造货币、发行公债、流通资本和扩大信贷的方式，这些实践涉及基本的价值观。在参与者辩论该做什么的时候，他们对人类的能动性和动机提出了特别的要求。每一项倡议都违背了传统体系的理解，许多参与者对此感到困扰，而那些无法预料变革将如何进行的人同样感到困惑，尽管这也激励了其他人更进一步地推进创新。

针对银行特许状的争论反映了分歧的严重性。很明显，公共选择的支持者们坚持认为，发行货币仍然应该属于主权特权。在布劳顿的世界里，君主/地主是一个既有责任感又有洞察力的演员。公共权力恰当地协调了一个社会群体的贡献。这种协调活动积极地促进了"地产"内部的个人福祉。

相反，银行的支持者们却主张建立一种制度，将公共承诺以财政收入的形式置于私人投资（即银行承诺支付）的背后。在这种非传统的秩序中，个人企业和商业技能掌握了经济主动权，实际上也掌握了领导权。银行成功地创造了一种媒介，因为银行的董事们利用商业判断——精明的管理、持续而明智的勤奋——来实现资本流通并支持其支付的承诺。在他们提高自身利润的同时，银行的投资者也使更大的群体受益，提供了英格兰所需的更多的货币储备。

这种差异意味着治理方法上的冲突。当英国人选择把制造货币的权力下放给一群投资者，即英格兰银行而不是布劳顿的"总管"时，他们委托银行家去管理一个长期以来被认为是公共政治的进程。启蒙时代设计的货币工具，以多种方式将企业家的自利作为经济的组织原则。鉴于这一原则的威力和破坏性影响，本书特别追踪了这个主题。在众多的争议之中，围绕自利的争论始终存在。从价值观到主权理论，再到风险、计算和概率，货币创新使许多深刻的价值观受到质疑。这里作为例子的争论只不过暗示了货币创新引发了普遍的骚动。

接下来的内容将通过四种货币革新的实践进一步阐述货币变革的主题。启蒙时代是一个在货币理论上极富创造力的时代，涉及激进的制度创新，以及对构成现代政治经济的四种实践的争议。

金融创新四重奏

公共债务

正如围绕银行的争论所揭示的，将公共借贷转化为货币是一项突破，在17世纪末推动欧洲各个政体走上了新的货币道路。事实上，公共债务作为一项实践，是现有制度发生重大变革的起点。由这个起点开始，欧洲各国悄悄地进行着试验。荷兰在16世纪发行了计息年金，不久之后法国又提供了另一种基于年金的选择，称为"联合养老制"①，而英国则将利息附加在他们长期用来预计税收的一种工

---

① 联合养老制，一种参加者共同使用一笔基金，生者的份额随死者增加而增加，最后一个生者享受所剩全部储金的养老保险制。

具，即金库符木上①（Murphy, 2009: 46–9; Weir, 1989; Desan, 2014a: 240–3）。[11] 英国复辟后创新进程加快，曾做过奥利弗·克伦威尔（Oliver Cromwell）②的智囊、一度担任部长的乔治·唐宁（George Downing）③，是查理二世的一位相当有作为的顾问，他提出了一个扩大王室借款范围的新计划。一位同僚称，唐宁是一个"背信弃义的流氓"，也许是因为他变色龙般周旋于各政治派系之间的能力，但毫无疑问，唐宁对当时的金融形势有着敏锐的观察。唐宁生于都柏林，但在马萨诸塞州长大，他显然说服了国王让其相信，尽管"吸收"了美洲（当时美国还没有成立）的共和理念，但他会坚定不移地追随君主。更重要的是，唐宁为查理二世提供了一种想法来减轻17世纪60年代逐步增长的财政压力。[12]

唐宁的这一提议体现了哲学家和社会改革者所提倡的启蒙运动的创造性和乐观主义。国王长期以来一直向有限圈子的贷款人借款，其中包括农场主和大金融家。唐宁建议打破这些限制。国王若能够说服广大的投资者借款给他，他将能扩大可用资金并降低利率。事实上，唐宁主张推广公共债务：他将创造出一种形式，这种形式比年金或联合养老制保险等其他选择更适用于国家，对个人来说也更加安全、更加透明。[13]

这种在现代司空见惯的制度设计，在当时却是开创性的。国王

---

① 按照历史学家M. T. 克兰奇在《从记忆到书写记录：英国1066—1307年》（*From Memory to Written Record: England, 1066–1307*）一书的说法：符木赊销记账法是一种复杂而实用的数字记录。……政府不仅用符木作为缴税的收据，还用来支付士兵的薪饷、农民售卖小麦的费用和打工者的劳务费。在缴税时，司库会接受符木。符木在英国的使用于17世纪下半叶达到顶峰，彼时符木不仅是税收凭证，还是贷款凭证，俨然成为筹集资金的主要手段，直到1826年才停止使用。

② 奥利弗·克伦威尔（1599—1658）英国政治家、军事家、宗教领袖。

③ 乔治·唐宁（1623—1684），英国外交官和财政大臣。

将发行由特定收入来源支持的有息公共债券，这意味着有预先指定的用于偿还债务的资金。债券将进行编号、登记，并“按照一定的顺序”清偿。这意味着，还款顺序是固定的，而且是对公众负责的，不是像以前那样所有的主权债务都是随意决定的。最后，债券可以很容易通过背书转让，这是另一项创新。如果贷款人可以通过出售债券收回现金而实现交易自由，那么他们更有可能选择参与其中（见图 0.1，1667）。[14]

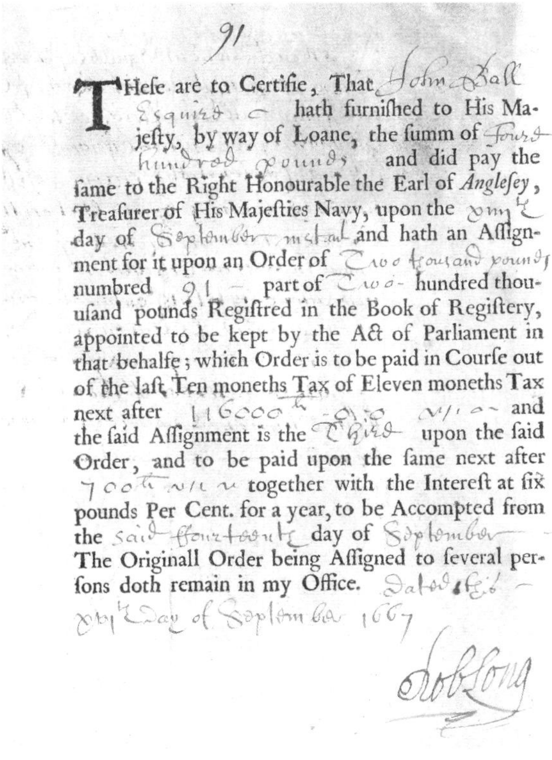

91

THese are to Certifie, That John Ball Esquire hath furnished to His Majesty, by way of Loane, the summ of Foure hundred pounds and did pay the same to the Right Honourable the Earl of *Anglesey*, Treasurer of His Majesties Navy, upon the xiiijth day of September instant and hath an Assignment for it upon an Order of Two thousand pounds numbred 91 part of Two hundred thousand pounds Registred in the Book of Registery, appointed to be kept by the Act of Parliament in that behalfe; which Order is to be paid in Course out of the last Ten moneths Tax of Eleven moneths Tax next after 116000th and the said Assignment is the Third upon the said Order, and to be paid upon the same next after 700th together with the Interest at six pounds Per Cent. for a year, to be Accompted from the said Fourteenth day of September The Originall Order being Assigned to several persons doth remain in my Office. Dated the xiiijth Day of September 1667

Rob Long

图 0.1　英国政府于 1667 年发行的偿还特许状，是最早发行的公共债券之一

来源：英国国家档案馆，KEW–P.R.O.E407/119

唐宁出版了宣传这项倡议的小册子，并对此满怀信心。唐宁写道，新制度将"对贷款人和国王都有利"。贷款人能够从安全和流动的投资中获利，国王可以以低成本迅速筹集资金，而不受现有收入的限制。唐宁接下来在《伦敦公报》（London Gazette）上公布了"正在进行"的支付时间表，向投资者宣传了这一机会和政府的新方针（"A State of the Case", 1666: 1; Roseveare, 1973: 125–6）。他们代表的是"公共服务"和"公共安全"，在另一本小册子里国王证实了这一点。这是一个互利的制度（Charles Ⅱ, 1667）。

也许这样的制度确实能实现共赢，但是唐宁发出的邀请却与对这一系列议题的传统理解相悖。他的债券计划意味着王室和公众之间更广泛的接触，以及惊人的行政透明度。这暗示对金融（而不是土地）财富给予更高的尊重，并赋予这项制度新的地位。但很明显，唐宁设计的公共债券支持货币借贷中的利益驱动行为，认为这是一种爱国行为。早些时候，欧洲的一些举措鼓励以自利为动机的计划，这通常是在首都以外的行政范围内伪装成保险或类似彩票的制度来实施的。而英国的制度则在全国范围内清晰地展示了这一理念。[15]

"自利"从中世纪一个严肃的神学问题，上升到近代早期社会中一个有益的激励因素，这一演变过程从多方面的发展中汲取了智慧。可以说，宗教改革提高了个人经验的地位，因为它将个人的神圣经验正当化。当新教教派努力将生产活动神圣化，心怀敬畏地利用时间时，一些人站在自己的立场，重新将物质激励以一种宗教仪式的方式概念化。在政治层面上，从马基雅维利（Niccolò Machiavelli）①

---

① 马基雅维利（1469—1527），意大利政治思想家和历史学家。

到格劳秀斯（Hugo Grotius）①的理论家们阐述了国家在捍卫其边界、公民秩序和贸易方面的"利益"。正如阿尔伯特·赫希曼（Albert Hirschman）指出的，作为一种可以抵消其他破坏性冲动的激情，利益的概念将从政治领域转移到更私人的领域。英格兰的事态发展透过内战的悲惨镜头聚焦到了这个问题上。在17世纪中叶，为了取得政治上的合法性，竞争者们努力阐明"英格兰的利益"这一概念，并说明这一概念尊重了被调动起来的人们的个性化主张。[16]

在这种情况下，将国家利益与公民的个人利益结合起来的制度设计，是一种极为重要的创新。这种设计赋予了人们想象的空间，实际上它也向人民表明了，个体对自身福祉的追求可能会增进公共利益。提出类似计划的小册子的作者们宣传了这一观念。一位作者这样写道："通过最强有力的纽带将国王和人民团结起来；我的意思是，他们的利益使他们团结起来，互相支持。"而17世纪晚些时候，另一位作者在撰文中谈到英格兰银行的贷款，他评论说该法案"是有意设计的，旨在说服每个人，为公众服务正是他的个人利益……并基于该法案的信用和声誉鼓励贷款"。[17]由此，在亚当·斯密（Adam Smith）②之前的一个世纪，公共债券的世俗工程将"个体获得的回报对整体是有益的"这一论点制度化了。

新的安排带来了另一个有争议的改变。那些依赖于英国政府担保的债权人很快就会重新认识到，他们的"利益"是"权利"，在法律上可以强制君主执行。事实证明，唐宁的预测有点过于乐观了。由于陷入英荷战争的泥淖中，1672年，查理二世拖欠了唐宁计划中

---

① 格劳秀斯（1583—1645），荷兰国际法学家，古典自然法学派代表之一。
② 亚当·斯密（1723—1790），英国经济学家、哲学家、经济学的主要创立者。

债券的很大一部分。债权人最终向英国普通法财政法庭提起诉讼。债权人认为,他们主张还款的权利,应该高于国家对公共层面的担忧。他们的立场还将以前不可触及的君主权力描述成一个应由司法机关适当监管的问题。[18]

"银行家们的案子"(Bankers' Case,以国王的大多数债权人的职业命名)是以程序性的伪装(诉讼)出现的。问题在于,银行家是否可以直接起诉王室,或者,他们是否必须向君主请愿才能审理他们的诉讼。有先例表明,请愿是必要的——这一途径保障了国王最终有拒绝任何不符合公共利益的自由裁量权。正如一位法官解释的那样:"假设国库里只有4000英镑,而我们受到了外国入侵的威胁,这笔钱该如何处置?"假如债权人声称对这笔钱拥有处置权,普通法法官会下令支付,"尽管与此同时我们会打开大门,让汉尼拔(Hannibal)①进来彻底毁灭和破坏我们"。与之相比,一份请愿书则保留了国王重组债务的权力,这样就可以"向陆军和海军支付经费,使他们阻止敌人进犯我们"〔"The Case of the Bankers",1812(1696, 1700):103〕。与中世纪君主界定公共利益的能力相比,此时君主对自由的诉求是明确的〔Ullman, 1966(repr. 2010):150–93〕。[19]

然而,王室也改变了传统的做法。按照债权人的说法,真正的危险不是城门口的野蛮人,而是新金融模式存在的根基不稳固的隐患。唐宁的债券,以及年金、彩票、联合养老保险和其他试验性的

---

① 汉尼拔(公元前247—前183),即汉尼拔·巴卡,北非古国迦太基统帅、行政官、军事家,出身于巴卡家族。他生长的时代正逢罗马共和国势力的崛起。他少年时曾向父亲立下誓言终身与罗马为敌。第二次布匿战争期间,他奇迹般地率领军队从西班牙翻越比利牛斯山和阿尔卑斯山进入意大利北部,并曾多次以少胜多重创罗马军队。后世用"汉尼拔"形容强大野蛮的外敌。

金融形式，这些所描绘的前景非常美好，不容破坏。正如赞同这一观点的一位法官所说的：

> 很难说财政法庭只是有助于国王起诉臣民，而不是当臣民具有合法的权利依据时，有助于臣民起诉国王。〔"The Case of the Bankers", 1812（1696, 1700）: 109〕

当上议院同意上诉时，它限制了国王对于"王室的财库——无论任何时代，国王和王室的安全都有赖于它"的自由裁量权，而王室的财库正是国王所能利用的最为宝贵的资源（"The Case of Mixed Money", 1605: 43）。

这种限制具有深远的影响：法律秩序的变化提高了债权人的权利，使其成为新兴秩序中不可或缺的参与者，这些权利远非无懈可击——这一决定可能对王室不利，因为议会也在维护自己对财政的权力。假如议会不能拨出资金（对那些来到法院的人正是这样做的），债权人就不得不与立法机关和法庭交涉。[20] 但"银行家们的案子"代表了初露端倪的自由主义情感。议会内外的辉格党理论家们提出了一种关于私人权利和公共限制的解放式的论述，这与托利党及保守派捍卫过往观点的努力相冲突。重商主义者将公众视为决定市场的权威，他们面对的是这样一个世界：在这个世界中，国民在这个（公众）权威中重塑了自己作为投资者的身份。连新秩序的代言人也对这样的论述表示怀疑：大卫·休谟（David Hume）和其他人抨击国债是对金融诚信和分配公平的威胁。但是，在整个变化过程中，那些构建金融秩序的人越来越认同"债权人及其利益能够而且应该推动政治经济"的理念是一项基本原则。

正如"银行家们的案子"引发的动荡表明的，唐宁开创的那种流通、计息公债的创新是一种宪法层面的变革。在他的倡议提出后的一个世纪里，公共债务从 125 万英镑增加到 7800 万英镑。1672 年，一个由 25 名金匠银行家组成的小圈子持有唐宁推出的大部分债券；到了 1750 年，英国民众之中参与借钱给政府的有 6 万人。债务费用从 17 世纪末约占公共开支的 30%，到 18 世纪末上升至接近 60%。公共债务已经成为 18 世纪英国发展的一项基本制度，也成为英国军事机器的引擎（Carruthers, 1996: 10, 64–7; 't Hart, 1991: 41）。[21]

现代货币

然而，在成为一个强大的组织之前，公共债务机构遇到的一个障碍，构成了我们故事的开端。仅仅依靠信贷无法满足政府对资金的需求，在日常交易中也存在缺乏零用现金的问题。许多指标表明（指标包括多年来严重的通货紧缩、货币替代品的兴起，以及信贷的大量使用），相比人们寻求服务进行交易所需的货币量，17 世纪末英国的货币流通量还很低。[22] 但公共债务如果不能单独运作，它也可以提供制造一种新货币所必需的要素。现代货币将是启蒙运动四重奏中的第二个重要工具。

回想一下启蒙运动对硬币替代品的热情。从复辟开始，英国和其他国家的评论者及官员们就提出了一系列缓解资金短缺的方案（例如，Grubb, 2016; Desan, 2014: 331–41; Wennerlind, 2011: 67–79; Horsefield, 1960）。我们在一开始看到的替代方案都是建立在有专门用途的公共债务基础上的。根据布劳顿倡导的公共选择，政府通过发行自己的借据来获得贷款：政府将其"字据"（即"国库券"）直接投入流通，并在征税时收回。根据英格兰银行倡导的私人选择，英国政府通过借入银行的借据来获得贷款：政府花费银行的付款承诺（即"银行券"），将其投入流通，一段时间后，将这些银行券作为税收收回。[23] 因此，政府通过公共借贷支持的每一种货币，实际上成了公共部门举债的媒介。将信贷变成官方货币的关键是发放一种借据（无论是公共的还是私人的借据），然后再把借据收回来以抵销欠国家的税收。

布劳顿的寓言完美地体现了这一逻辑：寓言中的房东在发出借据时承担了公共债务，然后在他以收取租金的形式赎回并注销借据时，偿还了公共债务。一旦银行券成为由政府花费但征税时收回的媒介，它们就按照同样的基本设计运作。唯一的区别是，在后一种情况下，公共债务发挥了更大的作用。当政府从银行投资者那里借款时，政府将长期公共债券交给投资者，以铭记其债务。这些投资者现在成了公共债权人，他们有动机监管政府的财政行为。因此，"银行家们的案子"的重要性在于：银行投资者获得了要求偿还他们持有的债券的起诉权，并且可以向政府施压，要求政府征收到足够的税收来偿还这些债务。

启蒙时代诞生的货币形式——现代货币——改变了经济秩序，因为现代货币提供了零用现金。尽管在这一时期，银行已经存在了几个世纪之久，但是它们通常忙于在商人和其他储户之间转移债务，清算他们的存款金额。私人信贷工具，例如汇票，同样在有互惠商业关系的人之间或在有限的圈子里凭借信用运作（Desan, 2014: 262–3; Wennerlind, 2011: 95, n.74; 't Hart, 1991: 39–52; Kerridge, 1988: 47–68）。[24] 相比之下，任何人都可以接受国库券或银行券，因为政府自身认可它们的价值，并承诺接受。

在某种程度上，货币新设计的稳定性——国库券和银行券运作的共同特征——使得它们之间的竞争引发了争议。布劳顿和其他人之所以这样争论，部分原因是因为公共选择的存在使得授予银行投资者的法定特权变得更加可疑。银行的支持者们强调私人债权人在政府和个人之间调节货币关系的独特能力，以此来回应争议。在治理的关键变革中，当与英格兰银行达成协议时，政府将自利行为作为一种导向力（见图0.2）。

图0.2 1708年发行的英格兰银行券。银行券上的部分内容是印刷上去的，日期和题词则为手写，金额为150英镑；图上显示首期付款为100英镑，末期付款为50英镑。约瑟夫·纽威尔签名，巴特·曼宁会签

值得注意的是，利润激励不仅吸引个人贷款给政府，它的作用是影响货币创造本身。当政府开始以银行券的形式从银行借钱来产

生货币存量时，政府也分享了自身对制造货币的古老垄断权。此后，英格兰银行将影响货币供应的速度和可用性。它的指南针是银行的拥护者们所强调的商业智慧，是用来衡量盈利机会的商业判断。换言之，政府把货币的生产外包出去，让一个受利润驱动的行动者负责校准扩张模式。

这一发展让人们对英国经济的动荡及其不断变化的形态有了更清晰的认识。对于很多人来说，对票据信用的狂热是对虚幻财富的追求。即使在17世纪90年代英国的银行诞生之时，股份制公司在经历过繁荣之后却还是走向了衰落。在批评者看来，这些新的企业形式破坏了土地财富和贸易的支柱。政治体系本身似乎岌岌可危。很多人担心投资者会危及议会的独立性，因为他们扩大了公共债务的持有量，并把他们自己变成了向政府提供贷款的不可或缺的代理人（Murphy, 2009: 1–38, 66–87; Banner, 1998）。

相比之下，辉格党人对制造业、国内商业和国际贸易增长的热情，反映了他们对商人、自身的力量和计算方面的信心。这种信心支撑着金融家在掌控一个重要的国家进程中发挥作用；宏伟的建筑①将很快强化这一信息。[25]自利在这里作为强心剂重新出现了。毕竟，银行券是可以赎回的。银行董事会同意将银行票据按需兑换成银币或金币，假如他们失败了，他们就要对他们的投资承担相应的责任。赌注——现代银行理论家称之为"风险共担"——凝聚了他们的努力（Ricks, 2016: 159–60）。因此，我们的银行小册子作者写道："否则的话，他们就更适合冠以破产者（*bankrupt*）而不是银行

---

① 指英格兰银行的永久性公债转让办公室，建成于1799年，全称为The three-per-cent Consols Transfer Office, Bank of England。首次发行的永久性公债利率为3%，故这一建筑也被称为"3%公债转让办公室"。——编者注

(Bank)的头衔。"（"A Vindication", 1707: 20）

事实上，银行的支持者们强调了金属货币储备的主要作用，认为这是区分他们发行的纸币和国库券的主要依据。银行的筹划者们认为，只有具有"内在价值"的货币才是货真价实的；其余都是"假的和伪造的"。这一主张与当时的货币法相抵触，货币法规定君主有权定义记账单位（1605年的"混合货币案"），但对于那些试图将个体的主动性凌驾于公共权力之上的公众来说，这一主张发挥了良好的作用。[26] 某种意义上，这一议题是典型的自由主义论述。由此引发了这样的观点：市场源于个人交易，国家干预最少的地方，市场最繁荣。这是亚当·斯密在启蒙运动达到巅峰时提出的观点。

资本市场

斯密的观点借鉴了第三种货币创新，即债务（债券、短期票据和其他借据）和股票交易的资本市场。资本市场就像公共债务和现代货币一样，是启蒙运动的产物。事实上，资本市场依靠这两种创新来运作。

我们可以从公共债务开始探讨。根据现有的一系列学术成果，公共债务是证券市场的重要支柱。很显然，"主权债务市场实际上是大型私人债务和股票市场得以出现和维系的先决条件"（Hockett and Omarova, 2017: 1168; 另参见 Neal, 2000: 127）。资本市场可能需要达到一个足够的交易数量，然后才能以稳定的方式运作，公共债务提供了必要的交易手段。17世纪90年代，英格兰形成了一个私人证券市场，但这个市场规模很小，又很不稳定。由于股东较少，交易速度缓慢，投资者很快就放弃了私人股票，转而购买公共基金，大多数股份制公司在17世纪90年代中期的经济大萧条中倒闭了

（Murphy, 2009: 24, 31–8）。

公共债务的不断增长改变了这种状况。按照拉里·尼尔（Larry Neal）①的说法，政府债务促进了英国投资者的风险共担。他们可以持有政府债务作为一种保险，以"抵御在流动性较低的市场上交易不动产或私人金融资产时产生的风险"（Neal, 2000: 127）。当政府通过规范债权人持有的债务来清理南海泡沫②时，政府将这一个体系制度化了。对于尼尔而言，这项公共法案在英格兰为创造金融资本主义提供了一个"大爆炸"。在阿姆斯特丹、巴黎和纽约，公共债务或政府机构的交易似乎也锚定了私人证券市场（Neal, 2000: 128）。[27]

公共债务、资本市场和现金（或现金的匮乏）之间的联系一如既往地紧密。英格兰政府在关键时刻运用公共债务作为现金，无论是在支出时，还是在策划扩张股份制公司时都是如此。其他欧洲国家可能也试验过类似的操作。与银行的情况一样，戏剧性的情节发生在 1688 年至 1714 年之间，当时的一系列战争使欧洲交战中的各方都深陷债务之中。英格兰也和其他国家一样进行了广泛的创新试验，通过短期方法（如赊销、债券、国库券）和长期方法借贷（Carlos et al., 2013: 150–2）。[28] 借贷既可以通过实物完成，也可以由金属货币完成。鉴于金属货币持续短缺，英格兰政府经常用短期债务工具向供应商、军队和其他债权人付款。也就是说，政府"花"掉了短期债务工具（包括符木赊销、债券和国库券），就好像它们是银行券一样。所有这些不同的形式，都是政府用来支付物资和军费的借据，扣除了他们为继续战争而购买物资的必要金额。[29]

---

① 拉里·尼尔，美国伊利诺伊大学经济学教授。——编者注
② 南海泡沫指的是英国在1720年春天到秋天之间发生的一次经济泡沫。——编者注

在将短期债务工具作为现金使用后，政府也允许个体这么做，但仅限于已经通过了批准的购买行为，通常是购买那些愿意支持政府的股份制公司的股票。基本思路是债转股交换，持有政府债券的个人可以用这些工具换取特定股份制公司的所有权股份。公司将持有政府债务并获得支付给它的利息。这种交易支撑了短期债务的价值，并将其整合到一个债权人手中。1697 年，英格兰银行同意扩大其股份，以换取符木；1698 年，新东印度公司也进行了类似的交易，其他的交换也随之展开。1710 年，南海公司通过说服政府授权个人购买其持有的政府债务来开展业务。该公司获准向西班牙港口交易非洲奴隶，以及沿美洲西海岸交易英国货物。以面值计算，它接受了将近 1000 万英镑的贬值公债，并向投资者发行了首期股票作为回报（Carlos et al., 2013: 152–3; Wennerlind, 2011: 197, 200–1; Clapham, 1970: 46–50）。因此，英国政府利用公共债务扩大了国内最大的股份制公司，现在这笔公债成了换取公司股票的现金。

这个试验让我们回归到启蒙运动中充满争议的自利事业。到了 18 世纪初，英国政府已经将自利行为合法化，将其作为诱导个人向公众放贷的动机，强化了债权人的起诉权，并将自利行为作为扩大货币供应的指南针。与此类似，支持者们提议将债转股作为互惠互利的安排。一本小册子赞扬了提议将创建南海公司作为管理公债措施的官员：

> 他的能力远远超过
> 在他之前的任何一位政治家；
> 不使用货币就偿还了巨额的债务，
> 为此我们非常敬重他。[30]

投资者也大有收获，因为这些股份制公司生意兴隆，他们手中的股票价值也上涨了。

精明商人的代理机构此时也再次出现了，这些代理商们通过经营盈利的企业来支持公共债务（Wennerlind, 2011: 202, 207）。当今的学术界将英国的金融革命归因于资本市场的成功发展。如果公共债务有助于巩固资本市场，那么这些市场会反过来允许政府发行公共债务。由于公共债务很容易脱手，因而也很容易被投资者购买（Carlos et al., 2013: 147–8）。

蓬勃发展的资本市场带来了财富，也带来了纷争。长期以来，欧洲人一直谴责对食物和货币的投机行为，认为投机是一种利用匮乏来对抗穷人的策略，滋生了欺骗，激励了一些人，这些人"追求他们的目标……这给了他们走向邪恶所需的一切动力"（Murphy, 2009: 17）。"炒股"似乎也能从快速交易中获利。按照丹尼尔·笛福（Daniel Defoe）[①]和其他一些人的说法，"证券商的恶行"会拖垮英国经济（Murphy, 2009: 27）。政府的债转股交换招致了特别的谴责。一位小册子作者抱怨说，人们认为能够保护自己利息支出的唯一方法，就是参与投机活动，这种想法成功的可能性相当于"在月球上旅行"。信贷是被强迫的，"英国人的自由和财产"被滥用，神圣的义务被破坏（Wennerlind, 2011: 208）；南海泡沫（1720年，股市先是暴涨，随后是声名狼藉的暴跌）证实了怀疑论者对新兴资本市场的谴责（见图0.3）。

即使南海公司成功了，投资者得到了回报，政府承担了债务，南海公司也暴露了纷争的最后一个根源，一个悲剧性的存在。正如

[①] 丹尼尔·笛福（1660—1731），英国作家。——编者注

卡尔·温纳林德（Carl Wennerlind）①所指出的，资本投资让人对利润产生期待，或是引发"信用迷信"。在南海公司的事件中，策划者强调了南海公司的贸易，包括其贩卖人口的贸易是如何有利可图的。这个前景被吹嘘得如此成功，以至于南海公司的支持者和批评者都不反对该企业的不人道，甚至也不反对人们因自身的承受能力面临的风险（Wennerlind, 2011: 208）。人们幻想自己会得到利益，

图 0.3 起泡器冒泡了，落后者遭殃。詹姆斯·科尔对证券交易所的描绘，1720 年

---

① 卡尔·温纳林德，美国哥伦比亚大学教授。——编者注

听由这样一种创造性的空想的摆布。对自利的追求蒙蔽了他们的双眼，掩盖了奴隶制的残酷性、政府在补贴这种贸易方面所起的作用，以及普通股东对将被奴役的人口运送到新世界这一工程所做出的"贡献"。

商业银行

诗人曾说，从公共债务中建立资本市场是值得称赞的，因为这是在"不使用货币"的情况下发生的。再次回顾整个事件，正是这一点引人注目。当政府用公共债务购买物资时，它节约了开支；当政府将债务转换为股本时，它无需现金就能偿还债务。随着英格兰银行的发展成熟，它发行了更多的货币投入流通。但这些创新仍然不足：在整个启蒙时代，对货币的需求超出了它的覆盖范围（见本书中穆德鲁所撰写的文章）。到了18世纪末，金融创新完善了填补缺口的最后一项实践——为个人创造零用现金的商业银行。

发行银行券的银行首先在乡村激增，在那里，小型独资企业可以在不侵犯英格兰银行享有股份垄断的情况下运营。[31] 与政府和银行之间达成的协议相呼应的是，想借款的个人会交给乡村银行一张借据，本质上是用未来的产出偿还借款的承诺。乡村银行将创建以官方记账单位（斯特林便士）计价的本地票据，并将其交给借款人，可以立即使用。银行只需要为硬币或英格兰银行银行券的赎回需求保持一定的准备金——兑换限制实际比表面上看起来要宽松得多。在小型社区，当客户在本地一家银行将票据兑换成另一家银行的票据时，银行之间产生了许多相互的债务。银行可以相互抵销许多票据，而无须动用准备金。

类似地，银行可以贷款给一个用来支付本地工资的本地商人，以换取伦敦的资金汇票；反过来，银行会把汇票卖给一个在伦敦需要资金，但可以用他收取的本地票据支付给银行的税收官员。[32] 随着时间的推移，乡村银行愈加善于在需要时利用伦敦的经纪人发放信贷，这些中间人买卖可以兑换英格兰银行的银行券和硬币的汇票，从而提供了紧急资金来源。这些经纪人在资金短缺时会求助于英格兰银行，要求其贴现票据以获得银行现金（Pressnell, 1956: 75–80, 195–7, 210–12, 217–24; Rogers, 1995: 111–14, 121）。随后，商业银行在政府、英格兰银行以及围绕它的专门资本市场（汇票货币市场）提供的支持系统内发展了起来。

这一系统在19世纪进一步扩大了。最终，商业银行获得了以股份制形式经营的许可，由此进入了一个有利可图的领域：仅在19世纪中叶，它们就通过发行支票性存款而不是银行券使货币供应量增加了近5倍，并根据通货膨胀的情况进行了修正。在同一时期，英格兰银行发挥了其作为中央银行的作用，并作为最后贷款人为其商业同僚提供便利（Desan, 2014a: 399; Knafo 2013）。

与启蒙时代的其他金融创新一样，商业银行将自利行为作为一种组织原则制度化了。这种考量也是超出硬币储备发放贷款的一种诱因。一位乡村银行家表示，发行银行券是"利润的主要来源"。[33] 这种商业模式将成为标准。后来的分析几乎普遍认为，货币量的倍增是私人利润的适当来源。

然而，早期的评论者们也批评了这一创新。在这种模式变得根深蒂固之前，19世纪早期的一个政府委员会曾经反对过这种模式。商业银行券的创造"一开始就在他们手中运作，作为资本为自己牟利"，利用公众的支持使这一模式有效运作（"Select Committee on the High

Price of Gold Bullion",1810: 71）。委员会也提到了当那些付款承诺无法兑现成金属货币时发行的银行券。但有必要时，可以用金属货币储备的支出限制银行券发行，这一反向措施的适用范围更广。17世纪的时候，很多人认为银行券的发行量超过了一比一的金属货币存量，这"几乎就是一种欺诈行为"。[34] 但是，启蒙时代的发展与这种认知产生了冲突，并最终削弱了这种认知。对于利润的争论也围绕在对货币的现代形态——没有硬币作为担保的信用——的持久不安中。

最后，商业银行以利润为考量的做法破坏了信贷分配的社会准则。以营利为目的的私人银行，只借款给那些能保证产出的人：借款人和银行家都必须盈利才能拥有可靠的信用。这场争论颠覆了与禁止高利贷有关的道德秩序。尽管存在种种例外，但长期以来的信条一直否认利润应该引导金钱借贷。宗教理念有着古老的渊源。亚里士多德认为"合理的交换动机和目的不是对利润和利益的渴望，而是确立平等"（Kaye, 1998: 35）。对利润动机会破坏人际关系和经济生产的担忧，也在整个启蒙时代和之后的时期推进了文化批判。举例而言，我们可以看看一位法国艺术家绘制的《金钱魔鬼》（*Le Diable d'Argent*）的素描画，在这幅作品中，人们受金钱诱惑放弃了他们的贸易工具，一心一意地追逐利润（Cameron, 2012）。鉴于商业银行在引导资金流动方面的能力，坚信商业银行应该根据利润来指导货币生产的观点更是问题重重。[35]

相比之下，到启蒙运动结束时，金融创新的势头产生了截然不同的结尾。毫无例外，货币贷款一直是为了营利而存在的，并且被寄予了能带来利润的希冀。货币从一种旨在确保可公度性的媒介，变成了一种被理解为获利工具的媒介。

结　语

在启蒙时代，欧洲各政体重新设计了货币的运作方式。围绕银行特许状的争论只是一个小小的信号，预示着一场变革正在扩大。这个时代的试验比比皆是，美国（1791年）、法国（1800年）、丹麦（1813年）、挪威（1816年）、普鲁士（1846年）、奥斯曼帝国（1863年）、德国（1875年）、日本（1882年）、中国（1897年）和瑞士（1905年）都相继出现了更为持久的国家银行（后来的中央银行，Goodhart, 1988: 105–60; Eldem, 2005: 436–40）。流通公债成为不可或缺的主权工具。根据传统观点，"金融革命"助长了英国的军事力量，推动了其帝国野心。伴随着18世纪的每一场战争，英国的国家债务急剧上升，在接下来的一个世纪里达到了国民收入的200%。公共债务的激增似乎刺激而非排斥了私人投资。资本市场由于公共债务累积的负担而稳定下来，它允许个人为发行股票和债券的公司提供资金。与中央银行一样，这也成为一种全球现象。最后，在19世纪，商业银行废除了中世纪承诺用贵金属制造货币对货币存量施加的古老上限。现在，商业银行券充斥于日常交易中，例如，2009年，经过通货膨胀修正，英国的货币供应量是英格兰银行成立时的65倍（Piketty, 2014: 130; Desan, 2014: 203; Neal, 2000: 125–7）。

18世纪末，自由主义理论家痛斥重商主义的政策制定者，认为他们是受自身利益驱动的官员，这些政策制定者准备通过垄断来授予公共权力，当其目标超出自身能力时，他们无法对公众负责。然而，新自由主义思想家并没有放弃以利益为导向的行动的力量，并把这种自利导向与个人而不是政体联系起来。借助数十年的公众发酵，他们提出，管理人类生产力的秘诀在于围绕个人决策及其聚合效果来组织物质生活。交换发生在每个人选择他珍视的商品时。交换过程受不同的品位、不同的兴趣和难以解释的偏好的推动，无人能从外部协调。其中包括偶然性与不合逻辑的情况，也包括纷争和冲突。但从整体的聚合效果来说，它产生了惊人的影响——形成了一个自我平衡的系统，一个和谐的整体（例如，Sheehan and Warhman, 2015; Hanley and Paganelli, 2014）。

从这个角度来看，市场很大程度上是一个"自组织"的事物，与从生物学到物理学的自然界现象一致。（事实上，对于一些思想家来说，这种发散的秩序甚至是神性的体现。）如果是这样，那么市场会脱离政治，或者先于政治存在，它是自主运作的；实际上，其中产生了一种就连善意的立法者们也无法理解的逻辑。立法者的作用是消除那些"阻碍实现自然的自由体系的美和秩序"的障碍（Sheehan and Wahrman, 2015: 231–70; Hanley and Paganelli, 2014: 198）。

这是一个诱人的愿景，从约翰·洛克（John Lock）[①]到斯密等思想家都把货币放在了核心位置。然而，在这一时期的演奏中，音乐变得更加神秘。那些最相信市场自然运作的人认为货币是自发活动的产物。他们解释说，这正是从易货贸易中产生的一种交易符号，因为人们会自然而然地选择一种能够促进他们的交易的商品（Desan, 2014; Hanley and Paganelli, 2014: 188–9）。这一解释"与去中心化的交易活动为群体带来有益解决方案"的理论完全吻合——但它与使启蒙运动区别于其他时期的创新相冲突。

[①] 约翰·洛克（1632—1704），英国哲学家和医生，后世公认他是最有影响力的一个启蒙思想家和"自由主义"之父。

在一系列针对物质与观念的非难之中，启蒙运动的世界最终成形。当17世纪的战略家们开始对货币进行理论化的重塑时，他们主张设计一种媒介，而不是被动地等待私人活动可能产生的结果。在他们的创新事业中，新的国家银行发行的货币被创造出来。创新也催生了公共债务的复杂运作及其与新兴资本市场的关系。这些发展反过来又推动了现代商业银行的发展。简言之，由公共权力运作的四个全新组成部分，使得后来的作家颂扬的个人首创精神成为可能。一个远非"自然的自由体系"的统治集团，创作出了现代世界的货币乐曲。

在努力架构一个彻底颠覆过去的世界的过程中，启蒙运动理论家只听到了他们渴求的和谐。他们把个人的全面发展想象成他们时代的本质，实际上却错过了真正为金融创新奠定基础的集体编排。事实上，他们越是坚持认为现代实践源于个人决策，他们就越是不重视创造出现代货币体系的复杂结构和复杂设计。

这种不和谐——理论与实践之间尖锐的不一致，一直困扰着四重奏及其创造的乐曲。

第一章
Chapter 1

货币及其技术：产业对立与信用问题

玛拉·卡登（Mara Caden）

先生，铸币厂不是别的，就是一个制造厂，它应该以制造厂的原则来进行管理。也就是说，为了实现最好和最经济的经营管理，它必须依照合约在适当的担保和适当的规章制度下进行。（Edmund Burke, 1780）[1]

在18世纪欧洲启蒙运动时期，技术的概念就表现出类似于它在当代的意义。在这个时期，人们开始用"技术"一词来描述对"机械技艺"和制造业中"实用知识"的科学探究。[2] 本章探讨的正是18世纪启蒙时代的货币及其技术。虽然现在货币技术对我们来说意味良多：会计模式，利率计算，各种货币之间汇率的换算，甚至是数字货币（如比特币）的价值计算，等等，本章将重点聚焦制造实物货币所涉及的技术。已经有大量的资料记载了信贷和银行业的发展，特别是在近代早期的欧洲、启蒙时代的欧洲和早期的美国，但除了钱币学刊物上的讨论外，货币史学家对货币制造本身的研究相对较少（Dickson, 1967; Murphy, 2009）。[3] 18世纪的经济和社会历史学家们之所以忽略了这一话题，部分原因是他们倾向于把货币仅仅看作这一时期日益复杂的信贷网络和技术中的一种工具。但是，后来的经济史学家曾表示，在近代早期，信贷的扩张依赖于货币的供给，并且与货币的供给密切相关（Mayhew, 1995）。[4] 即使是在信贷工具呈爆炸式增长的时候，货币仍然很重要。近代早期和启蒙时代的纸质票据是建立在货币的基础上来流通的；账面上长期的赊销金额可以用货币结算；而汇票需要有能兑现金属货币的承诺才可以发挥作用。在启蒙时代，大多数国家要么对贵金属制造货币保持垄断地位，要么对地方或私营制造商提供许可并实施监管。无论哪种方式，货币都是国家权力的核心。这对税收至关重要。对于近代早期的国家来说，货币政策是调节国内外贸易和经济活动的主要方式之一。它带着君主主权的印记，将王室权力注入每笔交易。

在整个欧洲、大西洋世界、印度洋世界，在欧亚大陆的帝国之间，甚至横跨太平洋，都有银币、金币、铜币和锡币在流通。从某种意义上说，这些硬币是商品，它们促成各国之间和各洲之间的贵金属贸易，同时也促进其他商品的贸易，诸如布、香料、糖和奴隶等。作为一种商品，这些贵金属的市场价值也赋予了硬币价值。各国也给他们制造的硬币规定了法定价值，但是在当时，人们认为硬币的"内在价值"（硬币所含金属的交换价值）与其面值之间存在差异，这是一个引发激烈争论和不断完善的问题（Redish, 2000; Desan, 2014: 110–20）。[5] 17 世纪和 18 世纪是全球贸易显著增长的时期，同时在整个欧洲和大西洋世界，也发生了很多严重的政治危机。当各国君主和政府试图让货币在国内外发挥作用时，信用问题就困扰着他们的货币。大多数国家都是按照硬币的重量和金属含量的比率来兑换外国硬币的，并且根据其纯度（即贵金属与合金的比例）、重量以及其他表明其真实性的物理性质来判断硬币的成色。对于那些正统性受到质疑，或者正在经受内忧外患的国家及其君主来说，他们发行的货币质量可能与他们自身的声誉和正统性密不可分。一个国家或一个君主的信用由其货币中贵金属的含量判定，而这种信用可能会被伪币迅速破坏。在欧洲及其殖民地，伪造货币既是一种有利可图的产业，也是一种可判死刑的犯罪行为（Wennerlind, 2011: 123–60）。[6] 无论在国内还是国外，使货币大幅度地贬值或流通伪币，都会使兑换货币变得更困难，而在交易时，许多人拒绝接受易受造假影响的货币，或者由于怀疑货币被降低了金属含量而支付一个较低的价格。正是从这个意义上讲，信用是让货币发挥作用的必要条件。

我们不禁会想，当启蒙运动的思想遍及欧洲时，思想家们已经不再迷恋货币的金属价值。换言之，对内在价值的拥护能够与古代和中世纪的货币世界联系起来，而现代则引入了灵活的信贷工具，并提出了功能主义的观点，即货币是促进贸易的工具。但商品货币的世界尚未从人们的视线中消失。在丹尼斯·狄德罗（Denis Diderot）[①]和让·勒隆德·达朗贝尔（Jean le Rond d'Alembert）[②]关于启蒙运动思想的经典汇编《科学、美术与工艺百科全书》中，路易斯·德·若古（Louis, chevalier de Jaucourt）贡献了词条"货币"，

---

① 丹尼斯·狄德罗（1713—1784），法国启蒙思想家、哲学家、戏剧家、作家，百科全书派代表人物。他编写的《科学、美术与工艺百科全书》为1789年的法国大革命做了舆论准备。
② 让·勒隆德·达朗贝尔（1717—1783），一译"让·巴普蒂斯特·勒隆德·阿伦贝尔"，法国数学家、物理学家、哲学家和音乐理论家，启蒙运动最杰出的人物之一。他应狄德罗的邀请担任《百科全书》的副主编，并负责撰写数学、物理和天文学等条目。

他提出一种明确基于商品的货币观，驳斥了博伊扎尔的观点。博伊扎尔认为货币是通过政治来制定的，也就是说，货币之所以具有价值，是因为有一个公共权力赋予它一种促进贸易的价值。而若古主张，认证货币价值的公共权力只是展示和确认了它的价值，而并没有创造货币的价值。对于若古和 18 世纪许多思想家和货币发行机构来说，硬币的价值来源于它们所含的金属，即"物质赋予了它价值"。[7]

人们仍然关心货币的内在价值，这一事实关乎民众对国家的信任问题。正如货币经济学家查尔斯·古德哈特（Charles Goodhart）所写的：

> ……硬币的金属含量和面值之间的平衡代表了发行者的可信承诺。本地人相信借据能够被兑现，这意味着人们可以接受硬币并进行交换。发行者的信用越好，流通范围就越广，人们对货币对象内在价值的需求就越少。（2008: xii-xiii）[8]

在本章中，我认为，启蒙时代铸币技术的创新是对信用问题的回应。事实上，每一项技术创新都是在回应长期存在的货币剔除、货币切割和伪币问题。当硬币质地不均匀时，有些硬币的金银含量略高于其他硬币，因此人们会将贵金属含量最高的硬币熔化、囤积或出口，从流通中剔除，只留下贵金属含量较低的硬币来流通。货币的制造标准、机械加工的过程保证了其规正匀称，这样人们就可以信赖所收到硬币的金属含量。整个欧洲和大西洋的货币都受到硬币切割问题的困扰，在这种情况下，人们会从质地不均匀的硬币边缘切割下银或金的碎片，留下贵金属，流通已受贬损的硬币。制造出完美的圆形硬币的技术使得切割硬币又不被人发现变得更加困难。有了在硬币边缘刻写字母和图案的新方法，切割硬币成为不可能的事。欧洲和大西洋世界的大多数货币受到广泛的造假的威胁，在本章的最后将对回应这一问题所应用的技术进行概述，这些技术是由铸币厂和工程师发明的，造假成本由此变得更加高昂，造假也更加困难。然而，当各国试图改变铸币技术以解决上述问题时，却屡屡遭到铸币官行会的反对，这些团体维护和捍卫传统的铸币技术。经过几个世纪的长期斗争，当欧洲国家应用新的铸币技术时，这些铸币官见证了自身地位被逐渐削弱，他们的技能最终被淘汰了。

本章将首先讨论金属工艺。从16世纪到18世纪，整个欧洲的铸币工序逐渐向机械化发展。18世纪末，当工业制造商将蒸汽动力技术应用于货币铸造时，英国铸币业再次发生了变化。接着，在我们所讨论的这一时期，我们将研究美洲的金属提取、精炼和铸币技术方式的变化。西（班牙）属美洲的铸币厂采用了机械铸币技术，那里的银矿采用了一种新的汞齐法，在日渐衰落的采矿业中促进了白银产量的增长，从而使铸币量增加，延续了跨大西洋和太平洋的贸易。然后，我们将转向对纸币的讨论，纸币在17世纪末开始在欧洲经济体中占据重要地位，并成为北美殖民地经济体中的核心角色。在上述每一种情况下，新发明都对伪造货币带来的问题做出了回应，并试图建立对流通货币的价值和真实性的信心。

金属工艺：机械铸币

我们所讨论的时代中有两次铸币工艺的重大变革。第一次，铸币工艺的机械化，即用压印铸币机（mills）和冲压机（presses）代替手工锤制铸币。第二次，蒸汽动力被引入英国铸币业，出现在伯明翰的工业铸币厂以及后来在塔山的新铸币厂。第一次变革以锤制硬币到压印硬币的转变为标志，其历史可以追溯到本书的研究范围之外①。这是一个在整个欧洲开展试验和发明的故事，但这个故事的进展出人意料地缓慢。直到17世纪中叶，欧洲的大多数硬币仍然是手工铸造的，相比古希腊铸币厂采用的铸币方法几乎没有发生实质性的变化。熟练的雕版工会制作压模和冲模：带有雕版的重石块将字母或图案冲压在硬币的两面。压模放在底座上后，铸币工人会坐在一张矮凳子上，在压模和冲模之间放一块金或银的空白圆盘模板，然后用锤子敲打冲模，同时在硬币的每一面冲压雕版（见图1.1，Stewart, 1992: 76–82）。[9]

虽然这项技术尚处于初级阶段，但要用这种方法制造出质地均匀、浮雕清晰居中的圆形硬币，需要有高超的技巧。在英国，中世纪的铸币官行会在很大程度上充当了手工艺行会的重要角色，行会谨慎地接收学徒，对进入的学徒进行长期的训练。经历了几代人的传承，铸币官身怀的技艺使其成为铸币厂运作不可或缺的一部分。法国依靠一个类似的机构——货币法院②来管理和监督为王国铸造货币的技术方面。在16世纪，货币法院有着比英国铸币官更重要的行政地位：铸币厂遍布整个法国，而货币法院集中于巴黎，可以对那些外地铸币厂进行审计，并拥有对涉嫌腐败的案件进行刑事审判的权力（Parsons, 2015: 17–59）。[10]在上述情况下，铸币官都是有排外性质的、

---

① 这里的"研究范围之外"是指系列丛书中其他历史研究时期。——编者注
② 货币法院，古代法国的一个主权法院，成立于1552年。法国大革命后的1791年，它和其他旧制度下的法庭一起被镇压。

受到严格管控的工匠团体，是传统铸币技术的维护者。

然而，到了17世纪，一种新方法取代了铸币官的手工锤制硬币技术。这一技术起源于文艺复兴时期，在罗马的教皇铸币厂首次出现。16世纪初，为教皇尤利乌斯二世①制造圣牌②和印章的建筑师多纳托·布拉曼托（Donato Bramante）③，研究并制造了一种用于敲打这些金属的新机器。他的发明使用了一种螺旋机械装置，该装置使用旋转扭矩，以强力向下驱动冲压机（见图1.1）。比起手工锤打，这种用来敲打金属的螺旋冲压机具有以下优点：敲打更为精确，因此雕版也更为复杂；圣牌会闪烁着类似新铸造的硬币的光芒，是因为螺旋冲压机的力足够强，工匠在金属冷却时就可以敲击；最终制造出来的圣牌更均匀，图案更完美地居中。不过要充分利用这项发明，需要非常光滑的圆形币坯，而不是金属加工工人用剪刀从金属片上剪下来的不太均匀的圆片。伟大而多才多艺的达·芬奇用他的发明最终解决了这个问题。达·芬奇的笔记本上有一幅为罗马铸币厂设计的机器草图，他设计的机器用一个中空的切割冲头，通过将金属片向上压入一个中空的空间，从而切割出均匀而完美的圆片。在他的笔记本中，达·芬奇描述了将所有硬币制造成大小和厚度均匀的完美圆形的好处。虽然在他有生之年，这种机器一直没有被制造出来，但达·芬奇的发明将与布拉曼特的发明结合起来，组成一套机器，

---

① 教皇尤利乌斯二世（1503—1513年在位），教皇史上第218位教皇，被教廷认为是历史上最有作为的25位教皇之一。
② 圣牌，一般称圣本笃圣牌，罗马天主教盛行的一种圣人图像饰物，该圣牌的图像源自知名的修道主义建立者圣本笃的事迹。
③ 多纳托·布拉曼托（1444—1514），意大利文艺复兴时期的杰出建筑师，他对文艺复兴时期意大利建筑有着极为深远的影响，以至于后人在描绘建筑艺术的某种新风格时，常常将之称为"布拉曼托式"。

最终改变欧洲的铸币工艺（Hocking, 1909: 60–2）。

图 1.1　螺旋冲压机。版画原印于狄德罗和达朗贝尔主编的《百科全书》中

不久之后，这些机器进入了罗马的铸币厂，意大利金匠和雕塑家本威努托·切里尼（Benvenuto Cellini）成为铸币厂的冲压大师，并用布拉曼特的螺旋冲压机在那里制造圣牌。这似乎是一个开始使用新技术铸造硬币的绝佳机会，切里尼积极推广螺旋冲压机，将它当作一种铸造货币的优越技术。他用冲压机制作的圣牌很漂亮，但制作成本比传统的手工锤制技术要昂贵。因此，不管切里尼的技艺如何高明、热情如何高涨，罗马的铸币厂却仍然维持着传统的铸币方法（Usher, 1954–8: 338–9; Redish, 2000: 55–6; Hocking, 1909: 62–5）。

16 世纪，欧洲各国长期面临着通货膨胀、货币贬值和伪造货币等问题，于是这项新技术开始在整个欧洲传播。1551 年，法国驻帝国自由城市奥格斯堡的大使查尔斯·德·马里拉克（Charles de Marillac），对发明家马克思·施瓦布（Marx Schwab）在奥格斯堡铸币厂开发的机器惊叹不已。这些机器包括能轧制出厚度均匀的光滑金属片的轧币机，能冲压出完美的圆形币坯的切割冲压机，以及能压印硬币图案的螺旋冲压机。这些机器给德·马里拉克留下了深刻的印象，他写信给国王亨利二世，说服他为法国投资这些机器。德·马里拉克率领一个代表团返回法国，其中包括他在里昂铸币厂当老板的兄弟和法国工程师奥本·奥利维耶（Aubin Olivier），他们与奥格斯堡的工程师一起工作了几个月，以完善这些机器，并将它们进口到了法国。返回巴黎后，他们在城岛一个磨坊的场地上建起了第一家真正机械化的铸币厂，这座磨坊场最初是用来打磨宝石的。新的磨坊货币（Monnaie du Moulin），或称磨坊钱，使用了水力、马力和人力的组合来操作奥格斯堡的铸币机器，还采用了奥利维耶自己的发明——用字母和图案标记硬币边缘的技术，它保护了新硬币，使其不再受切割这一最持久的问题的影响。为了完成这项工艺，奥利维耶开发了一种切成片的铸币卡环，当它们被冲压时，会包住币坯。这个已经雕版的铸币卡环比币坯稍大一点，当螺旋冲压机敲击币坯时，硬币会膨胀到卡环上，从而将铸币卡环里面的字母和数字刻在硬币边缘。在硬币边缘标记字母和图案的能力，是 17 世纪机械化程度更高的造币厂中保护最严密的商业秘密之一，也是最令人梦寐以求的技术。众所周知，这种硬币很难复制，也不可能被切割，它似乎解决了近代早期的国家存在的一些最大的铸造货币问题（Mazerolle, 1907; Hocking, 1909: 67–72; Parsons, 2015: 109–13）。

然而，巴黎的机械化铸币厂是短命的。由于频繁的机器故障和昂贵的操作费用，这些机器对于王国的常规铸币来说过于笨重了。到了 1586 年，新铸币厂被降级，仅用于锤制圣牌和铜辅币，而金币和银币又恢复到使用旧的锤击法来铸造（Hocking, 1909: 72; Parsons,

2015: 112–13）。这是 16 世纪和 17 世纪欧洲铸币厂机械化历程中第一次失败的尝试。16 世纪 60 年代，巴黎磨坊铸币厂的一名雇员埃洛伊·梅斯特雷尔（Eloi Mestrelle）冒险来到英国，为伊丽莎白女王和伦敦塔的铸币厂提供服务。梅斯特雷尔在那里安装了仿造巴黎机器的设备，并铸造了少量金币来展示它们的铸币能力。官员们和观察家们再次赞扬了这些硬币的质量，但在铸币官行会的反对下，铸币厂仍然没有转为机械化铸币。1572 年，皇家铸币厂断定锤击铸币法才是最好的方法。1625 年，当法国雕版工兼工程师尼古拉斯·布里奥（Nicholas Briot）来到英国时，也出现了类似的情况。据说，他曾试图在机械化的巴黎铸币厂恢复金银币的铸造，货币法院将他赶出了法国。布里奥为查理一世雕刻了压模，并在伦敦铸币厂的塔楼里安装了铸币机，在那里他训练铸币工操作压模，用他在法国铸币厂的技术基础上改进的方法铸造了少量硬币。布里奥的方法也未能成为标准，尽管他的机器确实在苏格兰铸币厂找到了出路——在塔楼铸币厂让它们撤出之后，当时的铸币工将它们带到了爱丁堡（Hocking, 1909: 72–83; Challis, 1992: 300–2,339; Parsons, 2015: 111–12）。

巴黎铸币厂是第一家完全转向机械化铸币的铸币厂。1639 年，巴黎铸币厂的新任主管让·瓦兰（Jean Varin）说服了国王路易十三和黎塞留（Richelieu），让他们相信有必要实现金币和银币铸造的全面机械化。瓦兰改造了一些旧机器，将它们搬到了卢浮宫，还把其中一些机器翻新。最终，机械化工作赢得了信赖。1645 年，法国国王在巴黎废除了锤击铸币法，将机械铸币作为新的标准（Hocking, 1909: 83–4; Redish, 2000: 57）。

英国实现向机械化铸币的转变花费了更长的时间。布里奥的机器在皇家铸币厂出现故障后，1649年，英格兰共和政府邀请另一位法国工程师到铸币厂，并让工程师引进了新的铸币机器。工程师皮埃尔·布朗多（Pierre Blondeau）保证他的机器能够铸造出比以前所有的机器更好的货币——重量均匀，非常圆润，有光泽，有复杂的高浮雕雕版，边缘用一种新的高级方法刻字。简言之，就是既能防止货币被切割和伪造，又能防止货币囤积和套利。布朗多标记硬币边缘的独特方法被严格保密：他只是含糊其辞地讨论，禁止那些不直接操作机器的人学习这项技术。但我们现在知道，它涉及一个完全不同于奥利维耶发明的切片式的铸币卡环的工序（如前所述，法国铸币厂采用了一种切成片的铸币卡环，它有一个凹凸不平的表面，这样当螺旋冲压机挤压金属时，金属膨胀到卡环上，卡环在被挤压时包住币坯，同时将图案传送到硬币的两面和边缘上）。布朗多指出，如果压模在锤击硬币时意外落在卡环边缘，那么切成片的沉重卡环就有可能会折断上面的雕版压模。他发明了一种机器取而代之，即在硬币进入螺旋冲压机之前，先标记硬币的边缘。这个装置由两个平行的金属带组成：一条是固定的，带有已雕版的边缘，另一条由轮子带动。当硬币被放置在两条金属带之间时，移动的表面将其向前推动，使它的边缘与雕版表面相对，这样就将字母或图案刻在硬币上了。除了避免折断螺旋冲压机卡环上的压模外，新设备还产生了与以前"有边"的硬币不同的效果：布朗多铸造的硬币，其边缘上的字母不是凹陷的，而是凸起的，他声称这使得它们更难以伪造（TNA Mint 1/1: ff.142–6; Pepys, 1663; Hocking, 1909: 85–93; Gaspar, 1976: 55–63; Challis, 1992: 327–31, 346）。[11]

尽管英格兰政府最终决定采用布朗多的铸币方法，但他们的努力因其护国公奥利弗·克伦威尔勋爵的去世而中断，随后又为1660

年君主制复辟所中断,当时查理二世的政府因为害怕设备落入伪造者和国家的敌人手中,没收了布朗多的机器。由于迫切需要使英联邦硬币退出流通,生产出代表复辟君主制的金币,查理二世的铸币厂起先恢复了通过手工锤制法铸造货币。但在接下来的一年里,查理二世下令所有的新硬币都要进行机械化生产,并雇用布朗多再次实施机械化铸币。尽管机器运转良好,但新硬币并没有长时间流通。17世纪60—80年代的铸币量太低,无法用新的机械铸造硬币取代流通中的锤制硬币。大部分已经流通的银币都很旧,磨损严重,质量有所削减。几个世纪以来,硬币的切割和磨损使旧硬币变得不均匀,银含量减少。造假者熔化了硬币碎片,并在其中"清洗"他们的伪币,使其看起来像纯银,他们已经掌握了锤击铸币技术。那些拿到更重、更均匀的压印硬币的人,往往会因其含银量高而将其熔化或囤积起来,因此,流通中的硬币几乎都是旧的、轻的、被切割过的或伪造的硬币(Challis, 1992: 335-97)。这种机制下新硬币的迅速消失是"格雷欣法则"[1]运作的一个主要例子:由于人们倾向于囤积、熔化或出口贵金属含量较高的硬币,而流通贵金属含量大大损耗或贬值的货币,因此金属价值较低的货币会将内在价值较高的货币挤出流通。

为了应对这场危机,1696年英国政府通过将白银全部回收,来进行机械重铸。这项庞大的工程包括将所有的锤制货币和被切割的

---

[1] 格雷欣法则,也称"劣币驱逐良币法则",指在双本位货币制度下,两种货币同时流通时,如果其中之一发生贬值,其实际价值相对低于另一种货币的价值,那么实际价值高于法定价值的"良币"将被普遍收藏起来,逐步从市场上消失,最终被驱逐出流通领域;实际价值低于法定价值的"劣币"将在市场上泛滥成灾,导致货币流通不稳定。

货币，连同银质器皿和餐具，都放入铸币厂，并通过几十年前采用的机械工艺重新铸造。为了完成货币重铸，皇家铸币厂委托伦敦塔铸币厂制造了更多的机器，并在英国以外建立了五家新铸币厂，这些铸币厂配备了布朗多的机械铸币设备。直到这项广泛而具有颠覆性的工程完成之后，机械铸币才在英国成为标准。

机械铸币技术在欧洲逐渐传播的过程中，出现了几种规律。首先，几乎所有通过向机械铸造工艺转变来改革铸币的尝试，都发生在政治和经济危机时期。1551年，当查尔斯·德·马里拉克主导开发和购买马克思·施瓦布为法国铸币厂生产的奥格斯堡铸币机时，法国正饱受无法遏制的通货膨胀之苦。通货膨胀导致法国货币几乎崩溃，造成这种局面的综合原因包括：进口估值过高的外国硬币；整个王国的铸币不受控制；出现了基于黄金和白银价格的套利行为；伪币；来自采矿业的硬币流入等（Parsons, 2015: 104–9）。当伊丽莎白一世在上台后不久雇用埃洛伊·梅斯特雷尔使用伦敦塔铸币厂的法式铸币机铸币时，发生了被称为"亨利八世大贬值"①的事件，市场上充斥着被切割过的硬币和伪币，新君主在英国面临着令人绝望的货币形势（见图1.2, Hocking, 1909: 72–3; Challis, 1978; Challis, 1992: 228–44）。在法国，玛丽·德·美第奇（Marie de Médicis）摄政时期，工程师兼雕刻师尼古拉斯·布里奥试图在机械化的巴黎铸币厂重新铸造金银币，但没有成功，法国此时的局势动荡不安，政治阴谋和叛乱并存（Parsons, 2015: 111）。查理一世登基后施行的财政政策使他的王国陷入内战，这些政策直到他被处死后才结束施行。

---

① 亨利八世大贬值，又称"都铎大贬值"，指1542—1551年发生于英王亨利八世和爱德华六世统治时期的货币贬值事件。

不久之后，英格兰政府雇用布里奥在伦敦塔安装铸币机器（Hocking, 1909: 82–3; Parsons, 2015: 111; Challis, 1992: 300–2）。1640 年，法国政府正式决定将巴黎铸币厂机械化，铸造金路易①，而后从 1645 年开始铸造所有银币和金币，这也是在一系列严重的危机中做出的决定，这些危机包括：代价高昂的战争、国内暴动、混乱的货币秩序和货币贬值，以及备受瞩目的伪币诉讼（Hocking, 1909: 83–4; Redish, 2000: 57; Thomson, 2004: 755–66）。查理一世被处死之后，在议会统治期间和英国内战期间，布朗多来到伦敦铸币厂进行机械化改造。布朗多的铸币方法最终被采用，已经是英国恢复君主制的一年之后，在经历了近 20 年的战争和动乱之后，查理二世试图巩固自己的统治。在 1688 年的光荣革命发生十年之后，英国政府于 17 世纪 90 年代进行了货币大重铸，而在此之前的这十年间充斥着严重的经济危机和接连不断的政治阴谋（Weil, 2013; Waddell, 2015: 318–51）。

图 1.2　伊丽莎白一世时期被切割过的、破旧的银币

对君主和政府来说，当国家处于这种严重危机中时，增强人民

---

① 金路易，法国金币名。铸于 1641—1795 年间，钱币上铸有路易十三和路易十四等人的头像。

对国家货币的信心很有必要。16世纪和17世纪的机械技术是为了解决这个时代最紧迫和最具破坏性的货币问题而发明的。机械轧机和毛坯切割机使硬币的厚度、形状和重量的统一得以实现。因此,在理论上,每一枚硬币的银含量都是一样的。这项技术针对的是长期存在的货币剔除问题,即人们囤积、熔化或出口贵金属含量最高的硬币,而只留下最轻薄的硬币来流通。司库和铸币厂的主管们认为,假如所有的硬币都是统一的,那么它们的流通就会更加自由,而那些接受和使用它们的人就会相信,这些硬币各自拥有等量的贵金属。

让我们来看第二种规律。在这些世纪里,经由工程师和雕版工的智慧和努力发展起来的边缘标记新技术,解决了另一个长期存在的问题:硬币的切割问题。那些切割硬币的人会从硬币的边缘刮去或切下银或金,硬币被切割后回到流通中,而这些切割下来的金属会被熔化并出售,或者用来覆盖贱金属所造的伪币。切割不均匀的锤制硬币非常普遍,也是造成硬币损耗最重要的原因之一。当一个技术熟练的切割工在处理轻微不均匀的手工锤制硬币时,其手工操作(导致货币不均匀)是很容易掩盖的,但当他处理边缘刻有字母的机械铸币时,这种伎俩就不可能再得逞了。只有边缘刻有完整字母或图案的机械铸币才会被认为是最新的货币,这样一来,17世纪铸币工厂的边缘标记技术几乎消除了铸币被切割的现象(Redish, 2000: 60–1)。

最后也是最重要的一种规律是,机械铸币技术旨在解决难以撼动的伪币问题。伪币问题削弱了公众对货币的信心,也使流通货币的贵金属含量耗损得更为严重。铸币技术越复杂,最终产品就越复杂,而这一工艺就越难以复制。铸币厂的官员们为了保住机械铸币技术的机密煞费苦心,因为他们知道,一旦这些技术机密扩散到铸币厂之外，他们的硬币就不那么安全了。此外，如果铸币工艺需要多个工人操作那些笨重和显眼的机器来完成，伪币制造者就很难秘密铸造伪币。事实上，随着机械铸币在英国成为标准，纽扣制造商开始受到怀疑，因为他们的机器和铸币机器很相似，而且纽扣制造技术似乎很容易被稍加改变以用来机械铸造伪币。[12] 这是一种具有先见之明的怀疑，因为下一次铸币技术的重大变革发生在伯明翰的纽扣制造商手中，他们在 18 世纪末将工业技术应用于铸币（Selgin, 2008）。虽然造假并没有随着机械化铸币的出现而完全消失，但造假变得越来越难以完成，也更容易被发现了。

如果说新机器——螺旋冲压机、轧机、币坯切割机和边缘刻字机——解决了长期存在于近代早期欧洲国家的货币问题，那为什么要花这么长时间来实施？毕竟从布拉曼特的螺旋冲压机首次成功使用，到法国大规模采用机械铸币技术，已经过去了将近一个半世纪。英国花了更长的时间才使机制铸币成为标准。当然，这项技术起初也存在自身的缺陷。机器会出现故障，可能需要工程师不断地监督和维修。机械冲压机要求雕版工掌握新的刻字技术，而且它们容易在铸币过程中折断辛辛苦苦刻出来的模具。用机器铸币的成本也更高，有时甚至是锤击铸币法的两倍。不仅安装和维护机器需要大量资金，机械铸币也可能会降低原材料的使用率，一些铸币厂工人指出，新的铸币方法产生了更多的灰尘和碎屑，浪费了宝贵的金块和银块（Challis, 1992: 348; Parsons, 2015: 112）。尽管任何人都难以对机械加工制造的硬币的质量提出异议，但从手工铸币转变为机械铸币确实需要国家为铸币厂投入额外的资源，而这通常又发生在国家的财政状况最为糟糕的时候。

但是，实施机械铸币技术并使之成为标准之所以花了这么长时间，最主要的原因是遭到了铸币官行会或货币法院的反对，这些组织是由那些维护和执行古老的锤击铸币技术的人员组成的。在法国，自 1551 年机械铸币厂在巴黎第一次建成后，铸币技术由手工锤制全面转向机械化铸造的这一过程，被货币法院成功地推迟了将近一个世纪。他们强烈反对机铸货币，并说服亨利三世发布公告，禁止在法国用机械铸造金银货币。伊丽莎白一世统治期间，埃洛伊·梅斯特雷尔试图使伦敦铸币厂转向机械化，但他的努力同样遭到了铸币官行会的反对。铸币厂的管理人员认定梅斯特雷尔的机器有缺陷，这与铸币官的强烈反对有很大关系。17 世纪初，货币法院阻止了尼古拉斯·布里奥在巴黎用机械重新铸币的尝试，当布里奥转而去英国时，他在伦敦塔铸币厂又遭到了铸币官行会的强烈反对，行会努力确保布里奥的机器不会取代他们原来的方法。1640 年和 1645 年，货币法院抵制了巴黎铸币厂正式机械化的法令，但在黎塞留的统治下，货币法院的权力逐渐被削弱，不得不屈服于国王的意志（Hocking, 1909: 72, 82–3; Redish, 2000: 56–7; Thomson, 2004: 761–7）。

一场有关机械化的戏剧，在皮埃尔·布朗多和英国铸币官行会之间的长期冲突中上演了。1649 年，当布朗多到达伦敦时，铸币官行会强烈反对伦敦塔铸币厂引进他的机器。他们尝试用许多方法来证明自己的观点。尽管机械铸币技术致力于防止造假，但铸币官行会认为，机械铸币会让铸币厂更容易受到造假者的攻击。布朗多的技术和方法早晚都会公开，一旦造假者学会复制，优势将不复存在。即使操作这些机械需要大型车间和多个工人，造假者私下铸币却更容易，因为比起经常让造假者露出马脚的锤击铸币法，这种机械要安静得多。铸币官行会宣称他们可以造出比布朗多的机铸硬币更好的硬币，他们向布朗多发出了挑战，双方进行了技巧比赛。这场比赛的关键在于谁的硬币刻边方法最有效，比赛是在布朗多和一位名叫大卫·拉马奇（David Rammage）的铸币官之间展开的。拉马奇曾与布里奥一起工作，他借鉴了布里奥的一些方法，包括采用切成片的卡环来给硬币刻边。而布朗多则与技艺高超的铸币雕版工托马斯·西蒙（Thomas Simon）合作，赢下了这场比赛。国务委员会和一个铸币委员会认为布朗多造出的硬币更漂亮、更完美，边缘的字母更精巧（TNA Mint, 1/1:ff.142–6; Violet, 1650; Corporation of Moneyers, 1653; Hocking, 1909: 85–94; Craig, 1953: 157–9; Challis, 1992: 329–31）。复辟时期，当伦敦塔铸币厂正急切地开展机械化时，铸币官行会发现，他们的抵制敌不过货币改革的迫切性，铸币厂主人亨利·斯林斯比（Henry Slingsby）的热情，以及公众对机铸新硬币的赞赏。

铸币官行会有很多反对新技术的理由。作为最接近铸币工艺的人，他们往往能更快地注意到机械存在的缺陷和故障，这些缺陷和故障也令发明家和高级官员持续感到困扰。在法国，货币法院清楚早期的机器在铸币过程中造成的材料损失比锤击法所造成的更大。在法国和英国，无论是对奥利维耶、梅斯特雷尔还是布里奥的发明进行评估，人们都可以看到，由于机器需要频繁维修，操作速度有所减缓，而且他们也敏锐地发现，最终产品存在缺陷。

但铸币官（铸币官行会）反对机械化也有个人原因。他们的制度结构旨在传承和维持代代相传的技能，这使他们天生保守，因为铸币官的地位取决于其对现有铸币技术的维护。当这些铸币官以外的工程师成为新的权威，铸币技术的专业知识从他们手中溜走时，铸币官就沦为了熟练工人，而不是产业的主人。机械铸币会使他们更难证明自己的特权和地位，更难证明他们长期的学徒制和手工艺的行会结构是正当的,也更难维持收入,机械铸币更倾向雇用他们之外的工人来操作机器,这些最终都会削弱铸币官行会的权力,因此他们极力反对新措施。

实际上,在铸币机械化之后,原来的手工铸币官的地位和影响力的确一落千丈了。1696 年,货币大重铸发生之后,铸币官们经常抱怨去外地铸币厂操作和工作时间太长(铸币厂要求每天工作 20 小时)的问题,官员对此视而不见,并威胁说,如果不服从,就用别的工人代替他们。[13] 尽管货币法院和铸币官行会到了 18 世纪仍然存在(货币法院一直存在到法国大革命时期),但他们已经不再拥有影响铸币厂制造货币的能力。到了 18 世纪,铸币官行会的成员抱怨说,计件工资无法维持生活;到了 19 世纪中叶,他们的人数已经减少到 5 名成员和 2 名学徒。[14]

美洲的矿山和铸币厂

随着机械铸币成为法国和英国的新标准,大西洋世界的商人们普遍认识到了机铸硬币的匀称端正,他们对货币的金属含量有了信心。法国金路易是第一种由机器大规模制造的硬币,因其可靠性和价值在欧洲和大西洋世界备受青睐。随着越来越多的欧洲国家在自己的铸币厂采用机械铸币技术,这些技术传播到了大西洋世界以外的帝国。

在美洲,并非所有的欧洲殖民地都有铸币厂,但铸币厂是西班牙美洲殖民地的一个重要特征,那里的银矿开采构成了殖民地的财富基础。西属美洲有两个主要的银矿区:新西班牙和波托西,新西班牙位于墨西哥城北部以萨卡特卡斯为中心的地区,波托西位于秘鲁的总督区及玻利维亚的现代边界内。这两个矿区都有铸币厂来铸造他们开采出来的白银：墨西哥城为新西班牙矿，波托西和利马为南美银矿。

起初，西属美洲在货币生产方面的许多技术创新都是为了提取白银，而不是为了铸造硬币。在将近 250 年的时间里，在秘鲁总督区的波托西山上，西班牙定居者、土著和非洲强制劳工开采了大量的白银，矿工们不得不设计一些陌生的技术来利用大量的白银矿藏。波托西的矿山海拔很高，欧洲风箱无法加热矿石，因此西班牙矿工使用了一种基于当地环境的熔炼系统，它利用山顶上的大风将熔炼炉加热到合适的温度；印加的奴隶们实际建造和操作了这些早期的熔炉（Lockhart and Schwartz, 1983: 101）。当最丰富的矿石耗尽后，矿工们建造了人工湖，并安装了水力磨矿机，以更有效地处理白银。到了 1621 年，有 32 个这样的湖泊为银厂提供动力，这被认为是一项重大的工程壮举（Hanke, 1956: 21）。矿工们在 18 世纪持续开发采矿技术，包括墨西哥矿的一项重大创新，即大规模使用火药来爆破，以建造更大的矿井和排水通道（Lockhart and Schwartz, 1983: 334）。

开发这些矿山、提炼银矿石以及在铸币厂铸造硬币的劳工有几种类型，但在西属美洲，矿山工人和铸币厂工人都没有享受到类似欧洲铸币厂工人所在的行会组织的保护。事实上，西属美洲的矿场、精炼厂和铸币厂的许多工人都是被强制的或是不自由的劳工。虽然新西班牙的精炼厂和铸币厂以一些被奴役的非洲人后裔为主要劳动力，但在波托西（17 世纪初，美洲一半的银矿产自这里），西班牙人采用了当地的劳动力轮换制度，即米塔制[①]（mita），迫使来自大

[①] 米塔制，本来是印加帝国实行的一种劳役制度，每个公民每年都要提供固定天数的劳役。后来，西班牙人借用了这个制度。

型汇水区的土著民在矿山和精炼厂工作。总督弗朗西斯科·德·托莱多（Francisco de Toledo）曾在16世纪70年代实施这一制度，每7年，成年男性（有时甚至是整个家庭）要从600英里远的地方前往波托西完成13 000米塔的年度定额。这些工人会得到工资，但通常难以维持生计，而且他们的所得，总是低于那些补充米塔劳工的、自由的明加（minga）①劳工所得到的工资。然而，米塔们经常利用在波托西的时间从事其他可以增加工资的活动。无论是被分配到矿山还是精炼厂，他们的工作都是三周轮换制，即一周工作，两周休息。在那两周"休息"的时间里，他们中的许多人为了更高的工资而做明加劳工，甚至成为个体经营的小规模采矿者，也称为个体经营者（k'ajchas）。强制劳工和自由劳工共存于西属美洲的矿场和精炼厂（Lockhart and Schwartz, 1983: 334）。

但是，在采矿和精炼技术极度依赖不自由劳工操作的地方，工人几乎没有像欧洲那样抵制采用新技术的能力。本土冶炼被一种水银混合工艺所取代，工人几乎没有表现出明显的抵抗。18世纪，美洲的铸币厂没有经过大张旗鼓的争论就转向了机械铸币。在没有铸币官行会存在的情况下，抵抗和反对采取了其他形式。17世纪30年代，皇室官员发现，银商与波托西铸币厂的工人相勾结，在下班后制造劣质硬币。在这些劣质的硬币中，白银含量远远低于标准，以此提高他们的利润。18世纪晚期，一项派欧洲专家去波托西提高技术效率的任务以失败告终，因为精炼工人认为新方法既昂贵又无效。为自己开采银矿的个体经营者在小规模的工厂或者被称为原始采矿场（trapiches）的工厂里提炼白银，远离殖民地当局经营的工

---

① 西班牙语，意为自由劳工。

厂（Bakewell, 1988; Brown, 2012; Barragán, 2017）。

很显然，对矿工开采出的白银进行提炼需要专业技术。精炼厂是一座封闭的庄园，它在波托西被称为蔗糖厂（*ingenio*），在墨西哥则被称为庄园矿场（*hacienda de minas*）。精炼厂里面住着技术工人和通常是大农场主的人，庄园通常位于为精炼厂供电的自来水附近。这些精炼厂的许多技术工人都是非洲奴隶的后裔。为了将银矿石转化为精炼白银，精炼厂采用了汞齐法，该工艺借鉴了德国化学家的研究成果，但最初在西属美洲开发并投入使用。精炼工人将矿石捣碎成质地均匀的碎块，与水银混合，然后在一定时间后将水银洗出。这一过程涉及捣碎机、水泵和大桶，以及技术专家，包括水银工人，或称 *azoguero*[①]，他们根据矿石质量调节水银混合的时间和比率（Brading, 1971: 137–40）。

自从他们开发出汞齐法后，水银就成了采矿业不可或缺的元素。此后不久，西班牙皇室便将水银列为皇室垄断。事实上，水银的主要来源只有两处，一处在西班牙，一处在秘鲁。皇室建立了对水银的皇家垄断，使得向矿业公司出售水银成为皇室的另一个重要的收入来源，并使得皇室能够依据征税目标来评估白银的产量。皇室出售给各个矿山的水银的数据，西班牙官员可以从水银管理局获得，他们利用水银和白银之间已知的比率进行混合，从而证实产量，以防止欺诈，确保皇室得到它在美洲加工的那部分银币（Hanke, 1956: 22; Brading, 1971: 140–6; Lockhart and Schwartz, 1983: 149）。

白银的加工与水银的供应密切相关。因此，17 世纪 30 年代，在水银变得难以开采或维护成本高昂时，西班牙的银矿就开始衰落。

---

① 西班牙语，意为将水银与捣碎的银矿混合以提取银的工人。

但是在萨卡特卡斯、瓜纳华托和瓦伦齐亚纳这三个墨西哥矿中，18世纪后期的波旁王朝改革给这里带来了重大的技术变革。西班牙战败①和七年战争②结束之后，西班牙改革者实施了财政和行政改革，以使母国对殖民地的管理更为集中和合理化。变化之一是重新关注采矿业，因为这些改革者企图使殖民地对西班牙经济而言更加有利可图。由于汞齐法发生重大技术变革，且水银比以往更容易获得，墨西哥经历了巨大的采银热潮。皇室在西班牙中部的阿尔马登增加了水银的产量，使得位于萨卡特卡斯的墨西哥矿山在18世纪后期产量激增，这大幅降低了水银的价格（Bakewell, 1971: 187–9, 194–5; Brading, 1971: 140–6）。[15] 水银这种更高的可获得性和汞齐法的变革，使得墨西哥矿工可以开采以前难以提取的矿石，墨西哥的白银产量很快就超过了波托西（Lockhart and Schwartz, 1983: 151–2, 334–5）。

在18世纪，由于精炼技术使白银产量保持在较高水平，秘鲁和新西班牙的铸币厂继续大量生产硬币，这些硬币跨越太平洋流入菲律宾和中国，跨越大西洋流入欧洲和中东。白银从矿山被运往殖民地铸币厂的过程有时涉及中间商，即白银商（或称 *mercaders de plata*）。白银商可以从矿主那里廉价购买未经加工的白银，并用硬币支付，这也使矿主能够用硬币支付工资（Lockhart and Schwartz, 1983: 152）。随着时间的推进，一些铸币厂，包括墨西哥城和利马的铸币厂，从锤击铸币法转变成了17世纪在欧洲铸币厂中普遍使用的机械化铸币法。机铸的八雷亚尔银币在欧洲和美洲广泛流通，在几乎没有其他货币流通的英属美洲殖民地，这些机铸八雷亚尔银币

---

① 西班牙战败，指1588年西班牙无敌舰队被英国舰队歼灭。
② 七年战争，1756—1763年欧洲两大军事集团即英国–普鲁士同盟与法国–奥地利–俄国同盟之间，为争夺殖民地和霸权而进行的一场大规模战争。

成为主要的流通货币。[16]

但根据一些外部专家的说法，波托西的铸币方法仍然相当初级。1788年，西班牙政府派遣一批德国科学家到波托西，研究那里的采矿和铸币方法。科学家们并没有被他们的发现所折服。其中一位专家描述了波托西现有的采矿和铸币过程，称之为"凌乱、浪费和不科学"以及"令人难以置信的野蛮和无知盛行于铸币厂和采矿部门"（Hanke, 1956: 23）。[17] 然而，这些科学家的傲慢也许是没有事实根据的：经过长时间的逗留，参加过无数的讲座和研讨会，欧洲专家们仍未能对现有的采矿技术进行任何显著的改进（Lockhart and Schwartz, 1983:147, 335）。

小面值硬币问题和工业造币的出现

尽管向机械铸币的转变可能已经停止，这种转变却解决了货币信用和发行货币的国家信用的基本问题。事实上，它几乎消除了硬币切割的现象，使任何特定面值的硬币都更加均匀划一，阻止了货币的剔除和囤积，也使造假更容易被发现。但欧洲国家的货币问题仍然没有得到彻底解决，信用问题依旧继续困扰着货币发行机构。金币和银币面值之间的双金属比率使其中一种硬币（通常是银币）无法流通。铸币厂为这些金属支付的价格的波动使情况更加混乱：在18世纪的前25年，法国的这一问题尤为严重。在法国和西班牙，贬值和价值重估是增加皇室收入的一种常见策略，而这些策略所产生的不确定性鼓励了囤积居奇、出口或欺诈性的过度冲压，这样人们就可以避免硬币流向铸币厂（Tortella and Comín, 2001: 150–5; Rowlands, 2012: 90–107）。实际上在任何地方，人们几乎都面临着小面值硬币缺乏的问题（Redish, 2000: 107–35; Sargent and Velde, 2002）。

小面值硬币存在其自身的技术和逻辑问题。当国家用银铸造小面值硬币，并使其保持与更值钱的硬币相同的纯度和相应的含银量时，硬币往往很小，很不方便，而且成本高，铸造技术上也存在难题。在铸币厂体制下，官员和铸币厂工人的工资是计件工资，也就是说，按照工厂铸造的金币或银币的数量来支付工资，铸币厂工人通常拒绝制造小面值硬币，因为这是劳动密集型产业，而且对他们而言成本很高——工人做同样数量的工作，得到的工资却少得多。在很多情况下，铸币厂只在有特定法令要求时才会铸造小面值硬币。铸币厂也可以用价值较低的金属如铜、锡或多种金属的混合物铸造小面值硬币，很多铸币厂都是这么做的。一些铸币厂铸造了全面值的铜币，确切地说，硬币中含有相当于面值的铜。例如在瑞典，17 世纪的铜币就是按照铜的价值标准来铸造的（Sargent and Velde, 2002）。西班牙和法国等其他国家，用铜和银的合金制造了一种叫作比朗或韦利翁的小面值硬币（Tortella and Comín, 2001; Sargent and Velde, 2002）。小面值硬币无论是用贱金属还是少量贵金属铸造而成，制造都是昂贵而烦琐的，欧洲国家往往忽视了制造足够的小面值硬币，用于人民所需的日常交易和工资支付。

国家使用铜和锡等贱金属铸造代币，意味着铸造硬币的面值高于其所含的金属价值，由于没有与规定价值相对应的内在价值，这些硬币特别容易被伪造。它们是法定货币的一种形式，因发行机构的保证而保持其价值，因此在材料的成本和硬币的价值之间存在着巨大的鸿沟，这意味着非官方的铸币者可以通过仿制它们来获得巨额利润。事实上，18 世纪 50 年代英国流通的铜币中，超过一半是伪币，仅存的少量铜币被伪币摧毁了。大量伪币的存在进一步阻碍了皇家铸币厂生产更多的小面值硬币，既因为官方认为任何新铜币都只会被复制，进而加剧存在的问题，也因为人们普遍认为流通过多的辅币会驱逐金币和银币（Dyer and Gaspar, 1992: 434–7; Sargent and Velde, 2002: 155–6; Selgin 2008: 20–4）。

货币制造业的下一个重要技术变革回应了英国小面值硬币供应不足以及铜币容易被伪造等问题产生的影响。这与该时代的一场更广泛的变革——工业革命——息息相关。在18世纪的英国，随着产业规模的扩大和复杂程度的提高，小面值硬币的短缺使得向矿山和工厂的工人支付工资变得极为困难。当雇主无法获得足够的小面值硬币来支付工资时，他们采取了各种手段：以实物支付部分工资；发行票据，工人可以用票据在公司的商店里购买必需品；用一枚大硬币支付一批工人的工资，让工人们想办法自行分配收入；减少发薪水的频次，但一次发放较大的金额；安排附近的啤酒店为员工管理账单，饮料费将从工资中扣除，并减少雇主最终必须支付给他们的现金（Selgin, 2008: 24–9）。这些安排没法让人满意：工人和雇主都不满意。不久，经营铜矿开采和金属加工业务的公司开始铸造自己的代币，即印有公司名称的铜币，可以用来兑换官方硬币。尽管铸造公司代币的合法性模糊不清，但这些制造商并没有刻意隐瞒自己的业务；相反，其中最成功的一家公司还试图和政府谈判，想与政府签订铸币合同，为国家生产公用货币。起初，没有一家公司能获得这样的合同，但西米德兰兹的采矿和制造公司造出了精巧的代币，并在该地区广泛流通（Selgin, 2008: 35–78）。

几年后，当著名的制造商马修·博尔顿（Matthew Boulton）将工业技术应用于他在伯明翰的一家大型工厂——索霍工厂——的代币铸造时，出现了一个突破性的进展。博尔顿是詹姆斯·瓦特（James Watt）[①]的商业伙伴，他们一起研制出了旋转蒸汽机，这是早期工业发展的技术核心。博尔顿在索霍制造的产品已经足够令人印象深刻，他专门制造"玩具"，或者小金属物件，特别是纽扣。当博尔顿开始在他的工厂铸造铜币时，造币这项业务真正实现了工业化。博尔顿将工业化的纽扣制造技术应用于硬币的铸造，并建造了一间用蒸汽机驱动机器的铸币厂。细致的分工，再加上蒸汽动力和一套新技术，意味着索霍铸币厂可以比皇家铸币厂更快地铸造出硬币，而且生产的硬币完全一致，更难伪造（见图 1.3，Selgin, 2008: 88–93, 129–31）。

图 1.3　马修·博尔顿的铸币冲压机

蒸汽机并没有为铸币工序的所有阶段提供动力。博尔顿的铸币厂配备了一台水力滚轧机来轧印铜板，他还用这台滚轧机在铜板冷

---

① 詹姆斯·瓦特（1736—1819），英国发明家，第一次工业革命的代表人物。

却后将其打磨成厚度均匀的抛光板。一台旋转运动的抛光发动机，为相邻结构中的六台币坯切割机提供动力。主旋转蒸汽机为铸币工序的最后两个阶段提供动力，即将成品币坯传送至铸币冲压机的机器，以及冲压机本身。博尔顿的铸币车间由八台自动操作的铸币冲压机组成，它们由发动机提供动力，通过顶部的旋转轮进行操作。

从一开始，博尔顿就在争取由他的索霍铸币厂签订铸造国家货币的铸币合同。当时猖獗的铜币造假问题困扰着官方，他相信他拥有应对这一问题的最佳方法。稳固币坯的控制卡环快速冲压时使硬币呈现完美的圆形。在伯明翰，他有机会接触到一些世界上最好的金属工人，他用来刻模的雕版的质量使得这些硬币难以被仿造。博尔顿也开始在铜币的边缘上做记号，就像皇家铸币厂在金币和银币上所做的那样，但皇家铸币厂忽略了铜币。博尔顿解释说，他的机器会在冲压机撞击币坯表面的同时雕刻硬币的边缘，而这些字母将是浮雕的，他认为这一工艺所雕刻的记号很难被复制。事实上，这些硬币边缘的铭文，意味着伪造者无法按照常用的方法铸造现有硬币的模子，再将熔化的铜倒进模具里制造伪币。因为边缘的刻字必须出现在两个半边的模具之间的接缝处，所以任何想要复制硬币的人都必须尝试手工复制（Selgin, 2008: 65, 96, 137, 280–1）。

顶着铸币厂的高级职员和权力被大大削弱的铸币官行会的强烈反对声浪，1797年，博尔顿最终获得了在他的索霍铸币厂铸造国家铜币的合同，随后又在1798年、1799年、1805年、1807年和1808年获得了更多的订单，同时还获得了爱尔兰和东印度公司铸造铜币的大量订单。事实上，仅在最初的三个订单中，博尔顿就将英国官方发行的铜币数量增加了一倍，同时承担了运销的角色，以确保新硬币能到达英国的外围地区（Dyer and Gaspar, 1992: 446–54; Selgin,

2008: 110, 117）。这项新技术有一些缺点，即为了以任意速度运行，铸币冲压机必须使用相对较浅的雕版。在较浅的浮雕中，硬币上的图像会磨损得更快。为了防止图像磨损，博尔顿又铸造了一种宽边凸起的硬币，上面刻有铭文，用以保护硬币中心的图像不受磨损（见图 1.4, Selgin, 2008: 165–6）。

图1.4　1797年，由索霍铸币厂蒸汽铸币冲压机铸造的车轮便士

就在英国政府将铜币铸造外包给博尔顿的索霍铸币厂之际，英国内政大臣、前铸币大师利物浦勋爵也致力融入博尔顿的技术。很明显，为了采用博尔顿的工业铸币方法，他们将不得不离开狭窄而古老的伦敦塔铸币厂。1807 年，铸币厂开始在一座可俯瞰伦敦塔的小山上建造一幢新建筑，并与博尔顿签约，为新铸币厂配备他使用过的工业机械。在塔山的新铸币厂里，皇家铸币厂可以通过博尔顿的蒸汽动力生产工序来铸造金币、银币和铜币。新机器给日益衰退的铸币厂带来了新生，使其以更快的速度、更恒定的节奏铸造统一的货币。机器需要持续的关注，但铸币官行会的人发现他们的角色再次被削弱了：由于工人可以很好地操作工业铸币机器，因此铸币官行会的成员承担了更具管理性的角色，进一步隐入了幕后（Dyer and Gaspar, 1992: 451–68）。

铸币与工业革命是一种互惠的关系。诚然，铸币工艺加速了英国工业化的技术发明，如旋转式蒸汽机，这些机器也改变了铸币技术。事实上，在早期工业时代，在大规模工业制造和技术创新的前沿，许多技术发明也用于铸造铜币。这些新铸铜币解决了长期以来小面值硬币不足的问题，也促进了工业的发展。这些难以伪造的硬币，也使工业公司的管理者们可以更方便地支付工资。如果没有足够数量的小面值硬币，很难想象工业增长能够保持它当时的速度（Selgin, 2008: 2）。

纸币和信用问题

由于长期面临金属货币的短缺，在美洲的欧洲殖民地也成为近代早期最早主要依赖于纸币的经济体之一。

随着纸币的出现，信用问题变得更加尖锐。纸币是18世纪的一种典型的货币技术，它进一步将货币的面值与其材料的内在价值分离开来。如果说制造货币的技术——重量标准、带有难以伪造的印记、轧边以防止切割的机械化制造——有助于让人们确信所收到的金银硬币的内在价值，那么，纸币所使用的材料与货币的面值毫无关系。纸币里面没有一种有价值的金属，只有被赋予任意价值的印刷面额，因此，发行这些纸币的机构的信用就变得尤为重要。以远高于其金属价值的面值流通的铜币特别容易被伪造，纸币也同样如此。即使货币不再以其贵金属含量为基础，却仍然面临着类似的挑战，这一点或许不足为奇。事实上，无论是法定货币还是金属本币，货币都需要受到保护以避免伪造，并由可信赖的权威机构发行（Redish, 2000: 12, *passim*）。

纸币在17世纪晚期出现于欧洲，当时约翰·帕姆斯特克（Johan

Pamstruck）[①] 从瑞典皇室获得了建立斯德哥尔摩银行的许可证，并于 1661 年开始发行纸币，以代替瑞典的笨重铜币（Newman, 2008: 9）。在荷兰，尽管没有大量发行纸币，但流通的信贷工具很多，包括银行存款收据、本票和汇票，而这种票据信贷增加了货币供应量，补充了自由流通的各种外币，还有非常稳定的金属货币——荷兰盾（de Vries, 2001: 115）。17 世纪后期，虽然有各种形式的纸币，特别是国库券在英国流通，但在 1694 年，英格兰银行的成立开创了纸币发行的新纪元（Desan, 2014: 304–27）。然而，这些纸币并没有被广泛使用。从 1696 年起，该银行只发行了 50 英镑及以上面值的银行券，是英国年平均收入的两倍多，直到 18 世纪末才开始发行小面值的银行券。至少在最初的五年里，英格兰银行的银行券都是由出纳员手写和签名的，与 19 世纪的印刷纸币几乎没有相似之处。

纸币出现在美洲，是为了服务于欧洲帝国在美洲内陆地区昂贵的军事远征。1685 年，法国的军事远征队开始在加拿大使用一种新形式的纸币，用来给士兵支付薪饷。这种卡币（*monnaie de carte*）用扑克牌改制而成，是一种用于支付的代币，直到军团从法国收到硬币为止。负责发放薪饷的人把扑克牌分成四等份，在上面手写面额，当地的管理人员在扑克牌上签名，并盖上印章。苏里南的荷兰殖民者采用了类似的制度，不过苏里南的扑克牌券是根据汇票和后来的财产价值发行的，不可以兑换成硬币（de Vries, 2001: 135）。

很快，出于同样的目的，英国在北美的殖民地也开始发行货币。由于税收不足，难以支付士兵薪饷，马萨诸塞、南卡罗来纳、新罕

[①] 约翰·帕姆斯特克（1611—1671），荷兰商人，他将纸币引入欧洲。1647年抵达瑞典后，他成为国家贸易委员会委员，并于1650年开始向国王查尔斯·古斯塔夫提交有关建立银行机构的提案。

布什尔、康涅狄格、新泽西、罗德岛和北卡罗来纳的殖民政府在对身处加拿大、佛罗里达，甚至深入北美内陆的法国人、西班牙人或印第安人进行远征时，开始发行纸质的信用券作为战时的紧急措施（最早始于 1690 年的马萨诸塞）。

1723 年，宾夕法尼亚殖民地开始印刷纸币，无论从规模、有效期和用途上来说，这些纸币都是焕然一新的。宾夕法尼亚公民大会设立了一个普通贷款办公室，其职能是土地银行，发行各种面额的信用券，作为定期抵押贷款。这些纸币自由地流通，在接下来的三十年里，公民大会多次通过法案，发行新纸币来取代旧纸币，以使纸币持续流通（ Grubb, 2006: 1–4; Grubb, 2008; Newman, 2008: 9–10 ）。宾夕法尼亚的纸币是一种新型纸币，它不是为了解决国家紧急支付或超额支出的问题而设计，而是为了解决宾夕法尼亚广大人口的货币短缺问题而设计的。与英格兰银行发行的银行券不同，美洲殖民地纸币的面额范围很广，从 1 便士到 100 英镑不等，尽管早期的纸币面额大多在 1 先令到 20 先令。在宾夕法尼亚推广纸币概念的人，将新纸币与该省的制造业和内部贸易的发展明确地联系起来（ Rawle, 1721; Franklin, 1729 ）。宾夕法尼亚的纸币是一项经济刺激计划，不是满足战时开支的权宜之计。

宾夕法尼亚的纸币很容易被伪造，更直接地说，比博尔顿造币改革前英国的铜币更需要面对信用问题。假钞的复制成本低，回报极高，很容易运输，甚至经常在欧洲印制（ Newman, 2008: 26 ）。此外，宾夕法尼亚的一些居民对纸币随时间推移保持其价值的能力存疑，并且他们出于对通货膨胀的恐惧，试图限制贷款办公室发行纸币的数量。尽管其他殖民地的纸币经历了价值的高波动和通货膨胀，特别是在马萨诸塞和罗德岛，宾夕法尼亚居民的担忧却从未实现：

其纸币价值明显较为稳定。但造伪币是一个持续存在的有害问题，宾夕法尼亚的印刷商和政客们不断地尝试各种策略以打击造假。因此，在印刷技术方面，宾夕法尼亚的纸币进行了大量的试验和创新。

纸币的防伪技术一开始很简单，后来则变得越来越复杂。早期的一些策略和以前的没什么不同。得到授权的签字人通常会用不同颜色的墨水手工签署每一张纸币。纸币是用手工连续编号的。如果收到纸币的人怀疑其真实性，他们可以要求付款人在背面签名，现存的纸币都有一系列的签名，由此可以追踪它们的流通情况。票据以锯齿线裁成两份，即将其装订成册，编上号，然后沿着锯齿状的边缘剪下来，这样，当纸币被赎回时，就可以用存根来检验。但这些方法并不能保护宾夕法尼亚的新货币，前两次发行的纸币必须完全停止流通，因为它们之中有太多是来自英国的假钞。

为了应对这些情况，纸币的制造技术很快变得更加复杂，有了这些技术，防伪措施变得更加有力。这些创新中有许多是本杰明·富兰克林（Benjamin Franklin）的作品，他是纸币的早期支持者之一。1729 年，在他出版广受欢迎、雄辩有力的纸币辩护书（Franklin, 1729）①之后，他的印刷厂获得了印刷宾夕法尼亚纸币的合同。富兰克林和他的商业伙伴大卫·霍尔（David Hall）从国外进口字体，在一张纸币上混合了许多不同的字体，甚至使用希伯来语和希腊语字母，以及很难找到的黄道十二宫图。纸币上还有很多"秘密标记"，如一个稍微歪斜的字母，一个小墨迹，或一个不正确的重音标记，这些有助于辨识假钞。"Pennsylvania"这个单词经常以不同的方式拼写在不同面值的纸币上。富兰克林和霍尔开始使用难以获得的纸

---

① 书名为《论纸币的性质和必要性》。

张，如带有彩色纤维或云母斑点的碎布纸、水印纸或进口大理石纹纸。他们开始用两种不同颜色的墨水在同一面印刷，这需要更长的时间才能完成，但这是一种更难掌握的技巧，因此很难模仿。但富兰克林最新奇的策略是"自然印刷"，他用独特的自然形式使纸币显得与众不同。为了使纸币几乎不可能复制，富兰克林会用一片叶子（通常是一片鼠尾草叶子）来制作石膏模型，然后通过这个模型，他制作出一个叶子形状的铅铸件，他将叶子铸件安装在一块木刻板上，插入印刷槽中，就像他做其他刻板一样（见图1.5）。叶子铸件上的纹理和脉络是如此精致细腻，没有一位雕版工能够手工复制它们，而且由于自然界中没有两片完全相同的叶子，所以也没有一个造假者能做出同样的铸件。虽然这一手段并没有完全消除造假（一种小规模的造假方法是在湿棉布上熨烫纸币，然后用这块布将墨水盖到新的纸币上），但这种看似简单却十分巧妙的技术是这个时代最有效的防伪手段之一（Newman, 1964; Newman, 2008: 19–28）。

图1.5　宾夕法尼亚州20先令纸币，本杰明·富兰克林印制，1739年

结　语

　　在我们所讨论的这个时期，货币的制造技术发生了巨大的变革。欧洲的铸币厂逐渐从手工锤制货币转变为机械化的轧制铸币；西属美洲的铸币厂也紧随其后。18世纪末，蒸汽动力被引入铸币业，进一步推动了货币制造的革命。纸币成为殖民地经济的中心，特别是在北美，原始的收据被复杂而难以复制的印刷技术所取代。在上述任何一种情况下，技术变革都是对信用问题的解答。新发明改变了金属货币和纸币制造业，试图解决长期存在的货币剔除、切割，特别是伪造货币的问题。

　　近代早期和启蒙时代欧洲及其帝国的货币，无论是纸币、铜币、金币还是银币，总是面临着公众信心崩溃的风险。一些货币，诸如金币和银币，因它们所含的贵金属而具有商品价值，当各国试图保持其"内在"价值与名义价值之间的某种等价性时，硬币之间任何不均匀的情况都会使这些货币从流通中剔除，因为人们会囤积或出口较重的硬币，而让较轻的硬币流通。切割硬币进一步降低了硬币的贵金属含量，在硬币的面值和所含材料的市场价值之间留下了更大的鸿沟。最具破坏性的是，广泛存在的货币造假行为损害了人们对流通货币的真实性的信心。对于欧洲的君主政体和国家来说，他们所发行货币的完整性和声誉，与他们自身的信用和政治合法性息息相关。在政治和经济危机时期，这些国家承担了实施新造币技术的风险和成本，这些技术可以减少或消除伪造、剔除和切割的问题。机械切坯机生产出的圆硬币重量均匀，不太可能从流通中剔除。螺旋冲压机和轧边机创造了复杂和难以复制的边缘带字母的硬币，切割硬币边缘而不被人发现的情况几乎不可能。没有明显商品价值的货币，如铜币和纸币，则特别容易被伪造，而且其价值更严重地依赖于发行机构的信用。蒸汽铸造使铜币更加复杂、统一、难以伪造，为小面值硬币提供了可靠的供应，解决了英国工业革命期间工资支付的问题。自然印刷以及秘密标记和稀有纸张的使用保护了美洲殖民地的纸币不受普遍造假的影响，并使纸币得以大量流通，促进了殖民地的发展和当地的内部贸易。

然而，国家在改革造币技术时，经常会遭遇那些在铸币厂（如铸币官行会或货币法院）工作的人的抵制。在铸币厂工作的人和管理者对新铸币技术的反对之所以成功，既因为他们在这些技术中发现了缺陷，也因为这些技术威胁到他们的地位和生存。他们的反对延迟了欧洲对机械加工技术的引进应用。最后，随着蒸汽动力铸币技术的引入，铸币官的专业知识和特权地位变得过时，因为工匠被可替换的操作机器的工人所取代。当西属美洲的铸币厂改用机械铸币时，并没有发生旷日持久的工人斗争，这可能是因为这些铸币厂不依赖于一批维护传统铸币方法的铸币工人；相反，他们的精炼厂和铸币厂依赖于非洲奴隶的后裔，以及土著民和新移民这类劳动力提供技术工人。对比是很明显的。对依赖于非自由劳动力的地区，尤其是对波托西和墨西哥城的西班牙铸币厂以及米纳斯吉拉斯州和里约热内卢的葡萄牙铸币厂的铸币和其他工业操作的进一步研究，将有助于阐明劳资关系与制造货币的技术变化之间的关系。[18] 由于工业铸币技术破坏了欧洲传统的劳动关系，这些技术变革使得制造难以伪造和容易被人们信任的货币，特别是对于大型工业企业的成长来说至关重要的小面值硬币成为可能。

第二章
Chapter 2

货币及其理念：
启蒙时代关于金钱之道德属性的辩论

卡尔·温纳林德（Carl Wennerlind）

> 如果意外地独自来到一个陌生民族的土地上，只要你发现一枚钱币，就可以判定你已经来到了一个文明的民族。
> （Montesquieu, *Spirit of the Laws*）

> 当金钱和财富在执政者心中占据支配地位时，那就只能产生暴政。（Gerrand Winstanley, *The Law of Freedom*）

许多启蒙哲学家认为货币是文明的标志性成果，是社会进步的重要机制。货币和私有财产一道，被认为是经济繁荣、国家形成和商业网络全球化的必需品。从17世纪开始，人们对货币有了新的认知，对于启蒙运动中更广阔的进步观来说，这种认知也是一个不可或缺的组成部分。借鉴安东尼·帕戈登（Anthony Pagden）的研究成果，我们可以将货币视为一种典型的启蒙运动时期的制度。货币诞生于一种复杂的社会关系，它在"人类理性"和"人类仁爱"之间取得了平衡；货币被视为"一般人的自我完善能力"的产物和工具；

被视为能够解放人们,并且为人们"塑造自己的目标";还被视为通往"普世主义""全球主义"和"世界大同主义"的强大驱动力(Pagden, 2013: x–xi)。事实上,如果没有一个运作良好的货币机制,我们几乎不可能深入思考帕戈登或其他任何人所描述的启蒙运动。

然而,并不是所有人都对货币促进人类进步的影响力印象深刻。一些哲学家认为,近代早期欧洲所表现出来的贪婪是盛行的金钱文化造成的,或者至少是因为这种文化而加剧的。托马斯·莫尔(Thomas More)① 早在他备受争议的著作《乌托邦》〔*Utopia*, 1989(1516)〕中就指出,作为货币的黄金和白银,有可能破坏良好的道德。为了确保贵金属无法再使社会腐化,乌托邦的公民决定只使用黄金和白银来生产囚犯专用的溺盆和链铐〔More, 1989(1516):104〕。一个多世纪后,杰拉德·温斯坦利(Gerrard Winstanley)② 在英国内战期间对金钱提出了更严厉的批判。他坚持认为金钱是魔鬼的工具,只会滋生敌意和贪婪。他写道:"金钱决不能再做伟大的上帝,束缚一些人,而驱逐另一些人。金钱只是地球的一部分。当我们在地球社会的工作进一步发展之后,我们必须像利用其他金属一样利用黄金或白银,而不是用来买卖。"(Winstanley, 1649a: 2)乔纳森·斯威夫特(Jonathan Swift)③、让-雅克·卢梭(Jean-Jacques

---

① 托马斯·莫尔(1478—1535),欧洲早期空想社会主义学说的创始人,代表作品为《乌托邦》。
② 杰格德·温斯坦利(1609—1676),英国护国公时期政治哲学家、社会活动人士。
③ 乔纳森·斯威夫特(1667—1745),爱尔兰作家、政论家、文学家,以《格列佛游记》(*Gulliver's Travels*)和《一只桶的故事》(*A Tale of a Tub*)等作品闻名于世。

Rousseau）① 和其他人后来也表达了类似的观点。这些思想家质疑了启蒙时期主流的金钱观，认为金钱非但不能促进社交和欢乐，反而会助长贪婪和争斗。

　　本章分为两部分。第一部分将探讨 18 世纪的哲学家如何理解货币的基础。在他们看来，使货币能够发挥作用的本质特征是什么？在何种程度上可以建立一种"非社会性的社交能力"，让人们信任货币机制？第二部分将探讨哲学家们将货币视为进步的核心因素或者道德沦丧的关键力量的多个方面。

货币的社会性

　　商业的强化动摇了传统的等级制度，挑战了历史悠久的认识社会的方式，启蒙运动的哲学家们开始反思社会的基本架构。他们在描绘人类社会性的世俗故事时，经常把注意力集中在塑造和规定人类社会互动方式的基本制度上。大多数人都认为，金钱在协调具有异质性和多样性的人类的行为方面有着强大的作用。金钱让个人能够自主做出决策，它有效地将社会财富分配给整个社会，并有助于建立一个强大的财政体系。简言之，金钱被视为实现自由主义和资本主义，以及建立现代财政-军事国家的必要条件。当然，在很长一段时间里，货币在社会形成过程中所起到的不可或缺的作用，一直备受人们的称赞。从亚里士多德开始，货币一直被视为一种促进交易的机制，这种机制使不同商品和不同生产者之间具有可公度性。因此，货币促进了专业化劳动力的发展，并进一步调解阶级之间的

---

① 让-雅克·卢梭（1712—1778），18世纪启蒙思想家、哲学家、教育家、文学家、民主政论家和浪漫主义文学流派的开创者，启蒙运动代表人物之一。

分歧。正如亚里士多德指出的，问题在于，货币不仅促进了交易，而且使无限积累成为可能。货币提供了一种储存无限价值的手段，向社会传播了贪婪和自私。从字面意义和象征意义来说，货币就有这样一张雅努斯①的面孔。因此，我们面临的挑战是如何找到一种方法，在利用货币的良性力量的同时，避开其负面用途。合理使用货币的程度将塑造社会的未来轨迹。因此，对货币的理解深深扎根于一场对话——关于社会的本质和社会的未来的讨论，以及对权力和权威的具体理解。

除了对货币道德价值的争论，哲学家们还讨论了货币不确定的社会本体论。如果每个人都同意货币是一种因其内在价值而流通的物品，那么货币就不会引起太多的争议。人们会简单地认为货币与其他任何商品无二，唯一的不同是每项交易都有货币参与。但是，许多启蒙哲学家认为，货币是由于其外在价值而流通，无论它是基于国家的权威还是基于社会层面的信用文化，因此，人们更难领会货币本体论的核心意义。近代早期思想家必须找到一种合理的解释，解释为什么利己主义者愿意接受一种象征作为未来回报的承诺，来换取有价值的商品。虽然有些哲学家，比如沙夫茨伯里（Shaftesbury）②和弗兰西斯·哈奇森（Francis Hutcheson）③，坚持

---

① 雅努斯是古罗马人的门神，也是他们的保护神，他有前后两张面孔或四方四个面孔。古罗马的神话传说认为雅努斯是起源神，执掌着开始和入门，也执掌着出口和结束，同时他又被称为"门户总管"，他永远都象征着世界上矛盾的万事万物，所以，他的肖像被画成两张脸，有"双面雅努斯"的说法。
② 沙夫茨伯里（1621—1683），英国政治家、辉格党领袖。他与哲学家约翰·洛克交谊甚笃。在英王查理一世与议会的战争（1642—1649）中，他本来是保皇派，后支持议会党人，并成为克伦威尔议会中的一员。
③ 弗兰西斯·哈奇森（1694—1746），苏格兰启蒙运动奠基人，苏格兰哲学之父。

认为人们天然的社会本性限制了他们的自利，因此允许他们创造一种信用文化，但大多数启蒙哲学家认为，并不存在这种值得信赖的内在心理机制。哲学家们相信，从根本上来说，人们会不可避免地关注自身的福祉，这使得人们很难相互信任，也很难让货币广泛流通（Force, 2003; Hont, 2015）。

例如，英国哲学家托马斯·霍布斯（Thomas Hobbes）①（见图2.1）提出，自然状态下，在任何制度形成之前，自利在人与人之间产生了一种持续的仇恨，使社会的形成变得更加困难。他指出，"竞争、猜疑和荣誉"这三种原因使人们相互对立，不断地煽动暴力。"第一种使人为了求利，第二种使人为了求安全，第三种则使人为了求

图2.1 《托马斯·霍布斯像》，约翰·迈克尔·赖特绘
来源：伦敦国家肖像馆

---

① 托马斯·霍布斯（1588—1679），英国政治家、哲学家。代表作为《利维坦》（*Leviathan*）。在书中他提出"自然状态"和国家起源说，指出国家是人们为了遵守"自然法"而订立契约所形成的，是一部人造的机器人。他反对君权神授，主张君主专制。

名誉而进行侵犯。"这就造成了一种无法维持的局面，即"所有人都是所有人的敌人"〔Hobbes, 1991（1651）: 88〕。

为了克服这种"人人相互为战"的局面，霍布斯建议，人类必须致力建立一套规则或协议来限制人们放纵贪婪的程度。社会形成所必需的前两种协议是，尊重他人的财产和承诺契约的履行——规定通过交换将财产权授予他人。鉴于言辞和承诺本身没有约束力，必须有一个外部力量，一个有惩罚权的强大国家，才能使财产和契约不被持续侵犯。一旦对惩罚的必要恐惧被灌输给人们，财产和契约就为社会提供了坚实的基础。此外，为了使这样一个社会真正繁荣起来，必须建立一个稍微先进一点的契约类别。由于商业社会中的大多数贸易都涉及未来对商品或服务的权利的转移，因此人们有必要建立霍布斯所说的契约。这些契约是指一个人今天交付货物或提供服务，让他人"在之后的某个确定时期履行其义务，在此期间处于被信托的状态"（94）。因此，契约构成了信用合同的一种形式。这些信用协议对现代社会来说是必不可少的。如果社会不能建立财产、契约和信用，"在这种状况下，产业是无法存在的，因为其成果不稳定。这样一来，举凡土地的栽培、航海、外洋进口商品的运用、舒适的建筑、移动与卸除须耗费巨大力量的物体的工具、地貌知识、时间的记载、艺术、文学、社会等都将不存在"。"最糟糕的是"，他补充了一句，这句话已经成为霍布斯的同义词[①]，"在没有财产和

[①] 霍布斯在其代表作《利维坦》中指出，在人类的自然状态下，有一些人可能比别人更强壮或更聪明，但没有一个人会强壮或聪明到不怕在暴力下死亡。当受到死亡威胁时，在自然状态下的人必然会尽一切所能来保护自己。霍布斯认为，保护自己免于暴力死亡就是人类最原始的本性，而权力就来自这种本性。在霍布斯所描述的"自然状态"下，每个人都需要世界上的每样东西，也就有对每样东西的权力。但由于世界上的东西都是不足的，所以这种争夺权力的"所有人对所有人的战争"便永远不会结束。而人生在这种自然状态下便是"孤独、贫困、卑污、残忍又短寿的"。

信用的情况下，人们将生活在暴力死亡的恐惧和危险中，人生将会孤独、贫困、卑污、残忍而短寿。"（89）

信用很快就被公认为是货币的运作原则。尽管早期的货币思想家们并不都认为货币必须由贵金属构成，但大多数作家都将货币和信用视为彼此独立的事物。货币被理解为硬币，而信用的讨论背景则依托于私人和公共借贷，由此产生了非流通合约。例如，在17世纪20年代商业衰退期间，英国人的讨论几乎集中在缺乏流通的银币上，即货币短缺问题，而很少关注社会历史学家克雷格·穆德鲁（Craig Muldrew, 1998）所记录的广泛的私人信用网络。这种情况在17世纪50年代初发生了变化。在一系列用纸币代替银币的提议中，哈特利布圈子[①]的成员提出，所有形式的货币，包括纸币和银币，都是以信用为核心的（Wennerlind, 2011）。例如，威廉·波特（William Potter）认为，人们最初在商品和服务的交易中达成了一项"协议"，"赋予金属某一价值或估值并据此接受它"。对他来说，最终使硬币作为货币发挥作用的，并不是这些硬币所含白银或黄金的含量。相反，他辩称："（我认为）世界上最好的货币或金属根本没有任何真正的价值，除了作为真正有价值的东西被普遍接受之外，它还给了接受它的人一种担保，以获得其他类似的或者更有价值的商品。"波特因而认为，货币实际上只是一个"证据或证明（就像代币或票券），表明其他人欠了多少债，并愿意用某种商品来补偿他们的劳动成果或财产，而不是为了这些钱分走了本身的价值"（Potter, 1650: 38）。也就是说，如果人们觉得这些货币在以后会被

[①] 哈特利布圈子主要是指1630年至1660年期间，伦敦的一位情报人员萨缪尔·哈特利布及其同事在西欧和中欧建立的通信网络。

别人接受的话，他们会愿意将自己的商品和劳动力换成货币。货币代表一个人在交易中放弃的价值，以及此人在随后的交易中能够实现的价值。因此货币同时起到了储存库和兑换凭证的作用。由于货币的本质特征不是其内在价值，而是交换其他商品的能力，因此并没有切实的理由表明货币不能由金银以外的物质构成。波特认为纸币会很有用。对于纸币如何作为货币流通，他提出了许多不同的建议，要么让纸币可兑换土地，要么建立一个商人网络，这些商人同意在纸币发行后的几个月内，按需用银币兑换纸币。

霍布斯和波特一致认为，现代商业社会依靠信用而存在。按照霍布斯的说法，人们履行信用契约主要是出于对惩罚的恐惧，而对于波特来说，人们之所以同意支持货币机制，是因为他们意识到了潜在的经济利益。在这两种情况下，货币之所以起作用，是因为人们愿意削减眼前的私利，并同意履行自己的义务。因此，货币是社会的黏合剂，有助于社会的稳定。这与温斯坦利严厉批评的货币坏灭人性的作用大相径庭。温斯坦利对现代商人说道：

> 因为贪婪是你的神，骄傲是你的神，嫉妒的谋杀犯是你的神，自爱是你的神，奴仆的敬畏是你的神，虚伪、肉欲的想象、不守诺言、不守盟约、不做见证是你的神，爱财、荣誉和安逸是你的神：这一切，和诸般的权柄，使你瞎眼、心硬，以致在那富足的城里，人虽因缺乏食物而困苦，你却不能将他们的苦难放在心上，也不能将他们的苦难放在你的眼皮底下。（Winstanley, 1649b: 21）

在17世纪余下的时间里，人们围绕哪种纸币最有可能获得成功展开了激烈的争论。不同设计的主要区别在于作为纸币担保的资产或收入来源的类型。很快，1694年，英格兰银行推出了欧洲第一张广泛流通的纸质银行券，它得到了三个方面的支撑：英格兰银行与商业银行之间业务往来的利润，政府为银行发行的贷款支付的利息，以及银行股票初次发行时收到的初始资本（Carruthers, 1999; Murphy, 2012）。新的公共信用体系从一开始就运作良好，英格兰因此能够为其军队筹集大量资源，使得他们具备军事实力，在一系列令人疲惫的战争中成功挑战路易十四，这些战争持续了二十年，其间只中断了两年（Hoppit, 2002）。

英格兰银行的成功催生了更多关于货币和信用的著作，包括约翰·劳（John Law）[①]著名的《货币与贸易》（*Money and Trade Considered*, 1705）。他在书中指出，借助由土地作为保证的纸币，国家银行可以使流通中的货币数量成倍增长，从而刺激工业，促进国家财富的大幅增长。尽管他最终在法国创立的臭名昭著的信用货币计划与他早先的提议不尽相同，但二者都对信用货币促进进步的潜力充满热情（Murphy, 1997）。

在金融革命[②]期间，大多数作家接受了信用是货币的核心的观点。然而，许多人仍然感到困惑，信用究竟是什么？英国议员查尔斯·达文南特（Charles Davenant）[③]有一个著名的说法，"在只

[①] 约翰·劳（1671—1729），苏格兰经济学家，他认为货币只是一种交换手段，本身并不构成财富，国家财富依赖于贸易。他后来被任命为奥尔良公爵领导下的法国财政总监，并担任年轻国王路易十五的摄政王。
[②] 金融革命，是英国在1688年威廉三世入侵英国的光荣革命之后进行的一系列经济和金融改革。改革的部分基础是威廉三世（William Ⅲ）给英国带来的荷兰经济和金融创新，在此背景下诞生了公债（1693年发行了第一批政府债券）和英格兰银行（1694年）。此后不久，英国的股份公司开始上市。
[③] 查尔斯·达文南特（1656—1714），英国重商主义理论家，代表作有《战费筹措论》《英国公共收入和贸易论》等。

存在于人类思想中的所有事物里，没什么比信用更神奇和美好的了"（Davenant, 1698: 38）。多产作家丹尼尔·笛福也同样对信用的本质表示了困惑。他说："我要说的是所有人都在忙的事，但四十个人中也没有一个人能明白。每个人都关心这件事，但很少有人知道这是什么，要定义或描述它也并不容易。"他告诫说："如果一个人要用语言来解释，他宁愿挣扎着迷失在树林里，也不愿把别人带出来。最好由它自己来描述，它就像风，按照自己的心愿吹拂，我们聆听它的声音，但很难知道它从哪里来，或到哪里去。"（Defoe, 1710: 6）由于无法找到一种令人满意的对信用的解释，达文南特和笛福又回到了同样基本的解答：信用是对他人正直和准时履行义务的信任（Pocock, 1975）。只要人们行为得体，货币就可以流通，商业就会繁荣。

应当指出的是，并非所有哲学家都同意货币的本质是信用。例如，英国哲学家、贸易委员会成员约翰·洛克（见图 2.2）回到了早期的货币概念，即硬币的内在价值决定了其交换价值。洛克认为"一小块黄色金属"不会随着时间的推移而破损腐蚀，因而有能力充当一个价值储存库〔Locke, 1960（1690）: 294〕。也就是说，如果一个人生产的财富超过了其养活自己和家人的需要，他就可以将剩余产量转换成货币，来储存额外的价值，直到他想要购买其他商品或服务。正是硬币的内在价值使之成为一种价值储备。不过，尽管洛克从理论上说明货币是因为其内在价值而流通，但他无法完全摆脱这样一种观念，即货币建立在主观估值和集体协议的基础上。与之前波特的观点一样，他认为，从一开始，是"想象力或协议"，而不是货币的实际使用价值，使人们赋予金银以价值（300）。然而，洛克坚持认为，一旦贵金属的价值被确定下来，铸币厂确定了硬币的重量和纯度，那么货币保持不腐烂是绝对必要的。事实上，在 17 世纪 90 年代著名的重铸货币的大辩论中，洛克曾游说英国政府按照传统的完整标准重铸那些被切割得严重破损的硬币，以保护和维持硬币的完整性。即使这样做会导致流通中的硬币数量大幅减少，商业因此受到影响。他拒绝以更低的重量来重铸货币，因为一旦那样做，就表明政府被迫接受了切割者和造假者制定的新标准（Caffentzis, 1989; Kelly, 1991; Cary, 2011; Desan, 2015）。洛克坚持认为，任何人都无权插手货币的制造，特别是黑社会性质的犯罪分子。政府必须通过坚持货币标准和严惩货币操纵者来重建货币的权威和信用，按照洛克的说法，这些操纵者对英国的安全构成的威胁比路易十四的武装部队还要严重。

图 2.2　《约翰·洛克像》，迈克尔·达尔绘，布面油画，约 1693 年
来源：伦敦国家肖像馆

洛克与纸币之间有着复杂的纠葛。作为英格兰银行的投资者，他不可能完全反对信用货币的发行。他之所以要坚持维护旧的铸币

厂标准，至少部分是受一个事实驱动，即如果为纸币提供担保的基础货币有可能破损或腐蚀，那么，英格兰银行发行的纸币将永远无法流通（Wennerlind，2011）。也就是说，洛克对纸币的可持续性也深感担忧。虽然他承认纸币当然有在国内流通的能力，但由于外国商人或政府在交易中不会接受纸币，因此纸币可以替代硬币或金条的程度实际上是有限的。随着国家不断发行纸币，最终所有的银币和金币都会流向国外，使这个国家变得贫穷，暴露在经济危机之中（Carey，2011）。

在金融革命期间，随着密西西比泡沫①和南海泡沫的灾难性破裂，以及伯纳德·曼德维尔的《蜜蜂的寓言》（The Fable of the Bees）②（1723年）增订版的出版，尽管很少有作家担心人们是否有能力信守他们的承诺、履行他们的义务，哲学家们还是就贪婪盛行的文化中信任的可行性展开了一场激烈的辩论。如果曼德维尔是正确的，所有人都是自私和贪婪之徒，即使他们看起来有高尚和体面的目标，那么人们怎么可能保持足够的社交能力来维持金钱呢？在由此引发的讨论中，一些哲学家质疑支撑货币的社会结构的可行性，另一些哲学家则关注政府和银行如何损害货币的稳定性。

---

① 密西西比泡沫事件，是指法国在1719年至1720年的密西西比公司股市泡沫破裂的金融事件。18世纪初，路易十四连年发动战争，使法国经济萧条，国家危机重重。法国政府为了筹集资金，特许苏格兰人约翰·劳在巴黎建立了一家私人银行——"通用银行"。约翰·劳在1717年8月取得了在路易斯安那的贸易特许权和在加拿大的皮货贸易垄断权。由于路易斯安那位于密西西比河流域，人们便把由约翰·劳一手导演的泡沫经济称为密西西比泡沫。
② 《蜜蜂的寓言》是英国哲学家、古典学家伯纳德·曼德维尔（Bernard Mandeville，1670—1733）所写的一本书，其核心是道出了西方思想史上著名的曼德维尔悖论："私人恶德即公共利益。"该书在西方思想史上有很大的影响，它不但影响到了无数普通的学者，而且影响到休谟、亚当·斯密和哈耶克这样的大师。

爱尔兰哲学家乔治·贝克莱（George Berkeley）也追随波特的脚步，认为无论货币是什么材质都没关系——"金币、银币以及纸币"与"用于计算、记录和转让货物的票据或账单"同样有效（Berkeley, 1735: 7）。事实上，他认为货币的内在价值完全是次要的。即使一个国家的金条消失了，只要货币保持其作为价值衡量和交换媒介的功能，人们就仍然能够进行交易，各行各业也会继续繁荣下去。

贝克莱甚至指出，实际上，黄金和白银可能会助长懒惰，这是他根据 16 世纪西班牙的经验而提出的一种怀疑。当时，来自美洲的大量黄金和白银流入西班牙，在这一时期，西班牙却陷入了长期的经济萧条状态。贝克莱以他特有的风格总结道："无论是否被赋予其他事物（例如气候、土壤等），财富都不会与产业成比例，而是与流通的信用货币相关，这些信用货币是通过什么标记或符号发行或转让的？"（6）他认为，任何类型的纸币都可能发挥作用，但"密西西比泡沫事件、南海泡沫事件和其他诸如此类的诡计的毁灭性影响"表明，让公共银行发行信用货币会更安全，因为它们"较少受到欺诈和危害"（41）。贝克莱最后问道："因此，一个国家银行是否会比一个金矿更有利呢？"（10）他认为，一般来说，人们能够尊重和维护货币机制的规则。问题在于，银行家们获得了操纵货币的权力，从中赚取巨额的利润，却在这个过程中损害了货币的诚信和人们对货币的信任。贝克莱在某些方面与洛克相似，他反对任何私人机构享有操纵货币的特权。只有代表公共利益的政府才应该被允许控制货币，并且其目的只应着眼于产业的发展。

本章开篇引用了法国哲学家孟德斯鸠（见图 2.3）的言论。孟德斯鸠首先分析了货币，认为货币的缺失是野蛮民族的标志。他通过推测性地描述非洲是如何组织贸易关系的来例证这一点，而这一过程为他关于非欧洲文化的著名复杂观点增添了更多的微妙之处（Spector, 2007）。他提出，"去非洲腹地廷巴克图①用盐换取黄金的摩尔人商队不需要货币"，而只需要简单地以物易物。"摩尔人，"他写道，"把盐堆成一堆；黑人把金粉末堆成另一堆。"〔Montesquieu, 1989（1750）：398〕这种交易可以持续很长一段时间，但当人们开始交易更多的商品时，就产生了对货币的需求。他不作任何解释就断言，商人会自然而然地选择一些耐用、易分割且不太重的金属作为货币。后来，国家通过冲压法铸造硬币保证其重量和成色，完成了货币的创造过程。孟德斯鸠没有提出金属货币之所以能够作为其他所有商品的交易媒介是因为它包含内在价值，而是认为货币是"代表所有商品价值的一种符号"（399）。与马克思在《资本论》（Capital）第一章中对货币价值形式的分析相似，孟德斯鸠指出："白银是物品价值的符号，是各类物品的代表，同样的道理，每一种物品也都是白银的符号，是白银的代表。"一个国家发展到"白银代表了一切物品……另一方面所有的物品又都代表着白银，白银和物品相互作为对方的符号"（399）的程度。货币作为衡量一切价值的交换媒介，起到一般等价物的作用。

尽管孟德斯鸠认为货币诞生于更广泛的文化变革，由一个国家商品化的程度决定，但他仍然坚持认为，货币不是一种随心所欲的社会产物。事实上，货币一旦建立，就决不能被操纵。他认为，"一切作为公共计量单位的事物最应该避免发生变化"（401）。因此，他有与洛克相似的建议，无论是犯罪分子还是政府，都不应操纵货币的金属含量。因此，"理想的货币"和"真实的货币"

---

① 廷巴克图，位于西非大国马里中部的历史名城。

图 2.3　《孟德斯鸠男爵像》，查理·特·塞孔达绘

应该是一样的。而且他补充说，当货币管理得当、安全可靠时，纸币就完全有可能取代白银。他写道："正如白银是商品的价值符号，纸币是白银的价值符号，在贵金属储备量充足的情况下，纸币完全能取代白银，而且在作用上，两者没有任何差别。"（399）

　　法国哲学家让·弗朗索瓦·梅隆（Jean-François Melon）①结合前人的各种描述，对货币作出了解释。他指出："众所周知，黄金和白银是为人类服务的所有事物的抵押、等价物或共同的尺度。"（Melon, 1738:207）因此，金属货币在促进人与人之间的交易方面发挥了重要作用，同时也为信用奠定了基础。金属货币为信用奠定基础这一作用极其重要，因为信用的价值"比硬币高一千倍"（328）。当货币允许被私人或公共行为者操纵时，信用就会降低，商业就会"陷入困境"（328）。因此，梅隆和洛克都认为，金属货币的"诚

---

① 让·弗朗索瓦·梅隆（1675—1738），法国政治经济学家，被认为是重农主义运动的先驱之一。

实"必须是不可侵犯的,这不仅是因为金属货币本身对商业很重要,还因为它在更广泛的信用文化中占据了核心地位。

虽然贝克莱、孟德斯鸠和梅隆没有对货币的起源进行追根究底的分析,但苏格兰哲学家大卫·休谟(见图 2.4)却对利己主义者如何建立一种基于信用的货币机制进行了饶富意味的分析。他认为,自利的主体能够通过改变时间视野来拓展他们的财产和市场,积累财富。他们不是每时每刻都做符合他们眼前利益的事,比如侵占他人劳动成果或背弃合同,而是通过反复摸索,认识到从长远来看,如果能够尊重基本的商业制度,他们会获得更好的服务。在一个动态的过程中,"尽管我对别人并没有什么真正的好意,但我学会了为他人服务。因为我可以肯定,为了得到另一次相同的服务,也为了与我或与其他人维持同样的相互往来关系,他会回报我的服务"〔Hume, 1978(1739–40):521〕。这样,人们就可以在财产、交易和契约上感到安全。不同于霍布斯,休谟指出,如果一个社会不能

图 2.4 《大卫·休谟像》,艾伦·拉姆齐绘
来源:苏格兰国家美术馆

形成商业关系上的忠诚,"人类的互相服务就可以说是消灭了,而每个人都得凭自己的技能和勤劳来谋求生存和幸福了"〔1978(1739–40):520〕。

与前人类似,休谟将货币视为信用契约的一个分支。他将货币交易称为"象征性的"交易,在这种交易中,代表承诺和义务的符号被接受作为商品或服务的回报。通过使用"某些符号或标志"——或"某种语言形式"——人们相互传递这样一种信息,即他们已经认识到尊重机构的规则符合其自身的长期利益,并因此决心履行他们的承诺和协议〔1978(1739–40):522〕。因此,这种语言形式提供了一种标准化的表达方式,当一个人使用这种语言形式时,实际上就表示了他履行承诺的决心,而如果失约,他就会承受相应的负面后果。休谟指出:"当这些标志制定以后,谁要应用这些标志,谁就立刻被他的利益所约束,必须实践他的约定。如果他拒绝履行承诺,他将永不能期望再得到别人的信任。"〔1978(1739–40):522〕

休谟认为,货币建立在信用的基础上。他对纸币的使用持开放态度。同时他认为,只要管理得当,纸币绝对可以在国家的境内流通。然而,有一些复杂的因素限制了他对纸币的支持。首先,一个国家不能发行太多纸币,因为它会驱逐金银,这将使政府在外交和军事活动中处于不利地位。其次,休谟担心纸币容易被操纵。与洛克和孟德斯鸠一样,他坚持认为,一旦约定某个符号代表一定的价值,任何人都无权通过使其数量倍增来改变该符号的含义。因此,他反对造假和政府对货币的一再贬值,以及纸币的外源型增长。然而,与贝克莱相反的是,休谟认为政府比私人银行更有可能滥发货币。原因是政府发行纸币是基于不断扩大的国家债务,而私人信贷发行商会以一些现有资产或未来的收入流为纸币担保。出于这种证券化的考虑，他认为，私人信贷应与国家财富保持大致相称的比例。铸币流动机制确保每个国家最终流通的财富与其货币储备能够保持一个适当的平衡，与此类似，私人信贷也有一个自我调节机制。因此，休谟对使用私人发行的纸币持开放态度，但坚决反对使用以政府名义发行的纸币（Wennerlind, 2005）。

在启蒙运动即将结束时，在本章已经详述过的许多作家的启发下，亚当·斯密对货币进行了阐述。与孟德斯鸠相似，斯密认为，交易者会不可避免地倾向于使用某种价值物，而"很少有人会拒绝用他们的劳动产物来换取这些价值物"〔Smith, 1976（1776）: 27〕。为什么这种价值物必须是金属，并没有内在的理由。斯密举了一些地区使用非金属交换媒介的例子，例如纽芬兰的鳕鱼干和弗吉尼亚的烟草。他提到，在家乡苏格兰的小村庄里，"工人用铁钉来换购麦酒和面包"的情况并不鲜见。然而，他断言几乎在所有国家，"人们似乎出于种种不可抗拒的原因"选择了金属而非其他物品作为交换媒介（27）。很快，为了降低欺诈的风险，政府介入了，通过加盖公印的方式来保证货币的重量和纯度。他哀叹道，不幸的是，大多数政府的野心似乎都不止于此。在世界各国，君主们滥用权力，削减货币中所含贵金属（金和银）的分量，"欺骗了他们的臣民"（31）。

斯密审慎地指出，货币本身并不是财富，而是"伟大的商业工具"（309）。尽管斯密认为货币最初是以金属硬币的形式出现的，但他对用纸币代替金属硬币没有提出任何哲学问题。他表明，这种转变"是用一种成本低廉的商业工具代替另外一种比较昂贵的商业工具，但其便利性并不会受到影响，二者所起的作用有时几乎一样"。这里的关键词是"有时",这是因为斯密和休谟一样,并不支持所有形式的纸币。他提供了一份相当长的分析报告,说明哪种类型的纸币有效,以及可以审慎地发行多少。最后,斯密用他的名言总结道:

> 然而,我们必须承认,纸币的存在推动了国内工商业的发展,但和脚踏金银铺成的实地相比,由纸币代达罗斯①式的翅膀飘然吊在半空的做法是危险得多的。〔Smith, 1976(1776):341〕

总而言之,在很大程度上,启蒙时代分析货币的哲学家们对纸币的使用持开放态度。他们当中的一些人认为,所有形式的货币在本质上都是信用,因此依赖于所有市场参与者普遍的正直和诚实。他们认识到,人们并不是出于慷慨或善意而尊重他们的同胞,而是出于对惩罚的恐惧或稍微改变了方向的自利。因此,信用是一种更广泛的"非社会性的社交"文化的一部分。对于那些认为货币根本上是一种具有内在价值的商品(通常指金属硬币)的哲学家而言,只要纸币可以稳定地兑换成硬币作为支持,它就能够发挥作用。一般来说,这与货币使用者之间的信用关系不大,而与负责发行纸币的私人或公共银行实体的信用关系更为密切。在这两种认知中,货币都是自利、理性和社交能力这些因素复杂交织的结果。

---

① 代达罗斯是希腊神话中的人物,国王米诺斯为阻止他回去,封住了陆上和水上的去路。代达罗斯设法利用天空回乡。他收集羽毛,用麻绳捆在一起,用蜡封牢,制造了类似翅膀的东西,和儿子伊卡洛斯二人乘翅膀飞翔逃出。伊卡洛斯因初次飞行很是开心,结果越飞越高,因太接近太阳而使蜡翼熔化,坠海身亡。

货币的好处

货币是启蒙运动规划的核心,这些规划包括促进经济发展、通过市场分散权力以及逐步完善道德。许多思想家认为,没有货币,就不可能创造出必要的经济繁荣,也就无法让人们从劳苦中解脱出来,组建成熟的政府,发展艺术、科学以及高雅的文化。我们先前已经了解到,霍布斯认为信用对广泛的工业、科学知识、建筑和航运是绝对必要的。与他同时代的威廉·波特补充说,唯一"可行的办法是创建一个信用货币体系"(Potter, 1650: 37)。对于洛克而言,货币是将人们从勉强维持生活的生产中解放出来的催化剂,使他们走上一条不断扩张的繁荣之路,这是一条追求无限积累的道路,马克斯·韦伯后来将其称为"资本主义精神"。洛克解释说,在货币发明以后,"勤劳且理性"的人们努力工作,将自己的聪明才智用于积累财富,只有这样才是有意义的。剩余的劳动产品不再浪费或变质,因而人们愿意圈用土地,并尽可能高效地耕种。与温斯坦利强烈反对土地私有化的观点相反,洛克认为,圈封土地的产出是未经改良的公共土地产出的十倍,产量的提高促进了国家的全面繁荣。他问道:

> ……在从未加以任何改良、栽培或耕种的纯自然的美洲森林和未开垦的荒地上,一千英亩土地为贫穷困苦的居民所提供的生活所需,能否像德文郡那肥沃程度相当但经过精心栽培的十英亩土地所产出的同样多呢?(Locke, 1960: 294)

洛克在他的其他著作中也提出,货币提供了一种标准化的语言,人们可以使用这种语言互动并进行财富交易。作为一个通用的度量标准,货币有助于将质量转化为数量,从而使所有事物都具有可公度性。有了货币,商品的估价变得便利了,人与人之间的谈判也更容易了,由此货币成为分配机制的一部分,它使社会财富能够在整个社会自由流动。当货币机制运作良好时,货币是相对隐形的;但在货币不稳定的时期,它对社会的重要性显而易见。在前文提到的17世纪90年代重铸货币的危机中,由于人们不再依赖货币作为稳定的价值衡量标准和交换媒介,商业互动中出现了大量的不和谐现象。人们不仅要为商品的价格讨价还价,还要为货币的价格讨价还价;士兵们会因被付薪饷的货币种类而暴动;政府无法将资金汇给国外的盟友(Kelly,1991)。但当货币体系运转良好时,它有利于买卖双方达成一致,从而有助于扩大市场的范围。斯密坚称,这对加强劳动分工从而促进普遍富裕来说至关重要。

货币不仅提供了经济利益,也促成了社会权力的分散。启蒙时代主张更多的个人权利和自由的哲学家们,常常将货币看作重新调整社会权力结构的重要实践工具。随着货币成为社会中更为核心的制度,它越来越多地调节着经济、社会和政治生活,使人们能够与任何人互动并交易他们想要的东西。按照贝克莱和斯密的说法,传统上,权力是由出身、头衔和血统定位和构建的,而现在,权力越来越多地被赋给那些掌管财产和劳动力的人。对于贝克莱而言,"人类的目的"是获得权力——"支配他人劳动的权力"(Berkeley,1735:9)。同样,对于斯密而言,"财富……是一种权力"——"能提供一种购买力,是支配当时市场上各种劳动或劳动产物的某种权力"〔Smith,1976(1776):35〕。由于货币代表这种权力形式,市场因此成为权力谈判和调解的主要空间。考虑到市场(至少在理想情况下)由许多买方和卖方构成,因此,任何人或机构都不能够对其他任何人实施非财产性的控制,这意味着权力是在一个更加开明和自由的环境中协商的(Rothschild, 2001)。贝克莱甚至补充说,任何一个治理良好的国家都应该以此为目标,即每位公民"根据他的正当要求和勤劳程度来获取权力"(Berkeley, 1735: 4)。货币因而促进了社会中一种新的分权动力的发展。

有些作家还赞颂货币和市场共同促进了道德的完善。其中最著名的例子是孟德斯鸠,他认为,"哪里有温良的风俗,哪里就有商业;哪里有商业,哪里就有温良的风俗。这几乎是一条普遍的规律"〔Montesquieu, 1991(1750):338〕。另一些人,如约瑟夫·艾狄生(Joseph Addison)在《旁观者》(*The Spectator*)杂志中,则关注货币和贸易的普适性如何将世界各地的人们聚集在一起,促进和平的甚至是友好的往来关系。他指出:

> 贸易世界中的代理商,就如同政治世界中的大使。他们磋商事务,缔结条约,并在那些被海洋分隔开或者生活在同一个大陆两端的富人社会之间保持良好的交往。(Addison, 1711: 281)

大卫·休谟认同这种商业关系能带来交际乐趣的观点。他也认为,货币的普遍使用将世界上最有活力的阶层——中产阶级——聚集在一起,并促进了最重要的习俗和礼仪的发展。他描述了商业精英"涌进城市;乐于接受和交流知识;展示他们的智慧或教养;展示他们在谈话或生活中的品位,在服装或家具上的品位"〔Hume, 1985(1752):271〕。他乐观地认为,人们会模仿他们在其他文化中见到的最优雅的礼仪和习俗,因此当来自世界各地的人们聚集在一起时,他们会增进彼此的优雅。

休谟不仅认为全球市场和货币流动有助于形成一种先进的世界文化,他还认为国家之间的货币流动具有促进全球经济均衡增长的有益效果。他认为,这种货币流动机制在确保富裕国家增加出口、吸引更多国外资金的同时,其工资和物价也会上涨。虽然这是富裕国家的工薪阶层所向往的,但也造成了一种竞争劣势,而贫穷国家可以利用这种竞争劣势。虽然富裕国家仍然可以通过推动更先进的、资本密集型产业的技术进步来继续实现增长,但由于贫穷国家的工资较低,后者最终将能接管劳动密集型产业,从而在全球经济中站稳脚跟。虽然这不一定会在富裕国家与贫穷国家之间造成趋同,但它确保了少数国家无法垄断世界财富(Hont, 1993, 2008)。

休谟因此认为,国际货币机制有利于世界大同和全球经济增长。不过,他承认,在建立真正的全球贸易关系方面,货币的能力是有限的。他指出,世界上有些地方的商业机构尚未扎根,这些地方将无法参与有利的商业进步进程。与洛克和孟德斯鸠相似,休谟将这些国家称为"未开化"或"野蛮"的国家。休谟认为,野蛮国家最常出现在热带地区。尽管孟德斯鸠提出了一个有争议的理论,他将热带地区的人民无法实现经济繁荣的原因归咎于气候,休谟却声称,非洲人的"低人一等"有更深层次的原因。他在《论国民性》(*Of National Character*)一文中写下一条声名狼藉的脚注:"这种肤色的人几乎从来没有建立过文明的国家,甚至从来没有任何一个黑人在行动或思辨方面表现杰出。他们没有精巧的制造品,没有艺术,没有科学。"(Hume, 1752: 208)因此,休谟认为,所有国家迈入进步行列的唯一途径是建立现代商业制度。非洲人或非洲人后裔能否做到这一点,休谟对此并不确定(Ince, 2018)。

我们还应当指出，并非所有启蒙时代的哲学家都认为货币是一种有利于世界大同和全球化的机制。实际上，贝克莱之所以青睐纸币，是因为它没有在国境以外流通。他认为，这将有利于深陷萧条的爱尔兰经济。贝克莱和他的许多同胞已经厌倦了目睹英国土地所有者使用黄金和白银，将来源于他们土地的利润输往伦敦或巴黎，在那里把钱花在外国奢侈品上。如果爱尔兰改用纸币，土地所有者将不得不在爱尔兰消费他们的利润，这将促进当地的羊毛贸易，并可能刺激其他产业的发展（Caffentzis, 2000）。

上述列举的货币的好处远远称不上详尽无遗，只是具有代表性的例子。事实上当时也出现了很多批评的声音。爱尔兰牧师和讽刺作家乔纳森·斯威夫特指出，金钱在社会道德沦丧中起着至关重要的作用。在他的《格列佛游记》中，他描述了耶胡人——对现代商业人物的一种隐晦描述——是一种肮脏且恶臭的生物，他们唯一的兴趣是收集金银币。他们多毛，有锋利的爪子，缺乏任何"美德或智慧的禀性"。在讽刺剧《一个小小的建议》（*A Modest Proposal*, 1729）中，穷人把他们的孩子当成食物卖给富人，他描述了在商业社会中金钱和商品化对人们彼此之间相处方式的影响。

当然，斯威夫特不仅批判金钱，他还批评现代社会的其他方面。让-雅克·卢梭（见图 2.5）对大多数现代的和商业化的事物也有着同样的蔑视，他对现代治理、财产、科学和文化提出了系统性的批判。他发现商业社会不利于实现他理想中美好和高尚的生活。对财富和奢侈的追求不仅分散了人们对真正关乎其幸福的事物的注意力，还会迫使他们以某种方式组织自己的生活和关系，这种方式会削弱他们的自由，消除他们作为公民和军人的勇气，破坏他们的爱国主义意识。商业把人们天性中的自我保护倾向变成了对虚荣的永久追求。

原则上，卢梭并不反对金钱，但他认为将金钱作为社会的核心不利于人类真正的繁荣。他指出："事实上，金钱并不就是财富，它只不过是代表财富的符号而已；应当增加的，不是符号，而是它所代表的事物。"〔1997（1772）：225〕① 国家和人民应该集中精力生产有利于美好生活的产品，促进"公共利益和自由"。因此，一个国家有大量的金钱并不代表其人民是幸福的。卢梭写道，恰恰相反，因为在有大量财富的国家，食品的价格往往更高，一个国家的金钱愈多，"该国的穷人也愈多，穷人所承受的痛苦也愈大"（Rousseau, 2003: 401）。

图 2.5　《让－雅克·卢梭像》，艾伦·拉姆齐绘
来源：苏格兰国家美术馆

鉴于货币只是一种价值的符号或体现，因此货币的材质是金、银还是纸并不重要。卢梭呼应了洛克和休谟的观点，他指出，"货

---

① 中译采用李平沤译法，参见《论波兰的治国之道及波兰政府的改革方略》，卢梭著，李平沤译，商务印书馆，2014年7月第1版，第78页。

币本身没有任何真正的价值，它因大家的默认而具有一定的价值"，而且，他补充说，"在确定钱币价值的过程中，每项工作都是凭想象去做的"（2003：398）①。这也意味着现代信用和金融体系毫无用处。"我认为它（金钱）没有多大好处，也没有什么了不起。"卢梭宣称〔1997（1772）：225〕②。"古代的人连'钱财'这个词儿都没有听说过；他们用人力建造的东西也很雄伟嘛。"〔1997（1772）：225〕③他建议："要想永远生活得幸福和自由，你们需要的是多动脑筋，多用心思和力气。一个国家的富强和民族的昌盛，全靠这些。"〔1997（1772）：226〕④与斯威夫特对贪婪的耶胡人的描述类似，卢梭指出，"只要人们一产生大捞钱财的念头，他们就会坑蒙拐骗而不以诚实的方法去挣钱了"。虽然货币和信用可以在社会上起到有益的作用，但问题是货币已经变成了偶像或拜物教。人们不惜一切代价，以牺牲所有其他利益为代价追求它们。

> 是的，在每个人的心中都有许多强烈的追求，但是，如果一心只追逐金钱的话，则其他一切应当积极努力实现的目标就会被湮没无存。〔1997（1772）：226〕⑤

对卢梭来说，金钱对人们的道德心理产生了深刻的负面影响。它所创造的利益是"最容易使人腐败堕落和产生恶果的"〔1997（1772）：

---

① 中译采用李平沤译法，见《卢梭全集》第5卷中的《奢侈、商业和工艺》一文，商务印书馆，2012年6月第1版。
② 中译采用李平沤译法，参见《论波兰的治国之道及波兰政府的改革方略》，卢梭著，李平沤译，商务印书馆，2014年7月第1版，第74页。
③ 中译采用李平沤译法，来源同上，第74页。
④ 中译采用李平沤译法，来源同上，第74页。
⑤ 中译采用李平沤译法，来源同上，第75页。

226〕①。卢梭声称，现代货币和金融体系创造了"贪婪的灵魂"，它预示了约翰·梅纳德·凯恩斯（John Maynard Keynes）的名言："对金钱的爱好作为一种占有欲……将被看作某种可憎的病态，是一种半属犯罪、半属变态的性格倾向，人们不得不战战兢兢地把它交付给精神病专家去处理。"〔Keynes, 1963（1930）：369〕

结　语

无论我们采用安东尼·帕戈登对启蒙运动的定义，还是历史学家约翰·罗伯逊（John Robertson）的见解，即启蒙运动使人们对人类在世界上的地位有了新的理解，并对"人类状况的彻底改善"产生了新的信仰，如果没有运行良好的货币机制，我们很难想象启蒙时代的哲学家们对未来的愿景。尽管从卡尔·门格尔（Karl Menger）②开始的现代经济学家往往认为，货币是社会生活中自然存在且不可避免的组成部分，但启蒙时代的哲学家们已经敏锐地意识到，人类创造了一个运转正常的货币体系是多么巨大的成就。他们主张，货币构成了最复杂的社会制度之一，需要有先进的社交能力才能发挥作用。

虽然有些作家认为，货币必须由体现内在价值的物质组成，但也有许多人认为，即使货币是虚拟的，或是以纸币为代表，它也有能力实现其主要功能，即价值尺度、交易工具和价值储存手段。关键在于，人们用它来评估财富，并愿意接受由它来支付劳动价格，

---

① 中译采用李平沤译法，参见《论波兰的治国之道及波兰政府的改革方略》，卢梭著，李平沤译，商务印书馆，2014年7月第1版，第75页。
② 卡尔·门格尔（1840—1921），奥地利经济学家，边际效用理论的创始者之一。

换取商品。用孟德斯鸠和休谟的话来说，一个社会一旦步入"文明"，它将能够利用货币提供的诸多优势。通过使用货币，人们能够为形成一个更发达的内部市场做出贡献，在这个市场中，人类生活越来越多的方面可以实现交换。通过扩大市场范围，人们能够享受到更大的物质繁荣和更多的个人自由。对卢梭等其他人来说，现代商业社会的生活一点也不自由。因为现代的金钱文化将人类的经验具体化并进行祛魅，使之与宗教、道德和荣誉脱离，因此我们很难从任何意义上认为个人是自由的。卢梭认为，人类为财富付出的代价实在太大了。

这些截然对立的货币观并不是启蒙时代的哲学家们虚构的，他们也没有找到解决分歧的方法。实际上，休谟和卢梭的思想助长了关于货币的不和谐的论述，19世纪的卡尔·门格尔和卡尔·马克思之间的分歧如此，现在的尼尔·弗格森（Niall Ferguson）[1]和大卫·格雷伯（David Graeber）[2]之间的分歧亦然。乔治·齐美尔（Georg Simmel）[3]撰写其巨著《货币哲学》（*The Philosophy of Money*, 1990）时，之所以以货币作为主要的分析视角，并不是因为他对货币本身特别着迷，而是因为货币在现代社会中已经取得不可替代的核心地位。尽管当齐美尔创作他的这部杰作时，金钱已经扮演了更加重要的角色，许多启蒙哲学家还是更早地敏锐地意识到了货币对现代生活各个方面的重要性。没有货币，就不可能发动战争，不可能形成复杂的政治体系，不可能从事科学研究；没有货币，就更难促进正义、进步和富裕；而且，如果没有货币，自由主义、资本主义和全球化，无论是好是坏，都不能够实现。

---

[1] 尼尔·弗格森（1964—），英籍苏格兰人，经济史学家和国际关系学者。
[2] 大卫·格雷伯（1961—2020），人类学家，他参与了全球正义运动和"占领华尔街"运动。
[3] 乔治·齐美尔（1858—1918），德国社会学家、哲学家，他是形式社会学的开创者。

第 三 章
Chapter 3

货币、仪式与宗教：一个世俗化的故事

德怀特·柯德（Dwight Codr）

启蒙运动是在反对宗教世界观下逐渐成形的，认为宗教世界观已经被取代或废除了。货币现代化故事是启蒙运动故事的一部分，因此，对于我们如何理解宗教起着至关重要的作用。在本章中，我所说的"货币现代化的故事"并不仅仅指动产以及用于获得这些财产的价值符号和工具兴起，而且指整个商业实践现代化、帝国在全球扩张、18世纪末前后经济学发展、18世纪后期和19世纪政治经济组织发生巨大转型，以及股票市场、银行、彩票和保险合同等现代金融制度和金融工具诞生。没有这些，货币什么都不是；没有货币，这些也什么都不是。

接下来我想阐述的是，上述这些事件以及受其影响的族群和个人，都特别与现代西方社会中宗教衰落的故事紧密相连。但是，更重要的是，本章旨在对启蒙运动故事中的宗教方面进行更深入的论述。我不认为启蒙运动和宗教是对立的，也不认为经济生活的现代化反映出一种更为根本的观念变化，我认为，前文所述广义的货币，也是一种阐明启蒙运动和宗教之间差异的重要文化参照。货币的故

事，是内在世界而非超验世界的故事，是权力而非伦理的故事，是人而非神的故事……因此货币成为启蒙运动和宗教在现代或进入现代时定义自身的方式之一。

启蒙运动和宗教的立场尖锐对立的程度，似乎可以从对启蒙运动的定义中看出来。伊曼努尔·康德（Immanuel Kant）在他1784年的文章《什么是启蒙运动？》（"What is Enlightenment?"）里提出的著名格言中就有所体现。这句格言即"*Sapere aude!*"（敢于知道！），是康德在全面抨击迷信和教会偏见的背景下提出的。"我把启蒙运动的重点，即人类摆脱他们加之于自身的不成熟状态，主要视为宗教方面的事务……因为……这种不成熟状态既是一切之中最有害的，又是最可耻的。"（2005: 119, 124–5）然而，康德所展现的是一种对未知领域和其他事物的开放态度。提出"敢于"的问题，就是谈论对某种不可知因素抱有希望——这可以说是一种信仰，并据此采取行动。换句话说，启蒙运动与宗教对立的实际情形，比乍看之下更为复杂，想要清楚地区分二者，务必要抱持一种怀疑的态度。在查尔斯·泰勒（Charles Taylor）① 称为现代性的"内在框架"里，这种"敢于"被视为一种宗教。在这个框架里，人们可以找到一种不需要超验参照的完满感。[1] 然而，被启蒙的主体在成熟过程中可能面临的危险是内在的而不是超验的；这并非是背离了宗教世界观的证据，反而证明截然不同的信仰飞跃之间结构上存在共性和联系。换言之，如果要给启蒙运动下"反宗教"的定义，那么宗教也需要一个精准的定义，而当我们以更宽泛的方式将宗教理

---

① 查尔斯·泰勒（1931—），加拿大哲学家，麦吉尔大学荣誉退休教授，横纵当代英美哲学和欧陆哲学界。

解为完满、信仰和希望的时候，两者的区分就开始瓦解了。事实上，当启蒙运动以信仰和仪式的形式为标志，它本身也开始显得相当宗教化。以上对启蒙运动的精髓"敢于知道！"中信仰瞬间的捕捉，勾勒出本章对18世纪的货币和经济生活下宗教和启蒙运动的探讨方式。本章认为，人们普遍接受的关于启蒙运动过程中经济和宗教逐渐分化的正统故事——社会科学家有时认为是多个领域的分化——既不足以成为理解漫长的经济史的手段，也不能用作解释本土事件以及特定人群生活和工作的基准。[2]

本章分为两个部分。首先，我将概述18世纪宗教与经济依旧互相关联的一些方式。我将探讨宗教和世俗权力之间的融洽关系，现代商业经验中的宗教层面，以及在围绕商业和贸易性质的论述中，赞同财产和财富分配的天命论的神虽然发生了变化，但依然在发挥作用。这一部分说明，至少在与启蒙运动联系最为紧密的18世纪末，经济学和宗教之间的分化并没有我们今天认为的那么大，由此从根本上质疑经济学的世俗性。最重要的是，我认为，货币及其相关的主题和问题并非反映世界观的转变，而是围绕世俗与神圣之间的差异思想如何经过发展和检验，来展开议题。

在本章的第二部分中，我试图回答由第一部分引出的问题。假如经济在某种程度上是宗教化的，或者一直是宗教化的，那么经济怎么会看起来是一件世俗的事情呢？是什么造成了分化的错觉？为什么货币史被认为是一个与过往的宗教脱离的世俗时刻，而不是一系列已证实的宗教信仰和实践的延续？这些问题有很多答案。我将着重探讨以欧洲为中心的对待所谓原始文化的方式，对现代财产和现代经济主体概念形成的促进作用，并通过一系列自洽的对比产生出意想不到的结果：一方面使宗教信仰与落后、不成熟挂钩，另一方面使经济学与进步、成熟结盟。

启蒙时代货币与宗教—世俗分化

按照许多经济史的论述，启蒙运动标志着货币和宗教彻底分道扬镳。可以这样概括这个故事和它的主要意象：前现代的目光投向超验、神圣、属灵的事物，以及这些事物的必然结果——伦理。拥有这种目光的人通常表现得沉闷、禁欲、装傻、原则性强，并且可能固执、反智，甚至会有点愚蠢。相比之下，从宗教限制中解脱出来的经济，与世俗化故事一样，告诉我们商业和贸易的倡导者代表着理性、智慧、复杂性和妥协精神。宗教世界观充满理想色彩，而现代世界观则立足于现实主义。经验科学融合势不可当的崇尚自由的趋势，得益于此，现代人的眼睛乐于被洗去长久以来蒙蔽视野的阴暗、迷信的画面，现今清楚地看到所有物质事物的价值。由于过去的宗教人士相信并依赖超越知识或控制的超验权威，他们会发现自身的行为受到规则的制约，而这些规则往往禁止肆无忌惮地追求"俗世的财富"（worldly goods）。现代启蒙运动的主体是按照权力、效率和速度的逻辑运作的，即对人的信仰取代对上帝的信仰，因此，人类的世界是可以管理和改造的，神性弥漫的世界则不是这样。用前现代世界观注视世界，看到的是魔法和幽灵的存在，而用现代世界观看到的则是完全祛魅的世界。[3] 前现代的人信仰神意（Providence），现代人则很审慎（prudence）。随着时间的推移，现代人获得优势：真理昭然可见，鬼魂和天使消失，人类开始对自己负责。

这些对立的观点和有关取代的叙述，是过去三个世纪以来，从西方各种影响深远并有文字记载的历史中提炼出来的。不过，这些叙述也许充其量只是历史的注脚。⁴ 听起来或许有些矛盾的是，虽然涉及范围很广，但这种对立的历史观之所以在 20 世纪长盛不衰，要归功于一本写于 1905 年，旨在更好地理解宗教和金钱之间紧密关系的著作，即《新教伦理与资本主义精神》（*The Protestant Ethic and the Spirit of Capitalism*）。这一书名已经成为解释资本主义在西方崛起的简略表达。在这本简明的书里，马克斯·韦伯试图阐释宗教身份是如何变成资本主义身份的。他的论点认为，西方基督徒最初通过有序和连续的工作将时间奉献给上帝，这一点后来成为资本主义社会特有的行为标准。这种观点长期影响人们看法，暗示在两种不可调和的观点之间存在紧张关系。

造成这种不可调和的关系的原因很简单：奉献时间变成创造利润的活动，从而摆脱了灵性上的桎梏，并且不受救赎目标阻碍。对于这种机制，韦伯没有详细解释。韦伯至多只说人们逐渐忘记了最初的信仰基础。但由于他在这一点上未曾确切地表述，给读者留下一个观念史上的鸿沟，促使他们相信，没有桥梁能完全地跨越这个鸿沟。为了解释一种身份是如何转变成另一种身份的，最典型的做法是将那些在鸿沟另一边的人（存在宗教和魔法的地方；某种程度上是疯子）归于病态，并且假设他们自身只是被一个更富理性的启蒙世界观所取代。然而，这样做就意味着没有认识到对先验领域的信仰，与启蒙运动所鼓励的对金钱、进步、人的潜能的信仰之间存在相似性，并且正如马克思观察到的，这也是完全为市场所需的信仰。⁵

韦伯式的观念与其他类似的历史观念产生的累积效应，使人们普遍接受这样的观点，即经济意味着非宗教。相反，作为宗教象征的人和事物，特别是教会当局，往往被描述成一座大坝，阻挡商业浪潮灌溉原始文明广阔、荒芜的平原。举一个例子，安东尼·帕戈登曾写道，在启蒙时代，商业"受到宗教虔信者强烈质疑，他们既无望消除自己'破坏性的偏见'，同时在商业所提供的多元化前景中又丧失得最多"（Pagden, 2013: 262）。这种说法显然有一定的道理；对于像杜尔哥（Turgot）①、马克思、边沁（Bentham）②和斯密这些作家来说，这种与宗教代言人的对立并不只是他们想象出来的。

然而，就上述普遍看法而言，也存在例外情形。在关于教会对商业抱有敌意的同一篇文章中，帕戈登将亚历山大·卡莱尔（Alexander Carlyle）牧师描述为亚当·斯密的"反对者"和现代商业的诽谤者。不过，值得注意的是，卡莱尔对《国富论》唯一公开的反对意见是，它"乏味且充斥着重复的信息"（这的确是一种批评，但很难表明这一意见是反对商业本身），而且他与早期的政治经济学家们共度了很多闲暇时光。卡莱尔在他的回忆录中写道："我们〔我、约翰·霍姆（John Home）③和威廉·班纳蒂尼（William Bannatyne）④〕约上大卫·休谟、亚当·斯密、艾利班克勋爵、布莱尔博士和贾丁博士"共进晚餐，那真是一段好时光（275）。⁶卡莱尔还赞扬了约西亚·塔克（Josiah Tucker）⑤，他指出，塔克有关贸易的著作证明了他对这一主题有着相当深刻的理解，"预见到一

---

① 杜尔哥，全名安·罗伯特·雅克·杜尔哥（Anne Robert Jacques Turgot, 1727—1781），法国政治家和经济学家。
② 边沁（1748—1832），英国法理学家、功利主义哲学家、经济学家和社会改革者。
③ 约翰·霍姆（1722—1808），苏格兰剧作家。
④ 威廉·班纳蒂尼（1743—1833），苏格兰律师和法官。
⑤ 约西亚·塔克（1712—1799），自由派牧师、经济学家、社会改革家和政治活动家。他是重农主义者和亚当·斯密的重要先驱。

些政治经济学的公认理论"。塔克是他与约翰·布莱尔（John Blair）逗留于英国威斯敏斯特期间所见到的众多"卓越人士"之一（511）。与许多启蒙时代的神学家们一样，卡莱尔看到政治经济学的价值，并毫不犹豫地将这些发现与他的灵性调和起来。

我们当前面临全球性宗教危机，有鉴于此，就可以理解世俗化叙事及其所基于的二元结构的吸引力。将启蒙运动说成是世俗化的同义词，将商业说成是治愈危险的宗教激进主义的灵丹妙药，这种叙述似乎是一种明智的宣传方式。[7]然而，启蒙时代宗教人士的生平故事似乎并不支持这样的说法；门是可以朝双向打开的，因为政治经济学家们往往笃信宗教。正如考特尼·韦斯·史密斯（Courtney Weiss Smith）最近指出的，约翰·洛克关于政治经济学的根本思想"是由一种信念支撑的，这种信念源于一个有意图地设计的自然世界，一个由上帝创造的'有形'世界，它可以促使人们洞察最佳的经济秩序。对于洛克而言……物质事物提供了一种道德指南，一种关于金融系统应该做或不应该做什么的知识源泉"（113）。我曾在别处指出，丹尼尔·笛福 1697 年的著作《论规划》（*Essay upon Projects*）是关于金融革命的伟大宣言之一，清晰地追溯了笛福致力在现代商业事物秩序中尊重上帝的思想踪迹（2016: 112–117）。更不用说 18 世纪晚期杰出的政治经济学家托马斯·马尔萨斯（Thomas Malthus）①了，他是英国国教圣公会的牧师。本章开头所描绘的世俗化叙事很难容纳历史进程中的这些"不雅"，除非将某些时刻视为

---

① 托马斯·马尔萨斯（1766—1834），英国国教教士、人口学家、经济学家，以人口理论闻名于世。他在代表作《人口论》中指出，人口按几何级数增长而生活资源只能按算术级数增长，所以不可避免地导致饥饿、战争和疾病，并呼吁采取果断措施，控制人口。他的这个理论对李嘉图及以后的经济学家产生了深远影响。

事实领域中的错误,是不同寻常的并存现象,或者属于补偿结构(即宗教信仰是为了抵消商业罪恶感,或者,从事商业活动是为了建立自己的宗教理想,诸如此类)。历史记载很少考虑到宗教和货币可以更深层次、更系统的方式并驾齐驱地演化。在整个启蒙运动中,英国臣民在宗教旗帜下,怀着善意的救赎目标,至少会继续向上帝致敬,追求他们的帝国和商业计划。[8]因此假设他们的宗教信仰告白实际上只是将更真实的经济欲望神秘化,而这种欲望只有在基督教不再神秘化时才会显现出来,那么,将这些人的动机归因于他们据称不知道的事物是不明智的。一些教士们与政治经济学家们自由愉快地交往,而另一些教士则积极地游说建立更公正的商业秩序。如果有的话,只有微乎其微的人会相信存在一个完全没有商业的世界;多数人会认为,在后伊甸园世界中,市场的不可预测性实际上与生活中的危险和风险没有区别。此外,正如一个世纪以来支持奴隶制的著作所表明的,基督徒常常很容易调和他们的宗教虔诚与商业利益,即使在18世纪,这些商业利益也是令人怀疑的。其中一位作家,即以赞美诗《奇异恩典》("Amazing Grace")闻名的约翰·牛顿(John Newton)①,在灵性觉醒和皈依宗教后继续参与奴隶贸易(Hindmarsch, 2018: n.p.)。牛顿过着这样一种利益与信仰并存的生活,他后来在英格兰银行对面的教堂传教,这家银行本身很早以前就被另外两座教堂包围。

但至少就牛顿理解的宗教和货币中的逻辑而言,"并存"这个词在这里可能并不正确。对于牛顿和其他许多人来说,宗教虔诚和经济生活之间并不存在任何紧张关系:两者都是彼此的一部分。简

---

① 约翰·牛顿(1725—1807),英国诗人,圣公会牧师。

言之，宗教与经济之间的历史关系需要用超越对立、仇恨或排斥的措辞来理解。事实上，人们必须牢记如下核心事实来研究货币史：在绝大多数经济史上，即便最唯利是图的商人、店主、冒险家，甚至放债人，都不会设想这种对立情形发生。

在本章余下的内容中，我将提出宗教与货币之间存在更紧密的联系，将重点聚焦几位作家，由于前文所述的鸿沟，他们被塑造成过时世界的代表；或者相反，他们的宗教信仰被抹去或被忽视了。我们来思考以下两段文字。第一段来自一个表面上虔敬、前现代的政治经济学家爱德华·米塞尔登；第二段来自亚当·斯密，他是现代商业的拥护者，也被认为是那个时代未经启蒙的宗教思想的反对者：

> 为了实现这一目的，人与人之间应该有商业，上帝很乐意看到人类之间的这种联结，因为它使一个国家与另一个国家进行贸易，因为一个国家拥有各种各样的东西，而另一个国家却没有。这样，一个国家想要的东西，就可以由另一个国家来提供，所有人或国家都可以获得充足的供应。
>
> 这就是风与海的昭告，它们开辟了通往万国的航道：风，有时吹向一国，有时吹向另一国；借着这神圣的正义，每一个人都会被提供生命所必需的东西……（Misselden, 1622: 25）

> 每个人必然竭力使社会的年收入最大化。的确，他们通常没有促进公共利益的打算，也不知道他们正在促进的公共利益有多少。由于宁愿投资支持国内产业而不投资国外产业，他们只是从自身的安全出发；由于管理产业的方

式目的在于使其生产物的价值能达到最大,他们所考虑的也仅仅是个人的收益。和其他时候的许多情况一样,他们受一只看不见的手指导,去尽力达到一个并非其本意想要达到的目的。(Smith, 1981: 456)

无论是近代早期的重商主义者显而易见的宗教热忱,还是反重商主义者斯密隐晦的"看不见的手"的暗示,这两部作品都清楚地表明存在一种隐秘力量,这种力量引导和指向商品交换。[9]上帝为前现代欧洲贸易提供保障和导航,这就等于说,对于像米塞尔登这样的作家而言,这个世界的商品是由上帝为人类放置的;对于像斯密这样的作家而言,市场动力是看不见的、神秘莫测的,却完全是一种决定性因素。米塞尔登和他同时代的其他人都公开、毫不含糊地宣称,上帝存在于日常商业交易过程中。对于他们来说,神圣和商业是不可分割的,因为上帝是万物的一部分。

至于斯密,事情则显得更为复杂。"看不见的手"是世俗还是神圣的象征?这一问题一直以来都备受争议。有些人认为,斯密的"看不见的手"是一种隐喻,有助于表明巧妙运作的市场能从根本上祛魅,而另外一些人则认为这个隐喻所指的是上帝控制市场(在某种程度上,证明上帝认可现代经济秩序)。早在1899年,托斯丹·凡勃伦(Thorstein Veblen)[①]就曾指出,对于亚当·斯密来说,"经济现实的最终基础是上帝的设计,即目的论秩序;而他功利主义的概括……不过是打破这种自然秩序的方法罢了"(412)。阿德里安·帕布斯特(Adrian Pabst)在书中写道,对于斯密来说,"上

---

① 托斯丹·凡勃伦(1857—1929),美国经济学家,制度经济学的鼻祖,制度经济学是由他和约翰·R.康芒斯创立的。

帝对世界的仁慈庇佑,在所有现实和潜在的事物之间,形成预定的和谐"。[10] 相比之下,对于艾玛·罗斯柴尔德(Emma Rothschild)来说,斯密的"看不见的手"和孔多塞(Condorcet)[①]的无法挣断的锁链,主要是对世俗秩序的判断,"是在没有崇高真理的世界,对人们如何生活的判断"(2001: 246)。对于罗斯柴尔德来说,斯密被祛魅,经济秩序是一种失去超验或神圣性的表现。

然而,虽然我们可以争论斯密的"看不见的手"究竟是神圣的还是世俗的象征,但探讨这一问题首先要假定这种差别是物质上的。或许最重要的是,斯密的比喻使上述两种经济解读都具有一定的正确性。换言之,这场争论中任何一方的学者似乎都没有考虑到的恰恰是"看不见的手"这种象征具有隐喻性,以及这种隐喻本身的结果。斯密所说的"看不见的手"能够承受世俗和宗教的双重解读。正是这一点赋予了它力量,使它得以被采纳和应用。从修辞意义上来说,"看不见的手"这种象征聚集起各种各样、表面上被认为是独立的"经济"现象,使它们好像成为一个器官、肢体或统一的实体在运作。这个隐喻承载的聚集之物使市场被"具象化",从而可以对它进行评判。耐人寻味的是,这也使抽象的、此前不存在的被称为"经济"之物成为实质或实体。这个形象甚至能使"经济"可以受人批判(现在,经济被具体化了,这只"手"可以被拍打了)。从这一方面来说,隐喻表达法以新的方式使市场实体化,其本质既是世俗的,又是宗教的;或者说,认为其本质是纯粹内在的或纯粹超验的都不能绝对令人信服。因此,世俗和宗教在斯

---

① 孔多塞(1743—1794),18世纪法国数学家和哲学家,也是法国启蒙运动时期最杰出的代表之一。

密的象征中相互作用，又相互抗衡。尽管斯密拒绝公开宣称这是一个宗教象征，但他提供了一个令人回味的超自然意象。在一定程度上，他的"看不见的手"造成了世俗与神圣之间的对立，而帕布斯特、罗斯柴尔德等学者则用这种对立来解释它。这场争论看起来有些棘手，这不足为奇：学者们用来评估该意象含义的术语，某种程度上产生于该意象本身固有的双重性。

隐喻和转喻：这些术语，不是指语义上的转变，而是指意象的转喻，有助于我们更好地理解宗教和世俗经济之间的关系。事实上，泰勒将在西方出现的教养、道德、市民秩序，视为对宗教秩序的一种转喻。他写道，这一新秩序下的基督教除了名字之外，"被剥夺了许多'超验'的内容"，因而其基本形式和价值观可以"在最初的神学天命框架之外被接受"（2010: 305）。但是，这里强调的是从神圣到世俗的转变，这种世俗隐藏或传达出其内在隐秘的神圣性。但仍然存在这样一种观念，即有些领域可能是真正世俗的领域，而在世俗的变化内部仍然保留基本的宗教精髓。而我宁愿按照斯密的隐喻来思考二者：是一个主题的两个变体，是旨在某种程度上描述模棱两可事物的两个隐喻，是实体化的两个抽象概念，但也是一个场域，在这个场域里，世俗和神圣之间的张力与共性以特别的色彩和强度显现出来。

举一个更贴近生活的例子，想一想自19世纪60年代以来，几乎每种美国货币上都会出现的一句话——"我们信仰上帝"（见图3.1）。这句话是1956年以来美国的国训。将使用美元看作日常生活中一个纯粹的，甚至是主要的宗教环节，如同天主教徒拨玫瑰念珠或上班途中驾车经过一座著名的教堂，无疑是荒谬的。买一杯早餐拿铁或支付通行费并不能达到与领受圣餐同等的虔诚程度。不是说这样的环节无法和更为公认的宗教仪式相提并论，只是如果要问这两者的关系，我们会承认十字架和拿铁之间存在某种差异，而这种差异可以用宗教与世俗之间的差异来表达。同时，如果否认"我们信仰上帝"这句话的宗教含义，从而否定交易具有的宗教特征，也同样荒谬：不论是这个短语，还是带有这个短语的物体，都明示出一个神的名称（令许多支持政教分离的人悻悻然），这个短语也被作为国训，专门反对苏联反宗教的意识形态和政策。

图 3.1　1864 年的两美分。第一枚显示"我们信仰上帝"的硬币是 1862 年的两美分硬币
来源：美国遗产拍卖公司

"我们信仰上帝"这个短语兼具明显的神圣性和直言不讳的世俗性。但是，这里至关重要的一点是，只有在阐释文本的行为中——文本就是短语"我们信仰上帝"，对该文本的阐释就是本段文字，以及对这一短语的诸多其他思考中，货币才设法成为一个场域。在这个场域中，人们能辩证地确定世俗和神圣之间的区别，并且在这个场域中，货币以世俗或神圣身份承担并接受意义。这是启蒙运动在货币和宗教方面的遗产：一方面，在超验的语言、神圣的形式和神性中，经济无所不在，并通过它们而构成；另一方面，在评估

一个人或一个人的国家的经济福祉上,神圣无处不在,并通过它而构成。

在我们继续讨论之前,值得思考的一点是如何最终解释或调停上述辩论。像米塞尔登这样的近代早期作家公开宣称经济的神圣性,而启蒙时代的作家们及其后来者却在不完全抛弃宗教的情况下,通过自然语言和自然法则消解宗教的微妙变化。启蒙时代的论述,将自人类被逐出伊甸园以来一直潜藏在经济中的基督教"上帝"的形象,连同其所有明确的神学、教会、等级和仪式背景及联系,转变为一种相对去语境化、去中心化和抽象的"自然"。我们以启蒙时代最初的政治经济学小册子之一,托马斯·霍布斯的《利维坦》(*Leviathan*)中的"上帝"为例。霍布斯认为,"一个国家的营养包括"生活物资的分配,同时也包括其调理或制备,还包括调理好了之后通过便利的渠道输送给"公众使用"(Hobbes, 1651: 127)。对于霍布斯来说,"上帝已经把它们(这些营养)为量丰裕地放置在地面或者近地面之处,只要费一些劳动来收取它们就行了。因此,数量取决于人类劳动与勤劳的程度(仅次于上帝的恩惠)"(127)。虽然霍布斯明确表达出他自己的超验参照点,但当这些词出现在1845年J. R.麦卡洛赫(J. R. McCulloch)① 重要的政治经济学索引《政治经济学文献》(*The Literature of Political Economy*)的开篇时,霍布斯的短语"上帝把它们为量丰裕地放置"已被麦卡洛赫解释为"自然的无偿馈赠"(3)。

这是经过一个世纪的思考才得出的转义。关于国际贸易平衡,

---

① J.R.麦卡洛赫(1789—1864),苏格兰经济学家、作家。

1621年，托马斯·孟（Thomas Mun）①宣称由于"万能的上帝保佑"，英国"被从外国带来的财富所淹没"，而一个世纪后，约瑟夫·艾狄生指出，物品的分配受惠于"自然"，自然"有一双眼睛，注视着人与人之间的交往和交易，地球上几个地方的原住民相互依赖，并因共同利益而团结在一起"（Mun, 1621: 3; Addison, 1711: 264–5）。乍看之下，二者的说法似乎只有细微的变化，但这正是关键所在。这种细微的变化提出了一个问题——当艾狄生说"自然"时，他的意思是"上帝"吗？由此引发出一场关于经济生活本质的争论：经济是上帝的场域还是自然的场域？这场辩论反过来促进如下观念形成，即世俗与宗教领域对立，因为就基于这些以及类似的二元对立观建立起来的启蒙运动逻辑而言，世俗与宗教兼而有之的观念是令人厌恶的。

麦卡洛赫进一步总结霍布斯的观点："自然并不是小气或吝啬的。她粗糙的产品、力量和能力都是无偿提供给人类的。她赠予这些恩惠时既没有要求，也没有得到同等的报酬。"（4）同样，这些都不是霍布斯的原话。麦卡洛赫用"自然"代替"上帝"来解释政治经济学史，给人的印象是，从思想上来说，政治经济学不仅在某种程度上一直处于领先，且并不依赖超验的概念，而且在他所处的时代，政治经济学内部没有宗教成分，也不需要超验的参照点，因为它在结构上具有条理性，在实践上具有合法性。在这一方面，麦卡洛赫绝非特例。他之所以能够得出这一观点，是因为启蒙运动

---

① 托马斯·孟（1571—1641），英国晚期重商主义的代表人物，英国贸易差额说的主要倡导者。其重商主义理论及税收思想集中表现在《英国得自对外贸易的财富》（*England's Treasure by Foreign Trade*）一书之中。该书不仅成为英国，而且成为一切实行重商主义政策的国家在政治、经济等方面的基本准则。

已经使从经济中抹去神圣成为可能,尽管它保留了一些像宗教术语一样难以言喻的之物——"看不见的手""自然"等。

要将霍布斯的"上帝"变成"自然",就需要重写政治经济学史。新的历史将延续下去,就好像经济占据世俗的重要地位,与前现代世界的宗教崇拜和迷信截然不同,而启蒙运动则承诺将人从这种崇拜和迷信中解救出来。因此,"经济"不仅会成为通往帝国辉煌的道路,而且会成为通往未来的道路,这条未来之路将会摆脱长期指导经济决策的灵性限制和伦理思考的阻碍。世俗时代的新政治将由去除束缚的"自然力"驱动,它与商业力量合作,将西方从停滞不前的迷信过往中解放出来。即便如此,正如现代美国货币所表明的那样,西方并不希望完全摆脱其宗教渊源。这并不是因为西方在其世俗外表下,仍然心怀愧疚地"保持"着宗教信仰,而是因为其真实地偏好不稳定的二元对立结构。而这种二元对立结构使问题本身难以回答:经济是世俗的还是神圣的?

原始心灵与世俗经济的出现

假如宗教和经济之间的分化并不像人们通常认为的那么大,我们如何理解经济发展的过程是一个被祛魅和世俗化的过程?在接下来的内容中,我想指出的是,通过将他者的思想和信仰形式与更为少数、更离经叛道的宗教和信仰形式联系起来,英国人所描述的他者[①]——特别是原始人,但不仅限于原始人——使任何与现代经济思

[①] 他者,是西方后殖民理论中常见的一个术语,在后殖民理论中,西方人往往被称为主体性的"自我",殖民地的人民则被称为"殖民地的他者",或直接被称为"他者"。

想和行为对立的东西，都可以被直接或间接地加以贬损。迷信、狂热、占卜、拜物教、祭司权谋、巫术和其他非正常的思想模式和崇拜方式成为一个庞大计划的重点。这个计划将大英帝国的敌人和土著人视为帝国野心的障碍，宣扬英国优于他们。

这种经济世俗化进程的核心，是重新想象西方人理解和表现他们认为自己与众不同的方式。这体现在他们思考时间、特别是思考未来时间的能力上。在启蒙思想家的眼中，原始人——既处于历史的过往（前现代），又处于地理上的现在（非洲、美洲等）——据说被禁锢于由感觉和时间经验构成的封闭区域，因此将超自然意义赋予偶然和不可预见的事件；相比之下，现代主体被认为能够为未来制订周详的计划，这使得他或她（通常是他）更善于参与普遍存在的世俗经济秩序。因此，与原始宗教相协调的是原始经济学，两者的特色都是轻信、迷恋周围（即可触及、可闻、可见、在"感官范围内"）的事物。因此，被描述为原始人的人物常常出现在关于欧洲商业诡计的笑话中（见图 3.2）。这幅版画表现的是一位荷兰商人称量毛皮的时候，将自己的重量加在秤上，使两名美洲印第安人从毛皮上得到的钱更少，从而使交易对他有利。类似的伎俩在拉昂丹男爵路易·阿尔芒（Louis Armand）的游记中也有记录（1703: 257）。

在继续探讨之前，我想先说明，对这个问题的思考来自法国人类学家约翰尼斯·法比安（Johannes Fabian）。他出版于 1983 年的著作《时间与他者》（*Time and the Other*）揭示出"原始文化"概念背后的一些假设。法比安的论述主要面向人类学家。他认为，不加批判地使用"原始"一词来指代仍然存在于今天的文化，会使这种文化显得相对低劣。法比安确定地提出，我们需要承认人类学家及正在研究的文化的同时性，如此一来，人类学家就不会毫无疑问地认为他（或她）的时间性是更优越、更先进的。

图 3.2 《纽约历史：从世界的开始到荷兰王朝的结束》（*A History of New York, From the Beginning of the World to the End of the Dutch Dynasty*）卷首插图（"荷兰重量"），该书由华盛顿·欧文所著
来源：HathiTrust 数字图书馆

凯萨琳·戴维斯（Kathleen Davis）批评了法比安的观点，理由是，就连法比安自己也以过往的"神圣—中世纪—封建"和现在的"世俗—现代—资本主义"之间的分界为前提（4-5）。戴维斯问道，这种分类是否也被"驯化"了？这种对立本身什么时候开始变得有用了？对于戴维斯而言，这种对立是从中世纪晚期国家主权观中产生

出来的。我认为，戴维斯分析的这种驯化对立的历史后期事件之一，是在宗教和经济的共同话语中，将对时间的想象政治化。这种政治化发生在18世纪末，起源时间更早，达到高潮的时间更晚。危险的不是"原始人宗教落后、经济欠发达"的这种认识，而是西方及他者的宗教和经济生活方式之间的对立，这种对立不仅在二者系统中居于历史首要地位，而且存在于创立这种系统的个体思想之中。因此，启蒙心灵专注于未来的启蒙秩序，而被禁锢于原始秩序中的原始心灵则被认为无法形成关于未来的抽象而复杂的观念。

亚当·弗格森（Adam Ferguson）[1]对原始心灵的描述捕捉到这种细微差别，并说明启蒙运动有关审慎（面向未来的理性计算）的话语是如何与宗教和迷信对立起来的：

> 他们的迷信行为是很卑贱的。……它们……的来由是一致的：对于某种看不见的力量抱有复杂的恐惧感。他们认为正是这些力量导致了人类无法预见的种种险恶的事情。
> ……若是处在不同寻常的陌生的境况中，人的心灵就会被自己的困惑所愚弄。这时，他不是依赖自己的审慎和勇气，而是求助于占卜，以及各种各样的宗教礼拜。由于这些礼拜是非理性的行为，因此它们总是更令人敬畏……罗马人以鸟儿吸食来卜算未来，斯巴达国王观察动物的内脏，米特拉达梯六世让他的女人们为自己解梦，这些例子足以证明，最伟大的军事、政治才华和在这个问题上软弱愚蠢的言行并不矛盾。（149–150）

---

[1] 亚当·弗格森（1723—1816），18世纪苏格兰启蒙运动的主要思想家之一。

在这里，弗格森似乎不愿意考虑由复杂的社会、心理、情感和文化力量形成的网络。这些力量交织在一起，从启蒙时代工具理性[①]的立足点来看，无论其功效如何，占卜模式的存在都具有一定的合理性。这一点类似于原始人选择经过启蒙的审慎，还是宗教（占卜）。此外，这一点也类似于原始和现代共存的世界在某种程度上不同于在它们各自的世界中各自选择运用的工具理性。尽管弗格森没有直截了当地这样说，但他认为原始人可以改变他（或她）所运用的理性，就好像运用理性的方式尝试改变的世界本身却不必改变一样。简言之，这就好比用审慎标准去衡量原始人探索未知事物的方式，只是为了让人们发现它的不足。弗格森的描述和许多同类描述的效果是将占卜（及相关的实践）视为一种工具理性，而审慎的经济理性实际上是其中一种更好、更实用的类型。弗格森承认古人和原始人拥有某些"军事、政治才华"，这一点非常重要：这使弗格森能够宣称，原始人或古人如果选择运用这种才华，可能会运用更合适的理性。

这种对立，即工具和经济类型的计算理性与对未知事物的占卜或预言方法相对立，以及与之类似的对立，似乎是为使前者合法化而专门设计的。它以牺牲后者和前者的实践者为代价，反对前现代的大量先知和术士。休谟也写过类似的话：

> 这些情况的出现不会离当今之世太遥远，而且当它们尚处在孕育和萌芽状态之时，人的理智就能预知，一眼看穿。

[①] 工具理性，通过实践的途径确认工具（手段）的有用性，从而追求事物的最大功效，为人的某种功利的实现服务。

> 虽然古人主张，要想拥有先见之明的天赋，有必要具备某种神圣的狂热或癫狂；但是，我们现在可以绝无差错地反驳说：想要发布这种先见之明（诸如国债即将导致经济灾难），只需保持清醒的头脑而不受盛行的狂热和幻想影响，这就足够了，无需别的条件。（"Of Public Credit", 365）

这并不只是因为古代、异教徒或迷信的心灵不同于现代心灵。休谟旨在说明国家债务存在风险，将冷静、审慎的经济敏感性与借助于神灵默示的先知模式进行对比。但是，即使在用一种诙谐的方式将两者进行比较时，他也假设预言和理性都渴望获得同样知识，并将之灌输给读者（尽管他以德尔斐①神谕预言地中海利率变化为例，说明了神谕的陈腐效果）。对于休谟和弗格森而言，理性只是更有效的"预言"工具，而这种功能对等促使并要求根据一种逻辑对文明进行排序。这种逻辑是文明的副产品之一——审慎。它的地位岌岌可危。

原始人如何用"幼稚的愚蠢"或"神圣的愤怒"来想象时间，特别是未来的时间，是苏格兰启蒙作家们描绘现代自我和前现代自我之间差异的主要方式之一。这种差异体现在审慎学说——18世纪所定义的计算未来经济后果的美德——以及充分而成功地参与到18世纪新经济秩序的心态之上。[11]迷信或先知认知模式与启蒙心灵是对立的，因为后者能在内在框架中确定因果关系的结果，而先知模式以魔法和天真的轻信为基础。

---

① 德尔斐，古希腊一处重要的圣地，它是所有古希腊城邦共同的圣地。这里供奉着德尔斐的阿波罗，在阿波罗神庙里，女祭司皮提娅在进入一种类似昏迷的催眠通神状态后，由别人提问题，她进而做出对未来事件的预测。

从另一位苏格兰启蒙作家杜加尔德·斯图尔特（Dugald Stewart）的著作来看，在关于原始人的论述中，宗教与经济之间的联系变得更加明显。斯图尔特从反对"野蛮部落的堕落"方面为理性的政治经济学辩护：

> 越将我们的研究追溯到过往的年代，我们就越会为强加给最显而易见的自然和理性观点的无数摧残所震惊。我们在野蛮部落的道德堕落中，发现他们有摧折婴儿身体的普遍倾向：比如，他们会重塑婴孩眼睑的形状，他们会人为地拉长婴孩的耳朵，他们会约束婴孩脚部的自然发育，他们会对婴孩的头部施以机械性的压力，从而对作为思想和智力中枢的大脑造成损害。而允许人类形体获得完美、匀称的比例，是文明社会最新的进步之一；在那些以协助大自然治愈疾病为目标的科学中……在政治经济学的原理中，存在着完全相似的情况。（Stewart, 1866: 452）

英国启蒙时代现代经济精神的支持者们，希望在两方之间建立起一种松散的关联和一致性，一方是非英国文化中过度的仪式，一方是政治经济学中有缺陷或非自然的理解。上述的"完全相似"则恰如其分地概述了这一点。与原始文化干扰人类形态自然发展的冲动如出一辙，现代这样的冲动无疑会使市场受到轻率的干预。对斯图尔特来说，他要求对人类形态采取消极放任的态度，塑造肉体的"看不见的手"也应该留下来塑造经济。

同样，这并不是说启蒙时代的货币不存在宗教因素。启蒙运动与原始经济的区别在于，前者的神性色彩被抹去了，取而代之的是抽象、非物质、无形的神性，而原始人崇拜的形象是具体、特定、被实体化的。将特定的新教徒的上帝转喻为"自然"尤为适合,而斯图尔特所描述和讽刺的原始仪式和盲目崇拜,其野蛮和蓄意的画面感,使"他者"的宗教或多或少只能被理解为非理性和高度变异的异教徒仪式(也就是说,只是回归到它自身本来的状态)。新教徒的上帝与异教徒不同。异教徒神灵的确定特征使他们容易受到奚落和侮辱——具体案例有利于讽刺作品诞生。新教徒的仪式也与异教徒不同。比起相对贫瘠的新教仪式,至少在新教徒看来,异教徒仪式在对身体和自然世界的态度上,呈现出几乎同样程度的具体性。新教徒的上帝和新教仪式在理论上显得相对抽象,而在实践中则显得冷漠。正是这种将上帝抽象化的能力,成为接受启蒙态度的标志。在此,可以提供一个有趣的例外来反证这一规则,在拉昂丹男爵的《北美新旅程》(*New Voyages to North-America*)中,接受启蒙的"野蛮人"是值得称许、独特的,恰恰是因为他以"最抽象的精神方式"表达对神灵的膜拜〔1703(2):19〕。[12]

虽然启蒙时代的作家们普遍不认同拉昂丹对原始宗教的描述,但他们会认同他在其他作品中关于美洲本土经济不发达的表述。对于卢梭来说,原始人是这样的:

> ……没有任何事物可以让他的灵魂受到震动,他每日关注的只有当下的生存,而没有任何未来的概念,无论这个"未来"是多么近在咫尺。受眼界所限,他的计划最多会延伸到一日之末。居住在加勒比海沿岸的居民到现在仍然只有这样的预见力:早上,他们兴冲冲地卖掉自己的棉床,可是到了晚上却哭着要去买回来,因为他们根本就没有预见到下一个夜晚可能用得上。(126)

卢梭在交易语境中描述原始人的精神倾向，这绝非巧合，因为商业和贸易中的才能越来越成为一般意义上人类智力的指标。

与其说威廉·罗伯逊（William Robertson）是一位政治经济学家或道德哲学家，不如说他是历史学家和地理学家，他表达了类似的观点：

> 文明国家中的推理或研究，在野蛮的社会状态中是完全不可知的。一个野蛮人的思想和注意力被限制在能够立即引起他储存或享受的小范围事物中。对于除此之外的每一件事，他要么全然察觉不到，要么漠不关心。他就像是一只纯粹的动物，近在眼前的事物才会引起他的兴趣和影响到他；一旦事物看不见了，或是到了远处，就不会再给他留下印象。在美洲有几个民族，他们有限的理解似乎无法形成对未来的安排；他们的关心和远见都不会延伸到这个地步。他们完全不考虑久远的后果，甚至也不考虑那些在最小程度上远离直接恐惧的后果……他们不重视那些并非当下所需要的东西。（309–310）

对于罗伯逊来说，"美洲印第安人是没有理性的食欲动物，因此不能形成未来的概念"（Bickham, 2005: 197）。[13] 不过，罗伯逊和卢梭都没有简单地描述土著人的智性。他们正有助于形成"理解"和"理性"等词语的新定义。也就是说，"理解"和"理性"意味着培养人与世界、人与未来之间的主要经济关系。对于这些作家来说，原始人接受的是被认为是迷信的思想形式。这种欲望倾向据称阻止了原始人计算推理能力的萌芽。正如休谟在谈论迷信的来源时所说的一番名言，当一个人的痛苦来源于"无形和未知的时候，安抚他们的方法也是难以解释的，包括仪式、教规、禁欲、献祭、供奉，以及其他任何实践方式，无论多么荒谬或草率，盲目和恐惧的轻信者都情愿采取那些愚蠢或自欺之举。因此，软弱、恐惧、忧郁和愚昧是迷信的真正根源"（1987：74）。就原始宗教活动而言，人们坚持的普遍假设是：活动的目的是客观地衡量外部世界的变化。并没有可能的动机或理由将个人教育、社区建设或确认与自然之间的特殊关系的仪式，视作宗教实践、宗教观点或宗教狂热。因此，启蒙可以被看作一种特殊的无能。这种无能是指除了工具性之外，人们无法理解或思考自我与世界之间的关系。

这种关涉广大人类的宗教和经济缺陷之间的复杂关系已经超越不列颠疆域，并延续到 19 世纪。英国探险家理查德·伯顿（Richard Burton）和约翰·汉宁·斯派克（John Hanning Speke）的著作值得我们注意。某种程度上，它们展示出启蒙运动中建构原始心灵留下来的遗产，也揭示出这种观念所导致的科学种族主义理解形式是有害的。按照伯顿的说法，"东非人在进步的门槛上已经停滞不前。他们没有任何发展的迹象，没有产生更高、更多样化的智力秩序……他们的思想仅限于所见、所闻和所感的事物，不会也显然不能脱离感觉的循环，只能停驻于当下"（489）。同样，对伯顿的旅伴斯派克来说，"经验教不会只考虑当下的黑人"（25）。

曾有一次，斯派克问一个非洲男子"他每年在他父亲的墓前献祭一头牛，希望得到什么好处"（236），后来斯派克告诉那个非洲男子，英国人"不相信"巫术和预兆，"只相信技巧和勇气"，"英国以前和非洲一样愚昧无知，信仰同样的迷信……但是现在，他们变得更加聪明了，并且看穿了这些骗局，他们因此成了世界上最伟大的人"（237）。斯派克的奇闻异事汇集了本章涉及的许多线索。

首先，它利用启蒙运动和宗教"信仰"之间的类比，目的是证明一种信仰优于另一种信仰；其次，它将前现代和外来的信仰体系有效地融合在隐性的"原始"范畴之下；最后，它认为西方帝国主义的经济霸权是克服迷信信仰的直接结果，通过人们熟悉的启蒙和迷信之间的康德式区分来给帝国授权。

从弗格森和斯密到伯顿和斯派克，这些作家们把原始人的心灵塑造成缺乏对未来的理解。这些做法都是基于原始人非理性的特征，从对单一的非新教世界的迷信和仪式的惊讶中产生出来的。这一点毋庸置疑。这些做法也反映出现代人赞颂审慎品格。然而，最关键的一点是，对原始人的宗教或财产意识的描绘，与现代经济的信仰维度或超验参照点没有关系。事实上，斯派克对非洲男子牺牲一头母牛的惊讶之情，只比他对非洲人民普遍的无神论的惊讶感稍微强烈一些（236）。简单地说，当基督教抽象和非物质化参照标准与别的信仰伴随血淋淋和炫目景象的动物献祭并列时，前者就更难被视为宗教了。

结　语

到18世纪末，更确切地说，到19世纪，原始人被打上了宗教的烙印，新教徒则不然。原始形式的迷信和仪式决定了它的宗教含义。这种宗教的特点是缺乏计算理性，无法思考未来的后果，蔑视"自然"，那些表现出这类特性的人不适于现代商业的审慎世界。即便如此，也不能说经济不像以前那么具有宗教色彩了。风险和胆识、"看不见的手"、餐后甜点、好运意味的语言，以及最后，为当地信用体系和法定货币提供担保的信仰，继续推动着现代商业制度的发展和实践。然而，当出现反对过度的原始宗教的声音时，经济生活似乎就完全剔除了宗教的神圣性。事实上，在现代市场上谈论好运似乎是一种范畴错误或古怪的时代错误。

通过将宗教重新定义为人类在未成熟时的原始思想，启蒙时代的社会以一种似乎完全排斥宗教的方式来定义自己，即使它最具决定性的特征之一——现代经济秩序——归根结底仍然与信仰和无形的事物秩序紧密相关。因此，假如我们说经济成为一个不同于宗教的领域，这并不是因为它是世俗的，只是因为它的宗教起源表面上已经变得相对世俗了。我们不妨自问一下，在接受关于经济和宗教差异的简单叙述时，我们是否也接受对这种尚存疑问的区分的叙述基础：18 世纪对原始和文明的区分。

第四章
Chapter 4

货币与日常生活：启蒙时代的新实践

克雷格·穆德鲁（Craig Muldrew）

1740年4月29日，自学成才的本地公证人约翰·坎农（John Cannon）记录了萨默塞特郡格拉斯顿伯里附近一块土地的出售情况。两年半前，约翰·塞默（John Semer）因一笔20英镑的贷款将这块土地抵押给了坎农的姑姑、寡妇伊丽莎白·波普（Elizabeth Pope），现在这块土地被卖给了第三方乔治·费耶（George Fear），用以偿还这笔贷款。费耶和塞默会见了开具抵押贷款证明的坎农、波普夫人和另一位证人。在这次会面中，20英镑本金加上2英镑10先令的利息是用现金支付的。交易完成后，坎农和波普夫人来到一个小酒馆，这时费耶不期而至……

（他）编造了一个无聊的借口，请求波普夫人让他看看他付给她的钱是否有错误。她欣然同意了这个请求，立即从怀里掏出一个黄色的丝织钱包，里面是她刚才在梅里奥特家收到的本金和利息。20个几尼（guinea）[①]、1块莫

---
① 几尼，英国货币名，最初是用几内亚的黄金来铸造的，因此得名。

艾多（moidore）①和 3 个银先令，总值 22 英镑 10 先令，没有更多了。清点金额后，费耶说，塞默和他的妻子在计算酬偿总额时，特别是在计算超出波普夫人本金的部分或利息时出了岔子。不过，不管错误是有意还是无意的，波普夫人收到的钱并没有什么不妥。[1]

这段记录是一个罕见的文字记载，由此我们可以了解启蒙时代人们是如何以硬币的形式使用货币的。22 英镑不是一笔小数目，购买土地是人们会随身携带这么多钱的为数不多的使用情形之一，而 20 几尼放在一个人身上也是一大笔钱。正如我们接下来要提到的，日常交易所需的硬币或可用的硬币要比上文所述的情况少得多。然而，小酒馆里的这群人本可以提供一些安全措施来防止可能发生的盗窃，以便公开进行清点。波普夫人的黄色丝绸钱包象征着她的财富及其社会地位，而土地购买者对估价是否正确感到忐忑不安，则表明其对将金币和银币的实际价值与货币的计量单位准确匹配感到焦虑。当时，一块莫艾多的价值为 27 先令，一几尼的价值为 21 先令，这些硬币的数值加总，再加上 3 先令的银币，总共是 22 英镑和 10 先令。

时间再往前推大约三年，1737 年 11 月 3 日，同样在格拉斯顿伯里，坎农记录了另一种很少被提及的新货币形式。在四天的时间里，除了做其他工作，他还为寡妇斯旺顿（Swanton）起草了 200 多张票据，尽管他确实声称这是"我接手过最复杂的业务"。斯旺顿接管了她丈夫的管道铺设和玻璃装配业务，所有这些票据都用于工作

---

① 莫艾多是葡萄牙金币，18 世纪早期在英格兰流通。

中业务的结算。但坎农提供的证据表明，一旦签署，这些票据就可以作为本地的纸币流通，直到票据被销毁。只要他人愿意支付票据上注明的价值，票据就可以通过签名背书的形式持续地将债权转让给第三方或第四方，从而使信贷更具流动性。如下例所示："11月19日收到大卫·贝尔（David Bell）签署的一张价值3英镑1先令0.5便士的货物清单，为此我在12月1日开出了一张应付票据，且收回并注销了一张以前的票据。"（Money, 2011: 588）[2] 最重要的是，这些票据的价值取决于，人们知道，像坎农这样的公证人或小型代理人已经把公证过程记述了下来。

这两个例子，加上坎农的《回忆录》（*Memoirs*）中的许多其他例子，很好地说明了启蒙时代英国日常生活中货币使用的变化和持续性。尽管人们仍在继续使用金属硬币进行交易，但在欧洲的这个时代，人们越来越多地使用可转让的纸质票据来作为货币的扩充。信用券（paper credit）的历史也是金融革命的一部分，其最为人所知的形式是由地方政府或国家机构（如英格兰银行或那不勒斯银行）发行的股票和银行券。这些信用券被用于促进公共债务的增长，或被荷兰和英国东印度公司这样的大型贸易垄断企业使用（de Vries and van der Woude, 1997; Dickson, 1967; Murphy, 2009）。但与此同时，一些进口贸易商和小企业主也发行了可在欧洲（某些可在全世界）进行贸易的汇票。在最基础的层面，非正式票据是由本地的法律代理人和小型公证人（如英国的约翰·坎农）安排的。这种非正式票据的产生，最终将与18世纪60年代英国许多地方郡银行和其他类似的城市银行的汇票清算业务相结合（Pressnell, 1956）。

当然，上述变化存在于大量政治单元中，其发生的方式和程度各有不同，而各政治单元的制度和经济样式也迥然不同。在本章中，我会先对这一变化产生的原因进行基本的概述，但主要目的是提供一些"日常生活"中的具体例子。本章力图展示日常生活中的人们是如何促成这一变化的。下文首先考察过去几个世纪硬币的使用与个人信用的传承，然后研究不同形式的纸币的使用方式，最后使用伦敦刑事法庭（俗称"老贝利"）公布的极其详细的审判摘要，来举例说明现金和纸币在不列颠的首都是如何使用的。[3]

硬币和人际信用

像波普夫人这样的个人，是如何与被人们认为并称作货币的事物进行互动的呢？为了对这一问题有更真实的感受，我将把"货币"定义为一种流通的物质对象，其价值由代表某种形式的社会协议的机构支撑。此外，人们当然也可以讨论计价货币的核心作用，即在日常生活中作为一种计量形式使用。无论是在记忆中、账簿中，还是日常交易和结算中，人们都是根据货币价值的形式，如英镑、先令和便士，法郎的里弗尔和苏，威尼斯使用的杜卡特，或意大利银币斯库多，用数字来衡量商品和服务的价值。这种把货币作为计量工具的做法也有其"日常生活"的历史，这段历史可以通过计算能力在社会实践中的应用和发展来获知。商品和服务的计量方式，如改变售价为一便士的面包的大小以使其价值始终为一便士，按小时给工作估价，按标准规格给饮料估价，都是解决计数问题的最基本方法。从基本的记账方式到复式记账法的进步，无论对于家庭还是企业来说，在管理他们的价值、收入和支出方面都更有优势。纵观历史我们已然知晓，这些技术的发展对于增加纸币作为流通对象的使用是必不可少的，但本章将着重讨论货币对象的使用，而非会计方法。因为尽管 18 世纪时的会计能力的确有所提高，但这种提高主要发生在中等阶层，特别是那些从事零售业的商人和农场主。硬币是所有人都在使用的，纸质形式的货币也以海军船票和用于支付工人工资的小额银行券的形式更广泛地在全社会流通，还有一种看似最常见的纸币形式（至少在英国是这样），即用于给完成的工作支付报酬或给出售的商品付款的手写签署票据，这种票据只在本地村庄和地区内短时间流通。

在整个近代早期，包括 18 世纪，整个欧洲都普遍使用信贷而不是现金来支付许多款项，这是记账货币的主要应用方式。从一个非常简单的层面来说，这是由于在大多数地方，金币和银币的数量难以满足发展中的市场经济的需要。所有欧洲国家都主要依靠双金属体系，即金银贵金属体系作为货币形式。金和银的稀缺性维持着这些贵金属合金的少量实际价值，这些贵金属的价值也体现在由政治统治者授权发行的各种硬币的面值中。就算人们在每笔交易中都倾向于用硬币支付，市场上流通的硬币也一直处于数量不足的状态。

欧洲有些地区比其他地区拥有更多的现金。16 世纪，西班牙的通货膨胀程度比欧洲其他地方要高得多，因为所有的新大陆宝藏和资源都已被掠夺，南美洲的资源被开采之后转移到了旧大陆（Braudel and Spooner, 1967）。然而，这些新货币并没有在欧洲被平均分配。例如，英格兰和苏格兰在 16 世纪遭受了特别严重的货币短缺问题。很长一段时间里，新开采出来的黄金和白银很少能够进入货币流通领域，这是由于国际贸易逆差以及英国需要为在爱尔兰和低地国家发生的战争买单，出现了黄金净出口的现象。这些因素的影响，使 16 世纪末英国的流通媒介（货币）的价值总额可能只有区区 150 万英镑（Wordie, 1997）。如果情况属实，那就意味着到 16 世纪末，每户家庭的收入只有 1 英镑 16 先令左右。⁴ 但是在 1540 年到 1600 年之间，食品价格增长了两倍还要多，而工业价格翻了一番，市场上可消费的商品数量在这期间也翻了一番（Brenner, 1962: 270; Phelps Brown and Hopkins, 1962: 179–195; Muldrew, 1998: 99–103）。到了 16 世纪末，货币需求可能增长了大约 500%，而硬币的供应量几乎没有增加，导致在交易中出现了大量的销售信贷。因此，英国的现实情况是，经济增长的速度超过了黄金和白银的供应量，而黄金和白银的供应量从来都不足以满足经济发展的需求。

　　随着英国参与的海外军事行动的减少，贸易逆差在 17 世纪 30 年代消除，铸币量逐渐增加。但是，到了复辟时期，出现了切割非机铸银币边缘的现象，使得大部分银币的价值都有所降低，成色较好的货币要么用于外汇交易流出该国，要么被商人留在手中退出流通，仅用于商贾之间的相互支付。塞缪尔·佩皮斯（Samuel Pepys）① 估计，1665 年流通的货币可能只有 700 万英镑，因为有很多货币被囤积起来了（Latham and Mathews, 1970–83: IV, 147–8, VI, 23）。17 世纪 90 年代，这种情况达到了一个危机点——在抵抗路易十四的九年战争中，没有足够的货币来满足英国巨大的税收需求，导致了 1696 年的货币大重铸，铸造出将近 900 万英镑的银币和大约 400 万英镑的金币。然而，艾萨克·牛顿（Isaac Newton）② 爵士低估了新铸英国银币的造币价格，意味着这种新的优质银币大部分于 1720 年流出了英国。随后，在 1750 年之前的大部分年份里，铸造的硬币不到 5000 枚，在世纪之交

---

① 塞缪尔·佩皮斯（1633—1703），17世纪英国作家和政治家。
② 牛顿于1696年受到当时的英国财政大臣查尔斯·蒙塔古的提携，成为伦敦皇家铸币厂的总监，一直到去世。他主持了英国这个时期的货币重铸工作。

以后就更少了（Challis, 1992: 434, 691–3）。据估计，在 1774 年金币重铸时，英国流通中的银币价值总额大约只有 80 万英镑。[5]相比之下，由于大西洋贸易和成功的羊毛出口，来自巴西新矿场的黄金聚集到英国，导致当时新铸金币的价值总额达到了 1820 万英镑。

正如社会史研究学者简·卢卡森（Jan Lucassen）指出的，在 15 世纪和 16 世纪，金银币由于各种原因流入低地国家，用于支付战争费用的西班牙财富的流入就是其中一例。卢卡森将这种情况称为一种"深度货币化"现象——社会中的货币存量是时薪总额的五倍多，充裕的货币存量使工资能够得到更规律地支付，从而促进了社会的经济增长（Lucassen, 2014: 73–121）。但是，到了 17 世纪下半叶，荷兰东印度公司将大量银币运往亚洲，用于支付进口香料和其他商品的费用，导致银币存量减少到只有时薪总额的两倍。然而，这种情况通过成功引进新铸机制磨边的铜币得到了改善。正如我们所了解到的，从来就没有多少银币流入英国，而到了 18 世纪，英国还向亚洲输送了很多银币。

黄金和白银可开采的资源量并不能说明硬币流通情况的全貌。正如许多作者所指出的那样，小面值硬币特别短缺，因为它们使用白银铸造，成本很高，而贸易商和企业主们更愿意看到白银被用于铸造可供更大规模的交易和海外贸易的硬币（Sargent and Velde, 2003: 4–14, 45–68）。黄金的价值大约是白银的十五倍，因此铸造的金币的面值通常更大。伊丽莎白一世统治时期，英国最小面值的金币是 10 先令，从 1663 年起，几尼迅速成为主要的金币形式，但由于其价值较大，流通也较为缓慢（Kelly, 1991: 44; Lowndes, 1695: 52–6）。因此，到复辟时期时，流通中的货币几乎全都是银币。[6] 小面值硬币大多由白银铸造,但由于自中世纪以来的通货膨胀降低了金属的价值,一便士或面值更低的硬币所含的白银量更少,因此硬币变得非常小,制造起来也不经济。例如,在1601年,根据规定,铸币厂铸造的银币中,不到一先令的小面值硬币所占的份额只有4%,但在17世纪,这一比例下降到了1.5%。到了17世纪70年代,这一比例又进一步下降到了只有0.5%,在1696年的货币大重铸中,重铸货币的最低面值是6便士。

  这对穷人来说是个尖锐的问题。比起那些富裕的人,他们更需要现金。由于季节性和高弹性的需求,工作(尤其是产业性工作)经常是不规律的,使得工人很难按时偿还债务。这损害了穷人的信用,降低了他们赊购的能力。因此,大多数人都指望薪水按周发放,而一旦本地流通的小面值零钱不足,就意味着他们可能长时间得不到工资(Muldrew, 2007: 394ff.)。

  有时候,政府足够强大,可以通过权力迫使铸币厂铸造小面值银币,就像16世纪荷兰北部的情况一样。但更多的时候,政府通过发行少量非贵金属铜币来增加货币供应量,这就形成了一种用于小规模交易,特别是用于支付工资的法定货币。铜在铸造货币上的这种使用,是近代早期大多数亚洲国家货币体系以及欧洲各国货币体系的共同特征(Lucassen, 2014: 79–81)。然而,金属铜的市场价值不高,对于一枚作为记账货币的小面值硬币来说,所含铜的实际价值没有印在硬币表面的面值大。这就使得制造伪币成为一种巨大的诱惑,因此铸币的价值必须受到法律的保护。在英国,仿造铜币等贱金属货币只被定为轻罪,而制造或伪造贵金属硬币则受到最高的惩罚,即危害国家罪(Styles, 1980)。因此,英国铸币厂只是断断续续地铸造铜币,因为它总是导致大量的伪币出现(Muldrew, 2001:

102–3）。但是，即便使用铜来铸币，穷人仍然需要依赖信贷。

其他国家，特别是荷兰和法国，在铸造铜币方面更为成功，这些铜币持续地流通，尽管尚不清楚它们使用了什么方法来防止伪造（Lucassen, 2014: 90–8; Sargent and Velde, 2003: 97–8）。在 17 世纪的一段时间里，瑞典的黄金和白银短缺非常严重，以至于（在瑞典开采的）铜开始被更大规模地用于铸造市场价值与面值相匹配的货币。这导致了著名的铜版币的出现，其中价值 10 里克斯达勒的货币重量接近 20 千克（Wiséhn, 1995: 14）。另一个可能的解决方案是，私营店主在本地发行自己的代币充当货币使用，这种代币同样由铜、铅或黄铜等贱金属制成，假如市面上开始出现赝币，这些本地货币可以很快收回（Mathias, 1979）。

除了伪币的困扰，硬币还存在其他问题。在冲压机被发明之前，切割硬币边缘的现象非常普遍，硬币的内在价值降低了，与面值更不对等，这一问题使得硬币称重成为一种在交易结算中常见的做法。在九年战争期间，货币大重铸开始之前，英国出现了严重的硬币短缺现象，那些边缘被切割而实际价值有所减损的银先令，往往仍按其面值继续流通，事实上充当了一种法定货币（Jones, 1988: 30–9, 95–126, 228–48）。

某些类型的交易会指定使用硬币进行支付。工资支付无疑是最重要的一种情形，其他用途包括海外支付，因为存在贸易不平衡，无法继续使用汇票，或如前文所述用于支付土地费用，或作为嫁妆的一部分。另一个常见的用途是在不知道买方是谁，无法积累定期信用的小酒馆和小规模市场中，用于支付小额款项。一般而言，信贷的使用更容易且更灵活，货币的使用总是与信贷同步。此外，如果一个人识字并且懂得记账，借贷可以满足更大数额的交易。正如亚当·斯密开玩笑说的那样，假若一位伟大的商人必须用几尼和先令支付大笔款项，[7] 他可能要花上一个星期才能清点出 1 万到 2 万英镑。在经济交易中，信贷有多种使用形式，最常见的是销售信贷。在英国，这类信贷占了绝大多数。

从英国遗嘱认证清册（教会法庭要求的遗嘱认证的最终文件）的例子可以看出 17 世纪小额信贷与货币使用之间关系的范围。这些文件对于研究信贷的历史有着宝贵的价值，因为其中列出了女性（或男性）遗嘱执行人用死者的遗产支付所有款项的明细，包括丧葬费、抚养未成年子女的款项、遗赠以及用于最终偿还在逝者死后仍然存在的债务的款项（Erickson, 1990: 273–86）。表 4.1 显示 1715 年之前，大多数信贷是用于商品和服务的，而不是资金贷款（Muldrew, 1998: 103–11）。

表 4.1　1623—1715 年汉普郡遗嘱认证清册中的债务类型（例）

赊购、未偿付的服务和工作：	1006	(74%)
票据和借据：	193	(14%)
租金：	90	(7%)
佣人工资：	27	(2%)
工资：	24	(2%)
什一税：	5	
抵押贷款：	4	
租借地继承税：	3	
合计：	1352	

尽管债务众多，但最终所有这些债务都必须偿还，而用有限的可用现金来偿还这些债务的方法是："计算"或比较账目，删去能够抵销的等价债务，然后只用现金或借据来结算差额。信贷的应用

非常广泛,以至于大多数人最终都积累了大量的互惠债务,这些债务要么存留于记忆中,要么被记录在账簿上,然后在适当的时间间隔内相互抵销。亨利·贝斯特(Henry Best)记录了一位农场劳动者在三个月内的复杂结算:

抵销伦纳德·古代尔(Leonard Goodale)为我工作11天和他妻子为我工作6天共计5先令1便士的账单。7月5日:卖给他一块奶酪,价值1先令5便士,2配克^①黑麦,价值2先令6便士。7月20日:向伦纳德·古代尔结算并支付他割草和他妻子参与割晒干草等工作而应得的12先令。他还欠我1先令4.5便士。再卖给他一块奶酪,价值1先令5便士。(这些条目一直持续记录到9月7日,当时贝斯特的记录是付给古代尔和他妻子7先令8便士作为劳动报酬。)(Bird, 1971: 2558)

这种账目计算是一种常见的社会行为,发生在所有社会成员之间,也发生在远距离交易的批发商之间。尼古拉斯·布伦德尔(Nicholas Blundell)的日记里随处记录着他与社会各个阶层的人计算或比较的账目。他经常计算他和管家、律师、佣人和其他许多人之间的账目。有一次,他提到他和送牛奶的玛丽·霍华德(Mary Howard)之间的账目,他向她购买了价值18先令的物品,包括一磅旧白蜡、一个黄铜平底锅和一把黄铜勺子,"为了支付工资和她卖给我的东西,在对完账目之后,我把全部余额付给了她"。在其他情况下,他在结算工人为他工作应得的报酬时,用借给他们的钱

---

① 配克,英美谷物、蔬菜、水果的计量单位,1配克约等于9升。

和卖给他们的东西来抵销他们的工资（Tyrer and Bagley, 1968–72: I, 120, 144, 191, 198, 278, 289, 300。有关计算账目的其他示例，请参见 I, 17, 18, 24, 26, 29, 41, 49, 65, 75, 82, 86, 90,107, 119, 122, 135, 140, 168, 178, 93, 203, 204, 208, 221, 222, 224, 234, 242, 252, 292, 300）。

纸币的类型

通常，当我们想到纸币时，我们会认为纸币是由某一家银行发行的，人们相信银行会按照印在纸币上的面值兑付纸币，从而使其他人也接受纸币的价值。早在 16 世纪 80 年代，那不勒斯公共银行就在欧洲积极地推行纸币，以解决金属硬币数量不断减少的问题。在 12 世纪，中国（当时为宋朝）就发行了一种形式的纸币①，但到了 15 世纪，这种纸币已经不再作为一种通行的货币发挥作用了，一直到 18 世纪，中国都依靠银币和铜币进行交易（von Glahn, 2016: 262–87, 365–70）。西班牙皇室为支付菲利普二世的战争费用而征收越来越高的税收，因而导致了那不勒斯严重的货币短缺问题。然而，在当时，为了让纸币发挥作用，法律规定，每一笔资金的转移都必须得到所在银行的正式背书，纸币的流动性因此降低。当然，使用纸币的地方也因此减少了。这些银行券停止使用时也都归还给了银行，因此至今仍有大约 300 间存放数百万张银行券的档案室。统治者们发行的政府债务有多种形式，其中最复杂的，是意大利城邦国

---

① 指交子。交子最早出现于中国四川，1023年发行于成都。最初的交子实际上是一种存款凭证。宋朝年间，四川省成都市出现了为不便携带巨款的商人经营现金保管业务的"交子铺户"。存款人把现金交付给铺户，铺户把存款数额填写在用楮纸制作的纸卷上，再交还存款人，并收取一定的保管费。这种临时填写存款金额的楮纸券即为交子。

家发行的年金，或者是小额长期有息纸质债券，这种债券可以转让，尽管经常需要将转让情况记录在案（Mueller, 1997: chs.9–12; Tracy, 1984）。

1696 年，苏格兰银行的成立也许是政府采取直接政策的最好例子，即利用国家银行建立一个银行系统。从当时的情况来看，这一政策的目的是克服口头信用的局限性，尤其是在支付工资方面，从而促进或"改善"经济增长。尽管苏格兰银行与英格兰银行几乎同时成立，但在 1696 年至 1697 年间，严重的饥荒造成的死亡人数占苏格兰总人口的 15%，从政治角度来说，苏格兰的经济改革任务变得十分紧迫。因此，针对苏格兰农业生产以及贸易和工业的改革计划应运而生（Cullen, 2010; Hont, 2005）。苏格兰银行是在爱丁堡的一个中心办事处周围创办起来的，在其他一些主要城镇设有分行，根据有效簿记凭证以及相当于银行券价值总额 1/5 的黄金储备量作为部分准备金，来为银行券进行担保。最初，在发行面值为 5 英镑和 10 英镑的银行券时，会使用切好的存根来防止欺诈行为。某些银行券可以在指定的分行兑换（这样存根就可以送到那里）。1704 年，面值 1 英镑的银行券开始发行（Saville, 1996: 22–32, 48）。起初，尽管存在发行的硬币不足以满足完全可兑换需求的问题，但在政府的支持下，苏格兰银行得以生存。随着 18 世纪社会的发展，增加了更多的发行银行券的分支机构，这些银行与苏格兰银行形成了竞争关系，如 18 世纪建立起来的苏格兰皇家银行和一家亚麻公司银行（Saville, 1996: 37–8, 49–52, 97–108, 125–6）。到了 18 世纪 60 年代，这一系统取得了显著的成就，直到艾尔银行（Ayr Bank）于 1772 年破产为止。114 家银行随之破产，留下了超过 65 万英镑的债务〔A. Smith, 1976（1776）: 313; Saville, 1996: 156–66; Phillipson,

2010: 206–8〕。但在此之前，苏格兰银行和其他相继成立的银行，包括用于支付亚麻行业工人工资的亚麻银行，都成功地创造了一种流通货币。

某种程度上，其他非银行机构也可以促进信贷的流通，虽然这类机构最终很难维持下去。像法国和意大利这样的国家，大多数城镇和村庄都有登记公证人，贷款要通过公证人登记收费，提供担保（Hoffman, Postel-Vinay, and Rosenthal, 2001: ch.2; Menant, 2004）。然而，正如历史学家所指出的，由于行政管理费较高，大多数经公证人登记的贷款的价值通常相当高，而对比较贫穷的个人来说，小规模的销售信贷占了大部分。朱莉·哈德威克（Julie Hardwick）、迈克尔·索南舍尔（Michael Sonenscher）和史蒂文·卡普兰（Steven Kaplan）这些作家都指出，在法国需要低于公证债务水平的小规模信贷。（Hardwick, 2009: ch. 4; Sonenscher, 1984: 307–9; Shaw and Welch, 2011: chs. 4–5; Kaplan, 1996: ch. 5）。与英国相比，另一个有趣的区别在于，许多天主教国家都创立了为穷人提供慈善信贷的机构。在意大利和法国，教堂认可的典当行蒙蒂皮埃塔（Monte di Pieta）在收到抵押品后，向穷人提供利率更低的信贷（通常为5%的利息）。玛丽亚·朱塞皮娜·穆扎雷利（Maria Giuseppina Muzzarelli）和毛罗·卡尔沃尼（Mauro Carboni）等人的研究也表明，拥有某些价值较低的物品对穷人的经济来说是多么重要。他们典当某些不太昂贵的物品，获得现金用于购买食物、医疗保健和其他日常必需品。我们知道，穷人更有可能被拒绝提供销售信贷，他们获得更有价值的货币形式的机会也更渺茫。这些慈善机构向穷人提供资金，如果无法获得足够的小面值硬币，它们也会发行票据，票据也成了本地纸币的一种形式（Muzzarelli, 2012: 23–38）。

在公证人为贷款签发这些可流通的担保书面文件时，他们究竟能够多大程度上充当银行的角色，这一点并没有吸引太多学者进行研究（Hoffman, Postel–Vinay, and Rosenthal, 2001）。然而，关于 18 世纪中期地方商人使用来自欧洲各地的汇票的程度，学者们却做了一些研究（S.D. Smith, 2001: lxvi–lxxii, 787–8; Denzel, 2002）。在此应当强调的是，汇票的流通范围仅限于个人在城镇之间进行的远距离交易。早期的威尼斯银行和一些意大利银行通过账簿汇款促进了信贷，但它们并没有积极地发行可转让票据（Mueller, 1997:ch.1, passim; Marshall, 1999: chs. 4–7）。17 世纪的阿姆斯特丹银行也是如此。然而在 18 世纪，越来越多的银行开始建立在部分准备金原则上，将投资储蓄金或抵押的土地转换为纸面信贷工具。为了做到这一点，它们发放贷款赚取利息，同时也发行纸币，通过贴现费用赚取少量利润。这些银行券对它们和它们的客户来说都很有价值，因为通过增加流动性来刺激信贷市场，使它们的计息信贷能够作为一种投资发挥更多的作用。

在英国，公证人制度的应用远不如在其他大多数西欧政体中那样普遍，因此销售信贷很可能更大程度上占据主导地位。此外，英格兰银行的成立主要是为了吸引支付利息的投资，向政府提供资金，政府则以税收作为担保。尽管它最初发行了一些面值 5 英镑的银行券，此后却很少发行面值低于 20 英镑的银行券（Clapham, 1970: I, 146）。但发行银行券并不是它的主要职能。它的首要任务是发行股票，这些股票最初主要由大城市的富裕客户购买，然后再流通到地方小城镇。只有少数中等阶层才持有股票（Dickson, 1967: ch.11），直到 18 世纪 60 年代，持有大量工资账单并拥有众多客户的企业逐渐发展为地方郡银行（Fiske, 1990: 15–112）。为了使纸面工具发挥作用，主要的社会和制度变革诞生了，即对于人们来说，纸面工具的可接受性基于一个事实：纸面工具上所写的内容是准确无误的。如果它是由一个机构发行的，那么该机构能够保证账目的准确性并且具有偿付能力就很重要。票据还必须由法律保障，承认其价值（Desan, 2014: 23–69）。关键在于任何接受这些纸面工具的人，都必须认同该工具所声明的价值，其中价值是以不同的方式体现的。这一变革过程在欧洲不同地区发生的程度很难准确描述，但我们可以借助已有资料，以英国为例，对纸面工具的日常使用情况进行非常详细的研究。

如前文所述，18 世纪生产和消费水平不断增长的时期，英格兰长期被缺乏小面值银币的问题困扰。尽管在 17 世纪末，人们提出了很多建议来解决这一问题，其中就有创立不同类型的银行来发行纸币，加快流通速度，但最终，只有英格兰银行成立了，而且它也并没有发行小面值的银行券（Wennerlind, 2011: 54–79）。然而，在非正式层面，信贷网络也发生了变化，人们开始使用个人票券，尽管这一发展形式在金融革命的历史上鲜有记录（McCurdy, 2007: chs.3, 6）。销售信贷的体系通过这种方式得以延续，但非正式的纸面票据更容易通过背书在本地转让给第三方、第四方甚至更多的当事方。尽管这类纸面票据几乎没有一张得以保留下来，但到 1684 年时，票据是可以通过背书进行流通的这一点已经很明显了，因为约翰·斯卡雷特（John Scarlett）在其有关汇票的法律手册中指出，只要票据上有空白的地方，就可以进行多次背书（然而，背书转让并不赋予票据本身独立于任何单个交易的潜在法定价值）（McCurdy, 2007: 70, 76, 83, 128, 161）。例如，一个农民签署了一张票据，要请工人做一个树篱，付给他 2 英镑，而工人购买价值 1 英镑的面包时将票据转让给了面包师，随后面包师将剩余的 1 英镑票据继续背书，购买一块手表。假如票据最初的发行人被发现他从一开始就没有足够的流动资金签署票据，上述交易也只能分别以个人债务案件的形式单独诉诸法院。票据本身不具备任何价值。因此，在这种基础上流通的个人信贷要求持有票据的人相信，信贷产生的交易可以向法院请求强制执行。

《约翰·坎农的编年史》（*Chronicles of John Cannon*）（本章开头的例子也来源于此）让我们详细了解了 1730 年格拉斯顿伯里小镇上常见的非正式票据和银行券是如何演变的。坎农是萨默塞特一位贫穷的农场主的儿子，后来成为一名税务员，随后成为本地的教师，并为格拉斯顿伯里镇上不太富裕的人做公证人。在编年史记载中，坎农列出了超过 800 笔交易，其中涉及票据、银行券、债券和抵押贷款，这些交易有时候非常复杂，虽然只有一小部分是涉及大笔金额的复杂交易。他提到，其中有超过 120 张手写借据和 250 多张账单票据，既有已经使用的，也有经过他开具和公证的。这些显然也是最低的数字，因为这些条目是他认为需要保留记录才留存下来的。阅读坎农的编年史可以清楚地得知，数以千计的此类流通票据在当时成为一种公认的交易证据形式，在大多数情况下，这种交易无须诉诸法院来确定债务的性质。它们也可以作为一种本地货币，作为一项持续可转让的债务，以签名背书的形式转让给第三方或第四方，使信贷更具流动性，只要票据上所述的价值是由其他人承诺自愿支付的即可。这类票据可以在流转过程中经由每一方背书流通，但是当事人也会面临伪造签名的风险。坎农孜孜不倦地在当地建立准确的公证记录和会计声誉，从而使他成为纸面信用新体系研究中有据可考的关键人物（Muldrew, 2018: 133–59）。

在坎农的整个回忆录中，涉及几尼的只有 15 宗交易，涉及先令的只有11宗交易。回忆录中根本没有提到铜币或代币,也没有提到汇票,尽管日记中提到了绸缎商、杂货商和麦芽商,但也许他们是自己开具汇票,这种汇票只能在威尔士和布里斯托尔等其他城镇之间流通。[9]然而,在描述1739年4月发生在谢尔本镇与克鲁肯镇之间的道路上的一桩持枪抢劫案时,坎农写道:

> ……他(拦路劫匪)打开西部邮政邮递员的邮袋,拿出他所能找到的银行券、承兑票据和手写借据,然后将它们带回金斯布里奇镇附近的索尔科姆镇,在那里他让一艘单桅帆船的船长将他带到法国的圣马洛,票价只需8几尼。他交给船长一张20英镑的银行券,要求用它付款,并于周三启航,但最后由于逆风而被迫返回达特茅斯镇,当时他试图更改上述由托普瑟姆镇的福莱背书并寄往伦敦的银行券,(他猜测)这引发了一些人的怀疑……除了那张20英镑的银行券外,他拿走的票据和账单价值接近7000英镑。(Money, 2011: 479)

邮袋里的这些票据是发往20多个城镇的,包括阿克明斯特镇、陶顿镇、布里德波特镇、埃克塞特镇、托特恩斯镇、巴恩斯特普镇和博德明镇,这无疑意味着,到坎农撰写编年史时为止,在这些城镇和伦敦之间,商人和店主间的票据信贷的流通量非常大。

刑事审判记录中使用货币的例子[10]

《约翰·坎农的编年史》中关于金融交易的细节记录得非常详细,给人一种强烈的认知:纸币是如何融入他的乡村社区的,委托是如何产生的,纠纷是如何发生的?其他来自欧洲各地不太详细的日记账也可以提供一些有关交易的信息。然而，有一个丰富的信息来源，记录了上千条关于伦敦人在日常生活中如何处理许多不同种类货币的内容，包括新形式的纸币，而且这个信息源非常容易获取。这些内容来自一个在线的诉讼程序，其中包含了伦敦中央刑事法院老贝利的审判记录，范围覆盖了伦敦城和米德尔塞克斯郡。《老贝利审判集》于 1674 年首次出版。后从 1678 年起，每次开庭（法庭会议）的审判记录都以低廉的价格定期集结出版，最初是面向大众发行的。[11] 尽管早期的这些记录存在一些缺陷，但因该出版物由伦敦市长批准出版并认证其效力，犯罪史学家认为这些出版物中的绝大多数审判报告是较为准确的，其中 1820 年以前的案件大约有 78 000 宗。这些对审判案件的描述并非是官方正式的记录文件，记录人也无意于此。但在许多情形下，证人对案件涉及的罪行及相关事件的描述，其详细程度以及有关日常生活的细节的丰富性是从别的来源中无法获得的。在英国其他地方，地方法庭的刑事审判中也需要提供目击证人的证词，但由于许多证据只需要口头报告，所以记录下来的内容并不丰富，并且只以手稿文件的形式留存。欧洲其他刑事管辖区审理类似案件的情况也是如此。

刑事审判里 80% 以上的案例涉及财产盗窃，因此，我们在处理货币使用的案例时，这些刑事审判案例绝不是一种无侧重性的资料来源，从中我们并不能确定某种精确统计货币使用情况的模式。毫无疑问，窃贼的目标是那些可能拥有贵重物品的人或藏有值得偷窃的贵重物品的场所，而货币是他们最容易销赃的一种物品。此外，绝大多数案例都来源于建筑密集的城市环境，比如伦敦这样的大都市，到了 1750 年，伦敦的人口已经超过 60 万。伦敦不仅比英国其他地方富裕得多，而且还是经济和金融中心。尽管像利物浦、曼彻斯特和伯明翰这样的北方城镇发展迅速，但直到 19 世纪初，它们的人口总和才接近伦敦。然而，在盗窃案中，我们可以直观比较从人们的钱包里或家中窃取的不同种类的货币，包括铜币、便士、先令、几尼，以及除了手签借据和银行券之外的外国货币。此外，不同社会地位和不同职业的人在何处以及如何在其居住地存钱，关于这一点也存在大量资料记载。尽管一些穷人被抢劫的情况也可以作为案例，不过我们只需要认识到，大多数穷人身上的钱可能要少得多。

也有大量定性的证据表明，不列颠王国的大部分资金流入伦敦，用于缴纳税款、批发商品，以及支付乡村绅士在伦敦的联排别墅的租金。在彼得·厄尔（Peter Earle）从伦敦孤儿法院提取的 1665—1720 年间的存货样本中，有关伦敦商人和贸易大亨的描述十分详尽，每年贸易往来涉及的平均价值为 5 283 英镑，其中现金部分为 254 英镑（Earle, 1989: 121）。伦敦显然有着相当多的金匠，大型贸易商和店主都需要大量资金进行海外贸易。如果考察所有已登记的伦敦人口的横截面数据，现金交易量的平均值可能会低得多，但即便如此，仍然有巨大的现金量被一小部分人所持有。理查德·格拉斯比（Richard Grassby）估计，1660 年后伦敦共有 8350 名商人持有 500 英镑或更多资产，他们的平均净资产为 2829 英镑。这意味着，在复辟时期，理论上这些商人可能拥有价值超过 200 万英镑的资产，或现金总量的 25%—35%，此后的现金占比大约为 15%（Grassby, 1995: 247–50; Earle, 1989: 32, 121; Muldrew and King, 2003: 158–60）。因此，在下文列举的所有案例中，我们必须记住，比起英格兰的乡村，以至于欧洲大部分乡村地区（即使是铜币流通的地方），伦敦是一个现金量更为充沛的社会。由于城市是贸易和工业的中心，即使是小面值硬币也容易被吸引到交易网络的中心。

几乎所有提到货币的案例都包含在图 4.1 概括的类别中。最常见的罪行是重大盗窃罪，盗窃价值一先令或以上价值的物品都属于此类，但不包括任何加重处罚的情节，如袭击他人或破门侵入罪。这些案件中有许多是我们所理解的扒窃行为，但当时法律对"扒窃"的定义是"私下"从他人身上偷取价值超过一先令的物品，这意味着被盗者不知情。证明受害人对犯罪是否知情有一定的难度，因此这类扒窃案件很难被起诉，比如许多妓女趁嫖客睡觉时从他们的衣服里偷东西。夜盗罪被定义为在夜间闯入住宅，意图或者实际犯下重罪（通常是盗窃）的情形。白天犯下的这种罪行被视为入室行窃，作案地点包括仓库、船只、工厂、教堂、寄宿处和家庭住宅（没有发生破门侵入）。入店行窃定义为从商店"私自偷取"5 先令及以上价值的物品，1699 年"入店行窃"被定为死罪，反映了随着商店数量越来越多，人们的担忧明显增加了。[12] 暴力盗窃是最严重的罪行，通常指在交通要道处抢劫的行为。

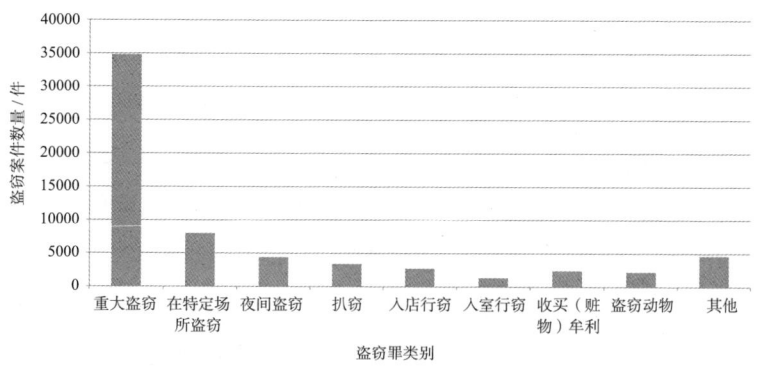

图 4.1　老贝利诉讼记录（1678—1820）中的各类盗窃案件总数
来源：https://www.oldbaileyonline.org/static/Crimes.jsp#theft（2018 年 3 月 17 日登录），作者自制

从小偷小摸行为和扒窃开始，人们已经采取了预防措施，几个例子就足以说明这一意识。比如，将随身携带的现金放在不同的口袋、钱包或怀表袋里。表袋很小，比较紧，缝起来像现代男裤上的口袋，而衣袋则是一个可以系在腰带上或放在夹克里的小口袋。1716 年发生的一起重大盗窃案中，约翰·梅森（John Mason）被判盗窃罪，他被指控盗窃玛丽·温翰（Mary Wenham）的"钱袋子"。"从玛丽·温翰身上盗取了一个托斯卡纳克朗，价值 4 先令 6 便士；1 枚银币，价值 4 先令 6 便士；10 把铁制钥匙，价值 1 先令；以及 2 先令的货币。"[13] 在 1770 年发生的另一起暴力盗窃案中，奶酪商本杰明·霍尔（Benjamin Hall）宣誓作证：

> 我像往常一样忙于招待顾客，看看他们想要什么。向顾客收了钱之后，回来时我腋下夹着涂过黄油的平底锅……鲍尔斯（候审者之一）走到我跟前，问我现在几点了……然后叫我站住，同时用手枪指着我的头……另一位候审者米尔班克解开我的马裤扣子，看里面是否藏着怀表。我没有表。然后他从我的表袋里掏出 3 枚几尼、1 枚半几尼，又从我的裤袋里掏出 1 枚 1/4 几尼还有 16 先令；他们在我的别的口袋里摸了摸，什么也没找到……他们割下了我的背心口袋，里面有价值 7 先令的半便士硬币。[14]

在另一桩 1736 年的公路抢劫案中，"一把铁钥匙，价值 1 便士；一个肉豆蔻，价值 1 便士；一张通往国王私家道路的铜票，价值 1 便士；三枚铜质纪念章，价值 2 便士；两枚银币，价值 2 先令 10 便士；五枚几尼，一个半几尼，以及 13 先令和 1 便士的货币"全部被抢走了。[15] 以上这些例子和更多的例子表明，人们随身携带各种不同类型的硬币是很常见的，即使是富人，也需要为了进行日常的小额购物而随身准备硬币。1729 年 12 月 3 日，安妮·凯斯（Anne Keys）被指控盗窃罪接受审讯，但由于缺乏确凿证据最终被无罪释放。这个案子向我们详细展示了在一次发生在市场的小额采购中，货币是如何使用的，并表明随身携带的货币放置在不止一个钱包或口袋里的情况有多普遍：

> 伊丽莎白·米勒（Elizabeth Miller）宣誓作证说，那个候审者 11 月 15 日到她的摊位来买肉，讨价还价了一段时间，决定买一块重 4 磅半的牛肉，每磅肉 2 便士，一共 9 便士。候审者给了她 1 先令，但她看到自己手边有一些半便士硬币，于是米勒希望候审者给她 15 便士，她找还 6 便士。但是，当她找零钱的时候，她（卖方）之前所有的钱全都不见了；此后候审者就被抓住了……他们在候审者身上搜了搜，找到 1 个几尼，10 个一先令，1 个半克朗……在她的一个口袋里找到 3 先令，在第二个口袋里找到 1 个几尼和 1 个半克朗，第三个口袋里有 7 先令。[16]

其他案件也表明人们如何存钱，以及在家中何处存钱。以下是一个上流社会的园艺家的盗窃案，他家的一个未婚女佣玛丽亚·杜恩（Maria Doon）盗窃了一些贵重的银纽扣、搭扣和茶匙：

> ……一个帆布袋，价值 2 便士；47 个几尼，6 个半几尼，一个 1/4 几尼，4 个半克朗，2 个三便士银币；21 个外国铜币（荷兰小铜币），价值 6 便士；被称为利亚德的一个外国铜币，价值半便士；以及 46 先令和 6 便士有记录的款项，是提摩太（Timothy）的财产；还有一条亚麻布手帕，

价值18便士，是塞缪尔·史密斯（Samuel Smith）的财产；一张20英镑的银行券，另外还有一张10英镑的银行券。用上述银行券担保的款项到期了，但未清偿给前面提到的提摩太。

马歇尔就是被盗的园艺家，他说他发现东西被偷了，当时：

> ……我上楼去查看了备用现金还有多少，因为我要付房租，还有其他东西要付款。我检查了我的钱。我把银行券放在卧室书桌里的一个私密抽屉里，把47个几尼和6个半几尼放在一个帆布包里，再把包放在抽屉里的银行券上面。然后我清点了一下，有价值2几尼的银先令和6便士银币；另有1个半几尼和4个半克朗银币。这些也都放在一个袋子里，袋子放在私密抽屉旁边的另一个普通抽屉里。

察看这些财产后不久，到了晚上睡觉的时候，他"看到壁橱天花板上有一个洞，通向阁楼。我直接去了我的卧室检查书桌，发现抽屉被打破了，我的钱、鼻烟盒、勺子、印章和其他东西全都不翼而飞了"。杜恩是马歇尔的佣人，在随后的证人陈述中，她讲述自己在购买商品时被发现用20英镑的银行券来换零钱，并将零钱存放在肉豆蔻研磨机中。当这张银行券在庭审中被出示时，马歇尔被问到他是否有这张银行券的交易记录，以及他是否知道银行券的号码。尽管他声称自己没有对交易情况以及银行券号码做记录，但这个问题本身展示了如何通过细致的簿记来保护纸面信用。另一位证人出庭作证说，杜恩给了她的孩子一些荷兰小铜币（一种价值半个法寻的荷兰硬币），并声称她是从另一个孩子那里得到的。当这些小铜币在法庭上被出示时，马歇尔称他能够通过特定的标记识别它们：

这是其中一个佛兰芒半便士，据我所知，铜币的边缘有一个标记。其中的两个荷兰小铜币上有两个洞。这两个小铜币我已经保存了好几年了，很熟悉，我曾将它们放在一个装着金戒指的鼻烟盒里。

杜恩试图为自己辩护，声称她拥有荷兰小铜币已经 16 年了，而关于她在绸缎商人那里购买的东西，她辩解道，"我付了现金；我没有银行券；我身上的钱一部分是我工作挣来的，一部分是母亲遗留给我的。我母亲遗留给我 25 几尼"。此类遗赠是许多穷人财产来源的一部分，的确是很有可能的，但在杜恩的案件中，法庭不相信她的陈述，她被判有罪。[17] 在这个案例中，我们可以看到，从英格兰银行发行的银行券到毫无价值的外国铜币，货币是如何存放到一起的。有趣的是，铜币似乎更像是一种纪念品，而不是活跃流通的货币。这个案例也表明，一个拥有大量金钱的人会把这些钱藏在一个上锁的房间里，并将其锁在桌子的秘密抽屉中，以保证其安全性，但是这些安全措施在佣人随时可以进入富裕家庭的情况下变得脆弱不堪（Meldrum, 2000:ch.4）。然而，1736 年的另一个案例表明，锁在办公桌里的钱也很容易被房客偷窃，这在伦敦也是非常普遍的情况：

来自阿尔德盖特圣博托尔夫的安妮·纽曼（Anne Newman）因从雅各布·布萨格罗（Jacob Busaglo）家中偷窃而被起诉。丢失的有：21 个几尼，1 个半几尼，1 个价值8先令6便士的巴巴里达克特①，1个价值2便士的巴巴里银达克特，1个绿色丝绸钱包，价值6便士。

布萨格罗宣誓作证说：

> 我的钱不见了，我怀疑是那些候审者偷了，因为上周六晚上他们和我的另一位房客闹翻了，在争吵时，他们互相指责对方典当了我的供他们在房间里使用的物品……以此来付他们的房租。这让我产生了怀疑，我申请了搜查令，搜查库珀太太在古堡街的房子，我知道那些嫌疑犯经常光顾那里，我在那儿找到了一个箱子和我的皮包，里面装有16个几尼，36个先令，3个半几尼和2个半克朗。[18]

然而，店主们似乎习惯把日常零用钱都放在没有上锁的收银柜里，如果小偷有意识地分散店主的注意力，这些钱柜很容易被盗。如1678年，一位店主"在某个紧急情况下被人叫出了店铺，他本打算立即返回；一个小个子（被告）趁机跑到他的（刚好没有上锁的）收银柜或钱柜前，从里面取出了15英镑的现金"。[19] 入店行窃和偷窃的案例表明人们是如何保管不同种类的货币的。一位女学徒在某个酒店"从收银柜里偷了5便士和3便士的两枚硬币，从沙丁鱼盘子里偷了一个先令"，"从柜台里偷了一张半便士的银行券，以及一个半克朗银币"。在接下来的星期六她又偷走了一张纸币。之后的星期一，她从一袋银币中偷了4先令，之后又从白兰地酒桶下面的一个银罐里偷走两个36先令的硬币（可能是一枚葡萄牙四埃斯库

---

① 达克特，一译"杜卡特"，中世纪威尼斯的著名货币，一直沿用至1797年。

多金币）和放在银罐里面的一些半便士硬币。为了掩饰其偷窃行为，她一次会给一个仆人3或4先令，让这些人为她保守秘密。[20]

尽管大多数盗窃案中，被盗者富人居多，但下面是一个令人心酸的案例，被盗者是一位贫穷的织工，他显然没有多少钱。这也是为数不多的几个提及铜币的案例之一，他拼凑铜币来举办妻子的葬礼：

> 威廉·道森·皮尔金顿（William Dawson Pilkington）被指控盗窃了192枚半便士的铜币，价值8先令。一把织布机的梭子，价值6便士。一把剪刀，价值4便士。一顶帽子，价值3便士，这是约翰·沃兰（John Whalan）的财产。
>
> 约翰·沃兰的证词如下：我的妻子死了，我有192枚半便士，相当于8先令，我想可能还有更多，我把它们锁起来了；邻居们为我捐了钱，以便支付我妻子的丧葬费用；我把钱和东西都锁在一个柜子里，然后就睡着了；除了现在正在审问的犯人，谁也不知道我的钱放在哪儿……当我醒来时，我发现柜子被撬开了，我的锁掉在地上，梭子、剪刀和帽子都被拿走了。[21]

1752年3月14日，星期六，这天晚上，瓦工约翰·韦斯特（John West）刚刚领了工资，胳膊下夹着一大块熏肉。有个妓女来找他，让他给她买一品脱啤酒，然后去她的住处，在那里，他的5先令——他刚刚领到的工钱——被偷了。[22]

相似的情况也出现在1726年的一个案例中，记录表明一位劳动者如何以手签票据的形式使用资金，以及他如何保管资金。他宣誓作证说，"我为了赚钱努力工作，这是众所周知的"，在一个非常寒冷的凌晨，一点到两点之间，他在回家的路上遇到了一个妓女，她邀请他去小酒馆的火炉边取暖。他继续说：

> 商定的价钱是8便士，而我口袋里有一个黄铜盒子，里面有两个几尼，一张6英镑6先令的借据，还有一些杂物。所以我拿出这个盒子，为的是付喝一口酒的钱……我给了女店主1先令找换零钱，又把我的盒子放起来，有人进来喝酒，女店主不久给我找回一个格罗特①，于是我手上就拿着格罗特出去了……我要把钱收起来，却没看到我的盒子，于是我叫来了值班的人。²³

其他案例还表明如何将小物品用于典当或质押，以代替现金或信贷，如1754年的一个案例：

> 伯克……进了我们的饮酒间，他叫了一品脱热酒。我认为他们待了两个半小时……伯克叫了酒，并问该付多少钱。我说，2到3先令。他说他没有钱，但会把他的鞋留下……我叫来我岳父，告诉他伯克没有钱，但想把鞋典当了。我岳父进来问伯克先生这是怎么回事。伯克说，他的船在黑墙码头，过两三天就可以付钱了。又说，如果能再给他些钱，他到那时会归还，我岳父就借给伯克10先令。²⁴

在盗窃案件中，典当行经常成为小偷企图将赃物换成现金的地方。这表明，私人典当业在伦敦穷人的经济中确实起到了一定的作

---

① 格罗特，欧洲旧时的银币。

用，但鉴于其来源的性质，除了说这些机构或个人服务经常与犯罪有关外，我们无从得知这些机构或个人服务有多普遍。

遗憾的是，我们在这些日常生活使用现金的案例中，看不到信贷在支付中的使用频率有多高，因为未偿付信贷的案件是在完全不同的法庭上审理的，而记录已经丢失了。事实上，还有成千上万的其他例子，比如下面这个案例，生动地描绘了货币的外观和给人的感觉是什么样子：爱德华·劳埃德（Edward Lloyd）"被候审者拦住了，候审者本想和他一起去喝酒；但是他拒绝了，并且立刻听到了钱的叮当声，他摸了摸口袋，发现自己丢了5先令。于是他叫了值班人来，值班人走过来，搜查了她（被告）的口袋，看到她口袋里的钱，那是一个明显弯曲的先令"。[25] 还有一个士兵和一个女人把一只小狗卖给塞缪尔·詹宁斯（Samuel Jennings）的案子：

> 詹宁斯宣誓作证说：……士兵问我要不要买那只小狗，于是我掏钱给他，我把我的钱倒在桌子上，有1个半几尼，1个先令，1个6便士和3个法寻。候审者立刻用她的手拍了拍这些钱，并将这些钱全都拿走了。我说，"你这是什么意思，你这个狗娘养的，我一个子儿也不会给你，就算我有钱，那又怎么样？"但是离开之前，她还给了我1先令和6便士，并发誓说这就是她拿走的全部了。[26]

或许最重要的是，对于本章的论点，老贝利的审判记录也提供了大量证据，证明当时人们越来越多地使用手签票据，其次是银行券，而且说明了它们是如何被使用的。1735年，一宗涉及伪造背书的案件不仅表明这一体系是如何运作的，也呈现出这一体系的脆弱本质。（铁制品）制造商托马斯·德维尼什（Thomas Devenish）

被指控在一张期票（签署日期为 1735 年 5 月 25 日）的背面伪造背书，他在上面签字，并写上他承诺按订单付给威廉·莫里斯（William Morris）100 英镑。伪造的背书写的是按照订单，莫里斯在 1735 年 5 月 29 日向托马斯·格林（Thomas Green）付款。证人的证词很好地说明了如果存在怀疑的理由，人们如何利用对本地情况的了解来评估背书的有效性。典当商詹姆斯·格雷厄姆（James Graham）宣誓作证说：

> 这张票据起初是由詹姆斯·诺瑟尔（James Northall）带给我的。他希望我用钱买下来。我告诉他我会试试。当时的背书人是威廉·莫里斯。我问莫里斯是谁，诺瑟尔回答说，莫里斯是布罗德街街尾的一个铁匠。诺瑟尔为这件事来了好几次，最后他说，他被那张票据的持有人德文尼什雇用了，如果我想买的话得把钱付给他。这之后，（德文尼什）亲自来了，说这是他的票据，下面的名字是他自己手签的笔迹。

格雷厄姆接着说，他问德文尼什，莫里斯是谁，他是怎么欠莫里斯这么一大笔钱的。德文尼什回答说，这笔钱是在做背衬零件贸易时购买钉子和其他东西欠下的，对生意而言这笔钱并不算多。格雷厄姆接受了这一说法，并向一家折扣店店主康兰先生询问，随后他将票据转给了珠宝商格林先生，格林愿意用市场价的玫瑰钻石来换取票据。格雷厄姆还声称，他同意这么做是因为，"作为经纪人，贴现票据是我生意的一部分。经纪人通常不询问背书人；虽然这是我们应该做的，但我们把这个问题留给贴现票据的人"。他还指出，德文尼什来了五六次，看看票据是不是已经贴现了。珠宝商格林进

一步声明,在用钻石换取票据之前,他问住在莫里斯家附近的玻璃匠:

> ……是否认识莫里斯,莫里斯是不是个品行好的人。玻璃匠说他认为莫里斯不值 20 英镑,于是我把票据退还了。第二天,康兰先生来了,想知道原因;我告诉他,这充其量只是一张假票据。我们去找莫里斯,把票据给他看。他说这个签名不是他的手迹,他当着我们的面写他的名字,与背书的笔迹一点也不像。[27]

上述案例表明,在当时的伦敦,典当行通常会对纸质票据进行折价,在收到票据之前不检查背书是常态。该案例还表明在票据的流通过程中有多少中间人参与,以及参与方式如何,进而最大限度地了解票据开立者的价值和诚信。其他案例表明,即使是在支付佣人和工人的工资时,也经常使用手签票据,曼图亚制造商就是如此。[28]

银行券经常与其他随身携带的货币一同被盗,如下面 1715 年的一个案例所示:

> 亨特宣誓作证说,他在从劳伦斯巷到史密斯菲尔德的路上丢了皮夹,其中有两张银行券,一张价值 35 英镑,另一张价值 15 英镑,所以他没法付款;庭审中出示了那张 35 英镑的银行券,证据显示,银行券从带来它的人那里,流转到了候审者手上;候审者为自己辩护说,她做旧衣服的生意,从一个姓查普曼的人那里以 10 英镑的价格收下了这张银行券(其中 10 英镑已经付清并在银行背书了)。她又给了他一个辅币,收回辅币时,她会把剩下的 15 英镑付

掉。她已经在收回辅币时付了剩余的钱，但她不知道查普曼的名字，也不知道他住在哪里。总之，最后她被无罪释放了。[29]

考虑到先前对老贝利庭审报告的代表性所持的保留意见，我们可以通过分析这些案件中提及不同形式货币的审判次数，更好地了解受害者使用各种硬币和纸币的相对情况。这项研究涉及的时间范围是 1680 年至 1820 年初，结果见表 4.2 和图 4.2。检索仅限于盗窃案件和审判记录中各类货币的实际数目，其中包括各方的陈述和证人的证词。关于几尼和银行券，这是一个简单的问题，使用单词搜索功能即可，因为它们不是记账货币的基本单位。然而，对于复数面值的便士和先令，只能近似地估计硬币的实际使用情况，因为许多情况下，会使用书面语来描述物品的价值，例如，将列举的被盗物品描述为"价值 6 先令"或"10 便士"。有些案例中只使用了这样的用语来表示价值，但也有许多案例中提到了实际使用的硬币种类，因此不能简单地通过布尔检索来消除，只能针对具体的案件逐个识别。

"法寻"（farthing）一词的使用也存在类似的问题，因为在大多数语境下，它都是一种叙述性的表达，例如"就值一个铜子儿"（worth a farthing）、"最后一文钱"（last farthing）或"一文不值"（not a farthing more）。只有大约 27% 的情况下，这些说法指的是实际的法寻硬币。但复数形式的"法寻"总是指实际使用的硬币。由于有太多的案例需要基于个别情况进行检索，所以我根据 100 个案例样本做了一个估计，这些案例来自不同的年代，其中大约有 38% 的案例提到了"先令"和"便士"这两个词。它们是在描述物品价

表 4.2　老贝利刑事法院（1680—1820）的审判报告中提到的不同货币的总数

货币	原始数量	调整后的总数
法寻	730	197
法寻（复数）	296	
法寻总计	493	
便士	1649	
便士（复数）	4143	2569
便士总计	5792	
先令	4067	
先令（复数）	10124	6277
先令总计	10354	
几尼（含复数）	9362	
银行券（含复数）	5939	
手签借据	151	
期票（含复数）	146	
纸质票据总计	6236	

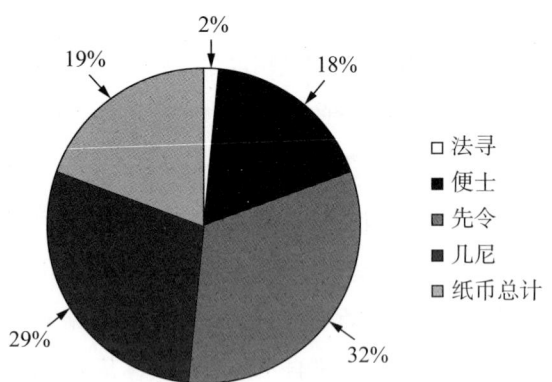

图 4.2　老贝利刑事法院（1680—1820）的审判报告中提到的不同货币的总数所占比例
来源：作者自制

值的语境下使用的，而不是作为实际使用的硬币。对于单个先令、便士或复数的法寻的统计没有减少，因为只值 1 便士或 1 先令的东西很少，大多数英镑、先令和便士的复合价值都写作诸如 "1 英镑 12 先令 5 便士" 这样的形式。[30]

虽然仅仅是近似值，但从以上这些数据中可以看出，几尼在盗窃案件涉及的货币总量中所占比例有多大。先令占据主导地位，但与几尼的占比差距很小。这是因为在 19 世纪初，可能是由于 1804 年引入了价值 5 先令的西班牙银元的缘故，人们更频繁地提到先令（见图 4.3）。[31] 我们还需要记住，1 先令的价值不到 1 几尼的 1/20。法寻的数量很少，几乎完全没有辅币，这一点也值得注意，但如上所述，可能有更多的辅币流通，但这些辅币多为穷人所持有，他们本来就不太容易被人抢劫。另外，银行券占总数的 19%，这一点同样重要。图 4.3 中可以更清楚地看到 18 世纪中提到银行券的次数呈增加的趋势，且在 19 世纪初出现了极大幅度的增加，同时提到几尼的次数也随之减少。由于案件数量每年都有明显的变化，随着时间的推移，首都人口持续增长，案件数量通常会有所增加，因此，研究提及货币的次数占盗窃案件总数的百分比可能更为准确。图 4.4 衡量提及每种货币的案件占所有盗窃案件的百分比随时间的变化情况。从图 4.4 中我们可以看到，趋势大致相同。19 世纪的第一个 10 年除外，这一时期，未提及任何货币的案件数量上升了，但提及先令的案件数量占比仍有所上升。

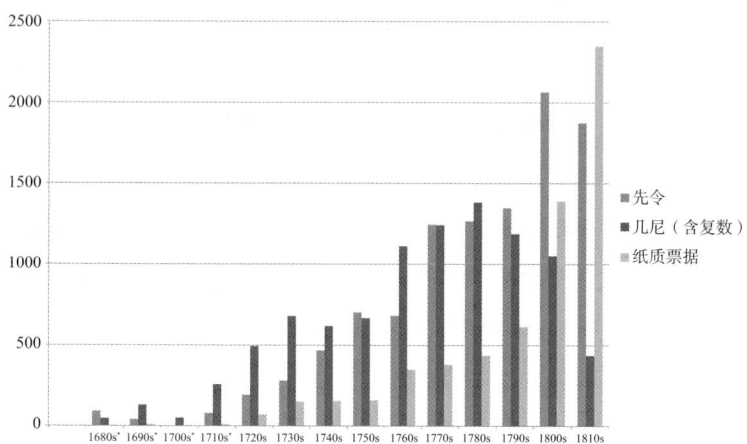

图 4.3 先令（估）、几尼和纸质票据的提及次数（1680—1820）
来源：作者自制

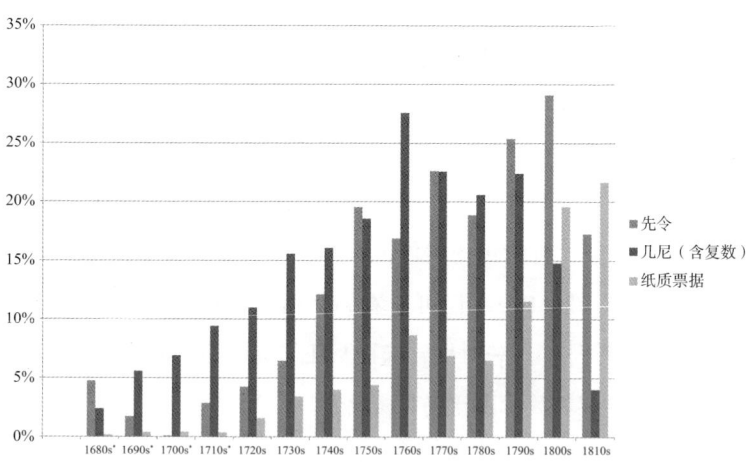

图 4.4 提及先令（估）、几尼和纸质票据的案件的百分比（1680—1820）
来源：作者自制

1800 年后，金币使用量急剧下降，这几乎可以肯定是受了 1797 年出台的《银行限制法》的影响，这一法案宣布暂停用英格兰银行和其他地方发行的银行券兑换金币，因为政府担心，在英国对大革命时期的法国宣战后，银行将面临挤兑。这一限制一直持续到 1821 年，在经过多次讨论后才恢复了金币的兑换，为金本位制的发展铺平了道路。从 18 世纪 60 年代开始，银行券就比较常见了，但在《银行限制法》出台后，银行券的使用量有所增加，这并不奇怪。从图 4.4 中我们可以看到，直到 18 世纪 80 年代，金几尼的使用几乎一直占据主导地位。据估计，流通中的金币价值从 1700 年的大约 100 万英镑上升到 1750 年后的 1 700 万英镑。随后，金币在暂停兑换期间被拒绝使用，这一期间更多的金币作为储备金被囤积起来。18 世纪 40 年代以前人们很少使用先令，这与货币大重铸后，由于造币厂的法定价被低估，重铸的新银币迅速地流出英国不无关系。然而，从 18 世纪 40 年代开始，提及先令的案件的数量迅速增加，这令人惊讶，因为这些年几乎没有铸造先令。这表明伦敦中等阶层在这一时期拥有大量的本国银币，但为什么在 18 世纪中叶中等阶层持有的货币数量会增长得如此之快，原因尚不明确，值得进一步研究（Craig, 1953: 179, 219–21, 246–51, 253, 261–6; Feavearyear, 1931: 158–60, 169–70）。

最后，图 4.5 以线性形式重绘了与图 4.4 相同的数据，我们可以看到，虽然硬币在这一时期占主导地位，但在整个 18 世纪，纸面工具的使用一直在增加。应该重申的是，在伦敦以外，提及金币和银币的案件所占的百分比可能要小得多，尽管没有经过深入的研究，我们无法说明盗窃案件中出现纸质工具的频率。能够说明的是，坎农的《回忆录》中提到纸质票据的次数显然比提到现金的次数多。

希望这一章实现了它的两个既定目标，也就是让马克思所称的冷酷无情的、客观的货币兑换关系变得有血有肉，并展示人们是如何使用纸币的。诚然，金属货币质地坚硬，没有温度，但本章给出的例子表明，金属货币在交易中的使用并非毫无人情味。无论是被随身携带，还是被放在家里的什么地方，货币是如何被计算的，被用来支付什么，这些都构成了人们情感焦虑的来源，也正是通过这些仪式和情感的交流，人们才建立起了对新纸币的信任。背书和对背书的认识使其价值在一定程度上可以追溯到纸币之外。当然，有了银行券，人们也必须信任机构和银行的管理者，但与背书当事人有关的特征，仍然是票据流通的关键因素。

与先前所使用的现金相比，纸币最初的使用也带有一定的个人色彩（Muldrew 2001: 78–120）。亚当·斯密在 1776 年的《国富论》中提出的一个核心论点是，进步经济的一个关键特征是存在能够将

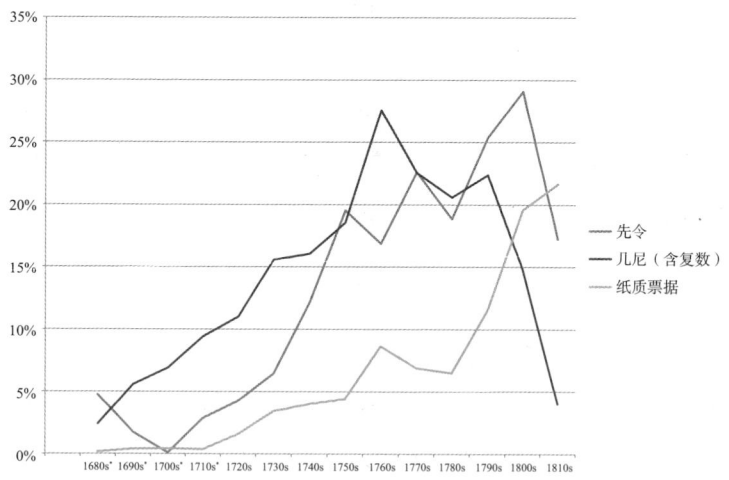

图 4.5　提及先令（估）、几尼和纸质票据的案件的百分比（1680—1820）
来源：作者自制

劳动力价值转化为流通资本（如银行券）的制度（Muldrew, 2018: 133–59）。斯密不遗余力地展示了这种制度的价值如何优于由金银币主导的体系，为此他用一个地方银行的例子来说明这点。在本章中，我们看到了本地票据的价值如何逐渐演变，取代了口头信用，成为一种非常具有地方色彩的纸币。银行券的流通范围是否更广，取决于银行券发行机构的受信任程度。在像那不勒斯这样的城市，这是建立在银行细致的记录基础上的。就英国的地方郡银行而言，这种信任是基于知名店主或商人的信用，对于这些店主或商人的成功来说，会计方法的发展功不可没，使他们有能力创建在当地发行通货的指定机构（Pressnell, 1956: 12–74）。但只有通过对"日常生活"的考察，我们才能理解为何银行券的价值始终是一种公共产品。

第五章
Chapter 5

货币、艺术与表现形式：货币的外观与声音

丽贝卡·L. 斯潘（Rebecca L. Spang）

在查尔斯·吉尔顿（Charles Gildon）的《金色间谍》（*The Golden Spy*, 1709）一书的开头几段中，第一人称叙事者讲述了他如何在"某个彻夜未眠的晚上"听到一阵低沉的嗡嗡声，"就像一个人在努力开口说话，或是不够清醒因而无法准确发音的感觉"。他环顾卧室，然后叫他的仆人帮他再次确认，叙事者找不到任何问题，于是躺回到床上。然而，嗡嗡声和清嗓子的声音仍在继续，直到最后，"说话者"被发现是一枚外观普通的法国硬币（一枚金路易——原文为斜体）[①]。在接下来的故事中，硬币讲述了它在世界各地所参与的丑闻和阴谋（强调硬币虽然有脸孔，但如果被锁在金库里不允许流通，它就失去了说话的能力）。吉尔顿会说话的金路易的故事掀起了一股热潮：随后出现了十几个模仿的文本。从约瑟夫·艾狄生的《一先令历险记》（"Adventures of a Shilling", 1710）到托马斯·布里奇（Thomas Bridge）的《银行券历险记》（*The Adventures of a*

[①] *louis d'ore*，路易·德·奥尔，即俗称的金路易硬币。

Banknote, 1770）等，这些书中的货币都张口说话了，甚至可以说它与人闲谈了（Lynch, 1998; Kibbie, 2006; Martinez, 2013）。

18 世纪的小说家通过将硬币想象成有趣的人物，挑战了一种法律拟制。这种法律拟制认为，所有的货币都是一样的，因此具有可互换性（用从远古文明流传下来的话来说就是"钱没有臭味"①）。同时，这些不太可能真实存在的叙事者讲述的故事表明，人类的本质也许比他们伪装的更为相似：所有东西都可以买卖（很多人愿意买卖别人）。无论是任何主张，还是任何文化产物，都不应解读为对社会现实的简单"反映"或是对历史事实的陈述。相反，这些文本（如下面分析的其他图像和文物一样）都是对正在进行的讨论和发展的干预。

本章指出，即使 18 世纪的货币并没有真正"说话"，那么它也以不同的方式对不同的人说出了不同的话。在启蒙时代的作家笔下，对金钱声音的描述和对金钱的外观的描述同样普遍，这些作家将民间智慧融入一种文学亚流派当中。正如在一个完全不同的背景下所说的那样，"要判断一枚硬币是不是银质的，通过声音比通过外表更容易分辨……就算是一位乡下农妇，也可以依靠她的眼睛、耳朵和手（掂量硬币的重量）所提供的三重证据判断出来"（*Archives parlementaires* 10: 272, 27 Nov. 1789）。我们今天称为金钱"视觉文化"的东西——将某些实物、文字甚至人类行动看作金钱这种行为，该行为是后天习得的，有时是有意识培养的——实际上早已是多种感官的产物。[1] 观察硬币、纸币和其他交换媒介是社会实践不可分割

---

① 来自古罗马时期皇帝征收"尿液税"创造的说法"Pecunia non olet"（金钱不臭），表明不论钱的来源如何，货币都不会受到污染。——编者注

的一部分，但也仅仅是一个部分，货币价值的创造、维持和储存是通过整个社会实践来完成的。因此，本章从 18 世纪欧洲艺术中关于货币的启发性讨论，延伸出对这一时期流通的许多货币的外观、声音甚至气味的进一步思考。第一部分将展示启蒙时代的文化是如何想象和描绘金钱的意义的，第二部分则更多地揭示货币的功能和流通。在这两个领域，货币的价值都不是自动产生的，也不是发行者和使用者（生产者和消费者）必然会一致同意的东西。解释通常是不可或缺的。

* * *

启蒙时代的欧洲和北大西洋的艺术经常论及并思考金钱和财富，尽管其中有关货币的文字描述相对贫乏。君主、贵族和其他社会精英的肖像画上几乎不可避免地会展示他们被奢华的绫罗绸缎环绕的景象。若一位统治者没有被描绘出其财富和显赫地位的气派，如同伊丽莎白·维杰-勒布伦（Elisabeth Vigée-Lebrun）[①]所绘制的《穿衬衫的玛丽·安托瓦内特》（*Marie Antoinette en chemise*, 1783）那样，就会引发流言蜚语。维杰-勒布伦的这幅肖像画表现的是法国王后穿着时尚的白色棉衣，戴着一顶朴实无华的草帽。这幅画遭受了持续的敌意，在首次展出后不到一个月，就不得不从公众眼前消失（Sheriff, 2003）。

人们期待王室表现出富足和物质享受丰富的明显迹象。然而，当

[①] 伊丽莎白·维杰-勒布伦（1755—1842），18世纪末至19世纪初法国乃至全欧洲最优秀、最著名的女性肖像画家，早年曾经是法国王后玛丽·安托瓦内特的御用画师。她一生留下了超过200幅风景画和600幅肖像画，很多经典作品被卢浮宫、冬宫、英国国家画廊、大都会博物馆等顶级博物馆收藏。

一些物品以其本来面目出现时，或者可以被公开购买时，它们就传递了一种更为复杂的信息。有些作品，如让·安托万·华多（Jean-Antoine Watteau）①的《热尔桑的画店》（Gersaint's Shopsign, 1721），颂扬的是商业文化（见图5.1）。这幅巨幅油画（超过5×10英尺）最初是为了悬挂在一家艺术经销商画廊的入口处而创作出来的。起初它是店招，作招揽顾客和宣传用，因此，人们最好从它想要勾勒和宣传的幻想的角度来理解这幅画。

图5.1 《热尔桑的画店》，让·安托万·华多绘，画布油画，展示了一幅诱人的琳琅满目的奢侈品画面，但并没有描绘金钱；贵族消费者几乎总是赊账购买，1721年

在画面的右边（这是对热尔桑现实中的画店的一种理想化描绘），穿着闪闪发光的绸缎的客户在仔细地查看画作、检查镜子，也许是在欣赏画作和自己在镜中的映像。这位艺术品经销商（他从背后支

---

① 让·安托万·华多（1684—1721），法国18世纪洛可可时期著名画家。《热尔桑的画店》是他应画商兼收藏家热尔桑的要求，用8天时间完成的晚年杰作，这幅巨幅油画高163cm，宽308cm，生动再现了18世纪的巴黎画店的面貌和贵族们选购画作的情形。

起一幅巨大的椭圆形画布）和他的妻子（似乎在展示着一面漂亮的梳妆镜）在外表上与他们的贵族顾客没什么区别，某种程度上，这意味着奢侈品市场的存在使社会贫富差异变得不那么明显。在画面的左边，体力劳动者（显然不是任何涓滴经济[①]的财富或可传承艺术天赋的受益人）在打点，并从华丽装饰的相框中取出一幅巨大的长方形画作。事实上，工人们正在为刚刚过世的路易十四（1638—1715年在位）绘制肖像画。这似乎是在表明，专制主义的盛世和威严的时代——集中于凡尔赛宫，在那里，即使是国王最简单的行为都会引起礼节和地位的争议——已经被巴黎和市场所取代。

这种对商业文化和购物乐趣的公开宣传，是那个时代华丽的商业名片中一个特别常见的主题（Berg and Clifford, 2007）。然而，所谓"高雅艺术"通常采取一种不那么具有同情心的立场。举个例子，想想威廉·霍加斯（William Hogarth）[②]在商业上取得巨大成功和重要成就的《浪子生涯》（The Rake's Progress）。这幅画创作于1732—1733年，1734年制版，并多次被重印。《浪子生涯》是全8幅的系列组画，描绘了一位吝啬的金融家的儿子"汤姆·雷克韦尔"（Tom Rakewell）短暂的发迹史和戏剧性的破落经历。为了指出主人公不是通过劳动获得财富，而是通过继承获得财富，霍加斯的第一幅画（见图5.2）描绘了汤姆身处一间黑暗、邋遢、洞穴般的房子里，周围几乎遍布着金钱（或者说房子产生金钱）。

[①] 涓滴经济，也叫滴水式经济，指把钱都给上层富人，指望它可以一滴一滴流到穷人手里。

[②] 威廉·霍加斯（1697—1764），英国画家、版画家、讽刺画家和欧洲连环漫画的先驱，被后世称为"英国绘画之父"。他的很多画作经常讽刺和嘲笑当时的政治和风俗。其后这种风格被称为"霍加斯风格"。

图 5.2 《雷克继承财产》,威廉·霍加斯绘,《浪子生涯》中的一个场景,铜版画。由于他继承的财富是从他身后的墙上凿出来的,霍加斯的"雷克"试图用一把硬币买下他曾经的婚约,1734 年

  硬币从墙壁上和壁炉中滚落出来;一只饥肠辘辘的猫在装满银餐具的箱子里徒劳地寻找食物。当一个裁缝为我们的主人公量度尺寸时(毫无疑问,裁缝觉得他不够格),这个系列画真正的女主角①——左边的女仆——拿出一枚朴素的金戒指,提醒汤姆他过去的承诺。他用一把金币来回应,意在收买她,让她不要出声。随着这个系列的展开,汤姆在奢侈的修饰和深夜的放荡中将遗产挥霍一空(在第二个场景中,他被一群人众星捧月般地簇拥着,有击剑和舞蹈大师,一位大键琴演奏家,还有一位跪在地上拿着短马鞭、抱

---

① 也是他的未婚妻。

着巨大的银质奖杯的赛马骑师)。后来,他娶了一位有钱的老寡妇,从而获得了第二笔财富,但很快又挥霍一空(在描绘赌场的第六个场景中,两位赢家对于他们的幸运洋洋自得,最右边有一位穿着考究的贵族在向放债人借钱,中间的汤姆悻悻于自己的损失)。在最后的场景中,我们看到他因债台高筑而锒铛入狱(在监狱里,他的狱友们试图用铅来炼制黄金,并撰写如何解决国债的小册子),最终他发疯了,进了疯人院。这组系列画的寓意是明确的:不劳而获的财富(反复用画中的硬币代表)和上流社会的时髦消遣受到了严厉谴责。忠诚(以系列画中的许多狗为代表,也以在几个特定时刻返回并试图拯救汤姆的女仆为代表)也许值得颂扬,但对汤姆这样一个人物的忠诚只能是徒劳无功的。

艺术家们还在静物画和风俗画中探索了相关的主题。夏尔丹(Chardin)所作的《纸牌屋》(*The House of Cards*)的伦敦版(1736—1737,这是他完成的以此为标题的至少四幅画中的一幅)展示了一个十一二岁的男孩在赌桌上(可以通过绿色的毛毡桌面看出来)建造这座与画作同名建筑的情形。为了完成他的任务,他将一个赌博筹码(清楚地标有"100")和一个银代币放在一边。但是夏尔丹的意图——如果他真的有意图的话——比霍加斯的更难解读。我们是否可以得出这样的结论:纸牌的最佳用途不是打牌而是建造东西,或者也可以理解为,在这张桌子上建造的任何东西都注定会不可避免地倒塌(哪怕建造者是无罪的)?在名为《带洛托盒的静物》(*Still Life with Lotto Box*, 1771—1773,日内瓦艺术博物馆和历史博物馆馆藏)的彩色粉笔画中,日内瓦的肖像画家让-艾蒂安·利奥塔德（Jean-Etienne Liotard）非常精准地注意到了"洛托"（宾果①游戏的前身）的重要性。一小包编过号的游戏棋子和一大包银币，放在绿色桌面上一个精心制作的木箱旁边。虽然贴在盒盖上的标签文字很难破译——它是代表游戏的制作者还是木箱的所有者，抑或是概述游戏规则？——游戏卡上的数字却清晰明了：1-23-44-61-80。这些可能是随机的数字，但仍然吸引了观察者的眼球，像是在邀请我们将它们当作自己持有的数字，希望它们会被喊到，并冒险下赌注。18世纪80年代，休伯特·罗伯特（Hubert Robert）的许多描绘巴黎废墟的画作，都是房地产投机泡沫和泡沫破裂中既兴奋又慌乱的情绪的写照（Dubin, 2010）。

18世纪的艺术关注持久价值与投机财富的关系，既反映了艺术家生活和谋生之道的具体转变，也是对更普遍的文化趋势的一种诠释。在欧洲的大部分地区，艺术市场正从私人惠顾转向公共商业；与此同时，新技术（如铜版画）使艺术作品更容易被复制（Solkin, 1996）。因此，主张作者身份和所有权在经济上变得更加重要，即使在逻辑上更加困难。《雕版工法案》（8 Geo.11 c 13，也被称为"霍加斯法案"）为英国的艺术家提供了对他们的"原创"作品的版权保护，就像早些时候的立法为文学著作者所做的那样。艺术家们的创作努力日益被视为一种产权问题——对此人们发表了很多评论，也有一些人抵制这样的发展。多种形式的赌博，从高赌注的纸牌游戏和体育赛事（赛马、拳击比赛、台球）到骰子游戏、彩票和

---

① 宾果，一种老式的碰运气游戏，曾是世界上最流行的一种廉价赌博形式，玩家每人买一张或多张宾果卡，其上画有许多方格，有的方格里有数字，有的方格空白。由庄家任意喊出若干号码（通常不超过75或90），凡先购得一张卡并把庄家喊出的号码全部凑齐者为优胜，即可囊括全部赌金或依照当地法律规定扣除其中一部分。

休闲赌注等，同时遍布于英国和法国社会各个阶层的生活。² 扑克牌在英国受印花税法案约束，在法国受政府控制垄断，它既是政府收入的来源，也被用作货币（特别是在法国的北美殖民地）。在扑克牌背面签上一个人的名字后，流散在外的扑克牌就成为最初的名片；其他的则保存在档案中，作为"垫片"，用于加固成捆的纸。埃德蒙·霍伊尔（Edmond Hoyle）的《惠斯特牌戏浅说》（*A Short Treatise on the Game of Whist*, 1742）是所有语言的著作中第一本给出了纸牌游戏规则的书。这本书畅销一时，并引发了一系列未经授权的跟风版本。霍伊尔的出版商对盗版行为做出了回应，让他在正版的扉页上签名，这一解决方案非常类似于在汇票和纸币上使用签名（见后文）（Levy, 2010）。

18 世纪的艺术作品中，硬币令人瞩目的出场几乎总是表明艺术家对商业文化和个人贪婪的批判立场。当巴黎女演员安妮·弗朗索瓦斯·兰格（Anne Françoise Lange）对安·路易·吉罗代·特里奥松（Anne-Louis Girodet de Roussy-Trioson）为她画的肖像画提出异议并拒绝付钱时，他画了一幅新的肖像画作为报复，这幅画中的兰格不是维纳斯①，而是达那厄②（1799；见图 5.3）。在达那厄的故事中，朱庇特以金雨使达那厄受孕。在中世纪的肖像画中，金雨被看作孕育基督的预兆，但吉罗代并没有将达那厄描绘成纯洁的少女，而是将她描绘成贪财者。画中，兰格小姐贪婪而得意洋洋地看着硬币落在膝上，似乎对艺术家的批评置之不理：她既没有注意到破裂的镜子、

---

① 维纳斯，罗马神话中爱与美的女神，罗马十二主神之一，在对应的古希腊神话中为美神阿佛洛狄忒。
② 达那厄，古希腊神话中阿尔戈斯国王阿克里西俄斯与欧律狄刻之女，和宙斯生育了珀耳修斯，被其父亲监禁在一青铜密室中。

死去的鸽子、巨大的火鸡，也没有注意到普劳图斯（Plautus）①的剧本卷轴《阿西纳里亚》（*Asinaria*）——所有这些东西都环绕在她身边。

图 5.3　《兰格小姐扮成达那厄的肖像画》，安·路易·吉罗代·特里奥松绘，油画。吉罗代将女演员描绘成神话中的达那厄，暗示她很容易受金钱诱惑，1799 年

在所有这些作品中，重要的不是它们所描绘的某种硬币的特定品质，而是它们的整体数量。那些突出纸币的作品也是如此，比如《愚蠢的伟大镜子》（*The Great Mirror of Folly*, Goetzmann, 2013），这是一部版画、诗歌、戏剧和评论的汇编，构成了82卷不同的内容。该作品讽刺了1719—1720年，推动投资南海公司（大不列颠）、约翰·劳银行（法国）和几十个不同的保险计划（荷兰）等膨胀的投

---

①　普劳图斯（公元前254?—前184年），古罗马最重要的喜剧作家。

机行为（或"捕风捉影的交易"），每一卷都有60张左右铜版画，描绘了各种令人目眩的、杂乱无章的场景，包括飞天、赌博、戏剧场景，以及超大的风箱、疯狂的人群、带翅膀的恶魔和跳舞的猴子等。图片的说明文字和标题表明了每幅图片与同类事物的相关性，但由于这些图片意在嘲讽从股票市场中赚大钱的想法，因此它们很少展示可靠的发行人发行的硬币或纸币。有些图片确实展示了股票和其他相关的文件（如金融新闻小报或投机公司发起者的小册子和宽幅广告），但这样做是为了讽刺"股票具有持久价值"这种想法。当然，最具讽刺意味的是，印在纸币上的图像却被用来嘲笑纸币本身的价值，而这些图像事实上已经存在了将近300年。

  18世纪末，一个类似的主题渗透进了大量物品中：主要是印刷品（许多是手工着色的），也有扇子，最后还有陶瓷和锡制品，以其画在指券①（法国大革命期间发行的一种流通纸币）上的精美的错视画（"eye fooling"）②场景为特色（见图5.4）。正如所有具象派艺术一样，错视画摹拟的是现实世界。由于这种技法是为了让观者产生错觉，将艺术误认为现实，因此质疑了现实世界的真实性和艺术的忠实性。甚至"观者将幻觉视为一种欺骗"的观念也受到了挑战（Siegfried, 1992）。

---

① 指券，1789—1796年法国大革命时期发行的可作为货币流通的有价证券。指券有多种面值，其基本票面单位有苏和立弗。最初指券只是一种债券，但政府将其改变为法偿。因为在发行量上没有控制，指券代表的价值超过了支撑其价值的没收教会财产。这引发了大规模的通货膨胀。从1792年开始，这些纸币大多就已经失去其票面价值，直接导致了恶性的通货膨胀。这些纸币不但没有解决财政问题，反而成为暴动的催化剂。

② 错视画（*trompe l'oeil*，法语原意为欺骗眼睛），又称视觉陷阱，是一种作画技巧，使二维的画给人以极度真实的三维空间的感觉。

图 5.4 《指券的价值》，雕版画。法国大革命时期的纸币，由于政治合法性的崩溃而贬值；像这样的错视画印刷表明这些纸币从来没有实质内容，约 1796—1797 年

与《愚蠢的伟大镜子》一样，18 世纪 90 年代后期的错视画描绘了大量的纸币，以提醒观者不要误认为它是有价值的东西。相比之下，雅克·路易·戴维（Jacques Louis David）的《马拉①之死》（Death of Marat, 1793）描绘的是一位在浴室中遇刺的激进的新闻工作者，画中有一张远未成为画作焦点的指券（尽管它几乎正好位于画布的中心，见图 5.5）。正如艺术史学家 T. J. 克拉克（T.J. Clark）所评论的，这张纸币并没有承载画作其他组成部分的"视觉重量"，"人们可能会说它注定要被忽视"（Clark, 1994:53）。戴维是一位坚定的革命者，他组织了这个时代许多精心构思的庆典（包括马拉的葬礼），

---

① 马拉，全名为让-保尔·马拉（Jean-Paul Marat, 1743—1793），法国政治家、医生，法国大革命时期民主派革命家。1793 年 7 月 13 日，马拉在巴黎寓所被一名伪装革命家的吉伦特派支持者夏洛蒂·科黛刺杀。

曾是国民大会议员，后来作为恐怖分子入狱。戴维积极地相信纸币的价值，正是出于这个原因，他没有邀请观者仔细审视这张纸币，而是把它作为理所当然的事物来呈现。马拉的指券被隐藏在众目睽睽之下（如克拉克所说，就像是爱伦·坡的小说①中那封被盗的信），因而被自然化和常态化了，成为引人注目的场景中的一个不起眼的细节。

* * *

戴维的《马拉之死》中的指券提醒我们，当一种交换或价值储存手段正常发挥作用时，它几乎自动被视为一种默认的存在。将一块扁平、圆形、有光泽的金属片看作一枚硬币，将另一块金属片看作一枚纽扣，这是大多数成年人无须刻意努力就能做到的事情，但这仍然是一种习得的行为。个体适应了社会并融入了文化中，于是会把货币看作某种有价值的东西，但他们很少记得学习的过程。

如今，大多数西方人都被教育要把（字面上和隐喻上）相对稀缺的东西视为"金钱"。由于国家对货币发行的垄断、集中设计和高度统一的大规模生产，任何时候流通的不同货币对象的数量都相对有限。[3] 相比之下，在 18 世纪，社会上更广泛的对象视货币为金钱（也就是说，这些货币被"普遍地"接受为金钱）。硬币之所

---

① 此处指的是美国作家埃德加·爱伦·坡（Edgar Allan Poe）所写的短篇小说《失窃的信》(*The Purloined Letter*)。故事讲述王后接到一封信正准备看时，国王走了进来，王后来不及收藏，干脆把信放在桌子上。如她所料，国王果然没有注意。但随后进来的D部长却发现了，他当着王后的面，用外表相似的另一封信换走了王后的信。信对王后很重要，她委托警长替他找回这封信。警长采取各种办法，跟踪、秘密搜查寓所，甚至假扮强盗，半路拦住部长搜身，但都一无所获。他只好求助于私家侦探杜宾。杜宾根据推理，判断大臣也会像王后一样将信藏在显眼的地方，于是在大臣的眼皮底下，用一封假信从大臣客厅的卡片架上换走了王后的信。

图 5.5 《马拉之死》，雅克·路易·戴维绘，画布油画。马拉的浴室边桌子上的指券既表明他对大革命的信心，也表现了他的慷慨大方，1793 年

以成为前文所提到的优秀的小说叙事者，是因为人们想象它们可以无处不在，能够轻松地跨越阶级和领土的藩篱，但事实上，货币往往停留在其自身所处的社会和地域渠道中。例如，法国的银币主要是在王国内部铸造的，而金币（主要用于国际贸易）则是在边境的铸币厂铸造的。只有迫于政治压力时，这些铸币厂才会铸造所谓"穷人的货币"，即日常现金交易所需的贱金属铸造的小面值硬币（Dermigny, 1955; Sargent and Velde, 2001; Spang, 2015）。对于像布里斯托尔、利物浦、波尔多、南特、阿姆斯特丹或卡迪兹这些繁荣的港口城市的商人来说，货币是由各种各样的铸币金属组成的，但也包括玛瑙贝壳；同时，这些城市和其他地方的批发贸易商使用汇票和其他形式的信贷进行了许多商业交易，这些交易都被详细地记录在

分类账和账簿上。在北美殖民地的欧洲人可能会感到称心如意——这取决于地点和年代——他们使用海狸皮、扑克牌或一桶桶的烟草来结账；他们还依靠账面债务（赊欠）、当地发行的纸币和各种硬币来补充发挥货币的很多功能。而对于法国各省的税务局局长来说，货币就像一个装满金属物品的帆布袋，里面装满了各种面额的银币，也有磨损的贱金属硬币和金属币坯，还有代币、纽扣，甚至钉子头。

这一时期货币外观和声音的多样性很少成为历史学家们的主要关注点。相反，学者们更多地关注南海泡沫、法国大革命期间发行的指券、英格兰银行战时暂停支付等大事件，为的是将18世纪描述为纸币使商品货币丧失其重要地位的时代。[4] 这些学者在著述中将货币描绘成资本主义、消费文化和现代性等总体概念的代表，他们通常步经济学家和法律学者的后尘，认为货币是"可互换的"（fungible），即可交换的、同一的，仅以数量计量的（因为缺乏质量的计量标准）。然而，"fungible"一词最早出现于18世纪中期，在接下来的两个多世纪里一直是一个艺术术语（《牛津英语词典》，"同质化的"）。[5] 因此，本章指出，虽然艺术家对财富和贪婪的再现往往以大量难以区分的硬币为特色，但我们不应从这些描述中立即得出"它们描绘了货币的社会活动和经济功能"这样的结论。普通人的货币实践比我们所认知的经济理论或艺术再现要复杂得多。

在18世纪的欧洲，人们都有辨认"自己的"货币的方式（一种会在不同地区和社会地位之间产生的判定，对于民族与国家来说也是如此），并用他们的各种感官审视别人的货币。他们还开始建立货币和货币使用者的等级体系（在19世纪欧洲帝国扩张的鼎盛时期由政治经济学完成），这种体系将金属置于其他材料之上，将具有"实际"价值的事物置于拜物教之上（Pietz, 1988）。人们认为，观者能够辨认出不同的货币，不仅标志着物品具有可辨认度，也表明了观者的智力成熟度。一些货币（和它们的使用者）被认为更"先进"；而另一些货币及其使用者则更"原始"。让-雅克·卢梭几十年来一直依靠特蕾莎·莱瓦瑟（Thérèse Levasseur）管理自己的家务安排，但他仍然嘲笑她"乏味无聊"，并抱怨说"她永远无法了解任何国家的货币之间的不同价值"。[6]18世纪的欧洲船只从印度洋携带了大约100亿枚贝壳（小型海生蜗牛状动物的遗骸）返回欧洲和非洲西海岸，但这些船只的船长主要将这些贝壳看作压舱物，并嘲笑那些把它们当作货币来珍视的人（Hogendorn and Johnson, 1986）。甚至在写到钱币收藏家时，约瑟夫·艾狄生（1710年《一先令历险记》的作者）也坚持要将具有高尚道德动机的收藏家和那些庸俗的爱好者区别开来（Alvarez, 2005）。

* * *

在启蒙时代使用的许多交易媒介以不同的方式使价值变得可见。我们将在本章余下的部分仔细探究这些交易媒介，证明货币的价值绝不仅仅是数量的问题。有些货币对象本身就表示了数量，有些货币数量可以很容易地计算和计数出来，但数量并不是18世纪的人们在观察货币时唯一（以至首先）看到的东西。这一时期的各种货币，无论是否印有肖像、刻有铭文，还是留有明显的空白，也给持有、交换和收藏它们的人提供了实质性的视觉暗示，这些暗示有关道德、社会、情感和审美价值。

硬币可能是18世纪最容易被识别的货币对象，但个人与硬币的互动远比高雅艺术中硬币的再现形式暗示的更为多样化。例如，男人和女人都可以信誓旦旦地宣称能通过视觉来识别单个硬币。在一次审判诉讼中，一位女士告诉伦敦法院，1767年冬天，她和丈夫在国王公路上遭到袭击，并被抢走了一个"绿色的丝质钱包……（里面装有）一个西班牙元，一个有威廉国王和玛丽女王双人头像的半克朗，一枚价值 4 先令 6 便士的金币，一枚价值 5 先令 3 便士的金币和一些银币"。被告辩称，在他身上发现的金币是他自己的，是他八年前从纽约带过来的，但当检察官要求他读出硬币上的发行日期（1764 年）时，这一辩解产生了适得其反的效果。庭审时，原告又拿出一枚硬币，说："我相信这和我钱包里丢失的钱是一样的……因为那个硬币差点被打穿一个小洞，所以我才能确定这一点。"关于 70 年前铸造的那枚半克朗，她的丈夫作证说，他是"大约七年前把它当作爱情信物"送给她的。这一场审讯揭示了日常生活中货币视觉文化的丰富性和复杂性：人们将外国发行的货币与本国发行的货币区别开来（但又将它们放在一起），他们用其缺陷和磨损标志来区分个别硬币。同时，人们也收藏其他货币，把它们作为纪念品以及可以轻松携带的爱情信物（*Old Bailey Proceedings Online*, trial of Joseph Guy）。

相比之下，对于发行硬币的政治体来说，硬币尤其是大面额的金币和银币，最重要的是维护它的合法性。作为一种特殊的主权标志，欧洲不同王国使用的硬币在视觉上具有许多方面的一致性。例如，1710 年的一枚英国先令和 1765 年的一枚法国埃居①，都在硬币正面描绘了君主的半身像，在硬币反面描绘了一面或数面盾牌。这两种货币都有缩写的拉丁语铭文，并且它们的声明几乎完全相同，以致

---

① 埃居，法国硬币名。最初在 13 世纪三四十年代由法王菲利普六世铸造的金币，被称为大埃居。路易十三后来于 1641 年将埃居改为银铸币，这种埃居被称为小埃居。后来的法国文学（如《基督山伯爵》）中提到的埃居一般都是银埃居。1 埃居（银币）=3 里弗尔。

于形成了相互竞争的情况：安妮女王的先令宣称她作为"英格兰、法兰西和爱尔兰的女王"的统治是"蒙上帝之恩宠"，而路易十五的硬币则宣称他"蒙上帝之恩宠"而统治"法兰西和纳瓦拉"（见图5.6）。埃居的背面还刻有一句铭文：拉丁文缩写为"称颂上帝之名"。肖像和铭文都暗含了一种思想，即货币的价值来自其作为统治者被神授予的权威象征的地位。价值来自印记（如同生命源于上帝），虽然承受印记的物质材料理想上应该和君主一样闪亮且具有光泽，但不一定非得如此。在许多方面，这是一种以理性为中心的政治和经济神学（即一种以语言和名称为中心的神学——"称颂上帝之名"），而不是唯物主义的神学。

图 5.6 路易十五埃居（1765），正面刻有路易十五像以及"蒙上帝之恩宠，法兰西和纳瓦拉国王"字样的铭文，反面刻有"称颂上帝之名"字样的铭文
来源：马里兰州贝塞斯达南部边界货币公司

启蒙时代的铸币刻有丰富的君权神授的语汇和意象，也带有关于其人类铸造者的微小却重要的痕迹。作为在特定时间和地点制造的金属物品，硬币上标明了铸造日期，还带有一个铸币厂的小标志。对深谙其理的"阅读者"来说，铸币厂的标志讲述了不同的故事：法国硬币正面的半身像正下方的标志，字面上表明这个埃居是由法国30家铸币厂中的哪一家铸币厂铸造的，而在英国的硬币中这类标

志则表明金属的来源（金银币的铸造已经在伦敦塔被集权控制了一个多世纪）。然而，硬币上没有标记出，甚至连最敏锐的眼睛也看不见货币的价值象征。1710年的一英镑值多少先令？一枚1765年的埃居值多少利弗尔（字面意思是"磅"①）？在这些问题上硬币是沉默的，因为在法律上，君主有权设定硬币的价值。在中世纪和近代早期君主制国家中，国内法律规定由王室法令（不是由物体本身的物理质量或是任何其他性质，无论可见还是不可见）决定硬币的合法交换价值。准共和国瑞士各州发行的铸币在这样的背景下呈现了一个有趣的变化：例如，巴塞尔的杜卡特币正面描绘的是城市的纹章动物（蛇怪）而不是任何一位统治者，而反面则清楚地标明"新杜卡特，巴塞尔共和国"。

在君主统治的领土之外，也可以发现其王国的硬币。例如，伦敦刑事法庭的记录显示，18世纪英国的入室行窃者和强盗掳走了一些先令和几尼，还包括托斯卡纳克朗（1716年9月时价值4先令6便士）、西班牙元，以及英国君主发行的超过一世纪之久的数个硬币〔1753年，约翰·斯图布斯（John Stubbs）被扣押，失去了一枚价值6便士的伊丽莎白女王先令〕。瑞典元（由铜制成，以重著称）也出现在被盗物品清单中，其中一些外国硬币显然是作为纪念品运抵英国的：寡妇伊莎贝拉·摩根（Isabella Morgan）在法庭上作证说，她有一元钱，是她丈夫五年前从西班牙回家时带给她的。我们无从得知这枚硬币第一次被带到英国时是否被仔细地查看过，但当摩根试图用它买啤酒时，酒馆老板、一位店员甚至一只笼中的鸟都仔细地看了看——所有人都一致认为，不应该接受用它来付款（*Old Bailey*

---

① 一个标准利弗尔代表一磅银。

Proceedings Online, trial of Mary Gathney）。这告诉我们，18 世纪的人们甚至在观察最明显的货币物品（铸造硬币）时，也会认为它们不是完全可互换的（fungible）。此外，动词也很关键：他们看出了（*saw*）硬币的不同之处——大多数视觉艺术家，无论他们再现的是贮藏的银币还是阵雨般的金币，都没有捕捉到这一差异。

尽管大多数欧洲国家严格禁止出口硬币（一种如今有时被错误地称为"重商主义"的政策），财富的创造和流通仍然能够跨越领土和疆界。这要归因于海外殖民地的增长，国际贸易的扩张，以及伴随这两者而来的持续不断的战争。商人严重依赖信贷和汇票（会在后文提到），但有两种特别的欧洲硬币成为远超欧洲范围的货币感官文化的一部分。例如，玛丽亚·特蕾西亚塔勒银元最初是供哈布斯堡帝国在本国使用而发行的，它与安妮女王的先令或路易十五的埃居有着许多相同的视觉特征（见图 5.7）。在正面，她的半身像围绕着一句缩略的拉丁文铭文（"玛丽亚·特蕾西亚，蒙上帝之恩宠，罗马帝国女皇，匈牙利和波希米亚女王"）；在背面，帝国的双头鹰被另一圈拉丁语铭文环绕（"奥地利女大公，勃艮第女公爵，蒂罗尔女伯爵"）。上面标明了铸造年份，但没有数字或文字表明其货币价值。这种大银币（直径约 1.5 英寸，重约一盎司）在中东、黎凡特和非洲被接受作为货币使用。玛丽亚·特蕾西亚死后，这种大银币仍继续被这些地区的人们使用并珍藏（尽管当时奥地利铸币已经被重新设计，货币上描绘的是她的继承人）。在 19 世纪，甚至在 20 世纪，玛丽亚·特蕾西亚银元是作为一种"贸易币"而被制造出来的——任何商人都可以把白银带到一家铸币厂（包括罗马、伦敦、巴黎和孟买的铸币厂），要求将白银铸造成玛丽亚·特蕾西亚银元（都标有日期"1780"，即她去世的那一年）——这也成为阿拉伯文化和奥地利文化的一部分。这种银币有许多阿拉伯语名字，其中的一些，如 abu nuqta（"带点的银币"）、abu tayr（"有鸟的银币"）和 abu reesh（"有羽毛的银币"），表明它的意象和视觉冲击如何构成了其价值的核心。它的大小和清晰刻印的尊贵女性肖像使这种银元像珠宝一样广受欢迎，并在阿曼、也门、埃塞俄比亚等多国散播一种富饶的魅力。这种银元被制成吊坠或缝在衣服上，成为时尚的一部分，并被用作市场上的标准砝码，用于计量数量和价值（Semple, 2005）。这种货币最初是以神圣罗马帝国的名义发行的，但这并不妨碍英国殖民政府在 20 世纪将它们与玛瑙贝壳和马尼拉币（一种马蹄形的金属手镯）一起被归类为"原始货币"（Tschoegl, 2001: 448）。

图 5.7 玛丽亚·特蕾西亚银元（1780）。这种银元在玛丽亚·特蕾西亚去世后还铸造了 150 多年，可能是第一种全球货币

在 19 世纪和 20 世纪因玛丽亚·特蕾西亚银元盛行而黯然失色的西班牙帝国元或塔勒（也称"八块"，之所以这么叫是因为这种硬币价值八雷亚尔），其在启蒙时代的国际声望可与玛丽亚·特雷西亚银元匹敌（见图 5.8）。这些几乎像玛丽亚·特蕾西亚银元一样大而沉重的西班牙殖民地硬币，是在银矿大量开采的地点或附

近——波托西（今天的玻利维亚）、利马（秘鲁）、墨西哥城——铸造的，既充当货币，也作为大众宣传工具使用。与其他的欧洲金币或银币一样，这种硬币的正面有一句缩略的拉丁语铭文，宣称在位的西班牙君主是"蒙上帝之恩宠，西班牙和印度群岛国王"。然而，硬币的背面图像显示了更大胆的主张：1772年之前发行的硬币描绘的是西班牙皇冠，覆压在西半球和东半球的地图之上，并刻有一句拉丁语铭文，宣称"两者（半球）为一体"〔both（hemispheres）are one〕。赫拉克勒斯柱（标志着直布罗陀海峡入口的海角，并且是16世纪以来西班牙君主制的象征）构成了地图的框架，立柱顶端装饰着另外的皇冠，立柱表面缠绕着一面旗帜，旗帜上面标有拉丁语铭文"通向更远方"（Plus Ultra）。西班牙元（就像玛丽亚·特蕾西亚银元）的流通范围远远超出了其君主制帝国的疆土，其价值被远远超出其原产地的人们珍视，原因既有视觉上的，也有非货币意义上的：阿拉伯和黎凡特南部的贝都因人和费拉欣人将称为"带柱子的银元"的硬币用作医疗护身符（Saidel and Barakat, 2007）。

图5.8 西班牙元，也称"八块"（1739）。用旗帜包裹的柱子据说是美元符号（$）的起源

玛丽亚·特蕾西亚银元和西班牙元的广泛流通似乎都证实了

18世纪"它叙事"①的一个重要前提：货币的旅行。然而，据我所知，没有任何一位小说家把这两种硬币当作主角。奥地利元和西班牙元既不能相互兑换，也不能与其他银币互相兑换。法国和英国的作家显然没有把这两种硬币视为独立的个体，而他们却将自己国家的银币变成小说中栩栩如生的叙事者。在一双眼睛里显得与众不同的东西，在另一双眼看来却几乎毫无影响。

＊＊＊

硬币是货币简便的视觉表达，但在启蒙时代的欧洲，硬币并不是唯一的支付方式、交换手段或价值储存方式。由于原材料短缺（西欧大部分地区没有自己较大的金银矿床），铸币厂的铸币量不足以满足经济不断增长的货币需求。因此，早期的全球化、工业革命的头几十年以及战争的耗费都不是由现金流支撑的，而是由国家信用、个人信用、私人发行的代币以及（在英格兰和苏格兰）银行发行的纸币支撑的。在欧洲的海外殖民地，有更多种类的交易媒介被广泛使用。

我们无法盘点这一时期使用的所有不同形式的"纸币"。[7] 即使在英格兰和威尔士，国家特许的英格兰银行（成立于1694年）在发行货币方面也只是一个准垄断机构，整个18世纪，"地方银行"（钻了银行章程的漏洞的小公司）的数量都在增长。到了19世纪的第一个10年，出现了700多家这样的地方银行，其中几乎每一家都发行了自己的银行券。英国在北美的每个殖民地都有自己的纸币，一些

---

① 它叙事，又称"它叙述"，18世纪末流行的一种叙事文体。这种叙事是对新兴工业化资本主义市场结构中流通的物品的描述，通常以第一人称的方式从物品的角度进行描述。

殖民地授权的"土地银行"也发行纸币（向抵押地产的个人发行纸币）。在法国，永续年金（rentes）既可转让，又被视为价值的可靠储备，因此在法律上被视为不动产（Spang, 2015: ch.1）。奥地利君主制的银行券（*Banko-Zettel*），由皇室发行，并承兑所有的税收和行政费用，也在加利西亚和哈布斯堡帝国的匈牙利土地上流通。在整个欧洲乃至更远的地方，商人们使用汇票跨越时间和空间转移资金，但汇票本身也经常被用作一种支付手段。即使是个人的借据也可能（而且的确有被）转让给第三方。下文的分析并不试图对这种多样性展开解释，而是考虑这些对象如何表明价值，以及它们对谁有价值。

与铸币金属一样，纸质交易媒介也遵循货币的类型规范，这大大提高了它们的视觉清晰度，从而使它们更容易流通。如果说硬币使用者是根据硬币的"生命"历程（磨损、改变、流通），以一种发行者从未想过的方式辨识硬币，那么纸币的独特性则是发行者在纸币流通之初精心设计好的，无论是私人发行的还是公共（政府）发行的都是如此。17世纪中叶，伦敦的金匠们开始发行票据，以兑换他们保管的硬币和金银块，当然，他们会详细地登记其价值、持有者的姓名以及这些物品的名目。当一位商人签署一张汇票时，他也会对此进行详细的记录。（没有一个商人会指望他在某个遥远城市的所有同行都能按他的要求兑现！）这些票据和汇票的价值取决于签发它们的特定个人的声誉，这些个人的地位不是来自神权的委任，而是源于他们的个人历史。在这一点上，至少他们的名字——而不是上帝的名字——才是最重要的。

同样，当国家特许的英格兰银行在18世纪初开始发行银行券时，也有意赋予了银行券明显的独特性（见图5.9）。银行券印有

"需要兑换时,我们承诺向＿＿＿先生或持票人支付 20 英镑,伦敦,172＿＿年＿＿月＿＿日"等字样,并留有出纳员签名的空间,这种银行券在许多方面看起来更像支票,而不像 20 世纪或 21 世纪的纸币。尽管承兑税款支付赋予了银行券与金匠出具的票据截然不同的法律地位和公共功能,但银行券还是通过模仿金匠出具的票据的外观形式获得了清晰度。此外,虽然银行券上印刷的"或持票人"一词是指银行券在法律上属于任何持有者,但由于有法律先例(在私人汇票的情况下成立),出现违约时,票据上签名的任何一个人都可能被起诉要求付款,因此银行仍然依照惯例将银行券签署给指定的个人。[8] 对于银行券而言,只是出现一连串可靠的署名者,就有助于使其变得可信;但对于硬币而言,即使具备同等程度的独特性,它也可能显得非常可疑。即使纸质交易媒介的流通量在整个 18 世纪都在增加,但它的视觉标志表明其作为两个个体之间自由订立的关系具有持续的法律地位。1793—1794 年,法兰西共和国仅在几个月内命令指券和硬币按面值流通;直到 1833 年,英格兰银行的银行券才被宣布为偿付所有债务的法定货币。

图 5.9　英格兰银行银行券（1725），早期的银行券虽然仅有部分内容是印刷上去的,但在视觉上属于汇票的手签文化
来源：英格兰银行行长和公司

18 世纪的银行券上很少会出现图像，它们属于汇票的视觉文化，而不是铸币的视觉文化。苏格兰皇家银行在 1727 年发行的 20 先令银行券上，添加了年轻的乔治二世的雕版半身像（见图 5.10），这标志着一项突破性的创新。该半身像清晰地复制了约翰·史密斯（John Smith）1717 年的铜版画（伦敦国家肖像画廊），它是根据戈弗雷·克内勒（Godfrey Kneller）爵士所绘的全身像（完成于 1716 年，当时的乔治还是威尔士亲王；现收藏于汉普顿宫）绘制的（Royal Bank of Scotland, 2017）。《联合法案》颁布仅仅 20 年后，在伦敦对苏格兰的控制尚且十分微弱的时候，苏格兰皇家银行的第一任董事〔阿奇博尔德·坎贝尔（Archibald Campbell），伊莱伯爵；同时也是苏格兰的不管部长①〕加上了这幅肖像，以强调新银行对英国汉诺威统治

图 5.10　《威尔士亲王（乔治二世）肖像》，约翰·史密斯绘，铜版画。苏格兰皇家银行在其银行券上复制这张乔治二世的肖像画，意味着银行券的价值来自他的主权权威，1717 年
来源：伦敦国家肖像画廊

---

① 指政府中不专管某一部事物的部长级官员。——编者注

者的忠诚。（相比之下，被广泛怀疑同情斯图亚特叛乱者的竞争对手苏格兰银行遵循了只有文字的惯例。）因此，这张银行券就其来源和价值形式传递出双重的、内在矛盾的视觉信息：银行券的价值是来自在它上面署名的不同个体的声誉（每一张银行券都不相同），还是来自主权政府（所有银行券都一样）？

* * *

法律禁止从欧洲出口硬币，物流方面难以大量运输硬币，这意味着欧洲的海外殖民地拥有特别多样化和复杂的货币体系。北美的英国殖民者用英镑、先令和便士来计算账目和保存记录，但硬币乃至纸币都很少用于交易当中。（一位富有的新英格兰人记录了现金支付占其全部商业交易的23%，这是一个出人意料的高比例数字）（Vickers, 2010）。商店和酒馆的老板通常会向他们已建立合作关系的商业伙伴和购买低价值商品的老客户提供信贷，双方会约定账单在月底、季末或年末支付。因此，账簿和分类账也是货币视觉文化的重要组成部分。[9] 例如，约翰·辛格尔顿·科普利（John Singleton Copley）在1765年为约翰·汉考克（John Hancock）所作的肖像画（现藏于波士顿美术馆），描绘了他几乎处于完全无遮掩的环境中的情景，只见他坐在一张小桌子旁，一只手拿着鹅毛笔，面前的书架上立着一本巨大的分类账。[10] 在这一点上汉考克的生平与霍加斯描绘的"汤姆·雷克韦尔"并无不同：他的财富是继承而来的（他的叔叔,即财富的赠予者,曾管理过波士顿最大的跨大西洋航运公司），此后基本上忽略了生意。然而，与汤姆不同的是，汉考克有能力管理自己的形象。因此，他让科普利为自己描绘的形象不仅仅是在记账，而且是将要在右手页上做一个条目（在那里记录贷方）。

与此同时，他的左臂遮住了记录他债务明细的分类账页。

英国和法国的北美殖民地一直现金匮乏，因而比索或"八块"（前文提到的西班牙元）广泛流通，很少有人（如果有的话）认为它们是外国货币。在那里烟草可以大量种植，是一种主要的出口作物，也是一种常见的支付方式和交换手段。例如，在18世纪中叶的马里兰州，债务、费用、税收和工资都是以烟草来计算的（Schweizer, 1980: 556）。将烟草看作货币并且知道它的价值，不是单凭视觉就能完成的。正如给不同烟草品种（甜香味、光叶、不浓的奥罗诺科）命名所表明的那样，区分一个品种与另一个品种需要动用视觉、触觉、嗅觉和味觉。随着烟草检验法的出台（Virginia, 1730; Maryland, 1747），这些商品货币均受到品质控制（相当于对铸造硬币进行鉴定），由检查人员开具的库存烟草票据本身就成为一种流通的交换媒介。检验法既规范了烟草货币，又建立了专门的感官制度：检查官和他的工作人员在评估货物时必须运用他们所有的感官，但烟草票据仅凭视觉就可以识别。

在烟草未被广泛种植的新英格兰和大西洋中部的殖民地，其他商品也以类似的方式作为货币使用。一份1700年的请愿书中提到，"宾夕法尼亚、东泽西与西泽西，和纽约"的殖民地居民只能用"毛皮、鲸须和鲸油"来支付从英国进口货物的费用，并暗示如果英国不批准建立殖民地铸币厂，殖民地居民只能停止购买英国商品（"Memorial from Proprietors and Inhabitants of the English Colonies in North America" 1700, cited in Chalmers, 1893: 12）。在20世纪，欧洲作家（经济学家和早期人类学家也同样如此）将动物的毛皮和贝壳定义为"原始"货币，但在18世纪，正是欧洲的殖民扩张和商业扩张推动了它们日益广泛的使用。

贸易和军事活动也促进了纸币更广泛的使用。马萨诸塞殖民地发行了第一种北美纸币（1690），用以支付军队企图入侵魁北克的军事行动的返程费用。[11] 当时，马萨诸塞作为一个独立殖民地的特许已经被撤销（部分原因是它违反了铸币法），其殖民地代表声称，没有任何法律依据"支持"这些纸质工具支付款项。相反，马萨诸塞发行票据的价值来源于两份承诺未来支付的印刷声明："这张五先令的锯齿状票据（indented bill）是马萨诸塞殖民地欠给持票人的，其价值应当与货币相等，并应相应地予以承兑……所有的公共支付款项。"与当时其他的流通票据一样，马萨诸塞发行的票据不是货币，而是支付货币的承诺（换言之，是一种信贷工具），视觉标志的独特性对于建立它们的可信度至关重要。出于这个原因，这些票据都有签名，而且是"锯齿状的"——看起来就像是从一整张票据上撕下来的，相匹配的存根仍然保留在发行人手中（Goldberg, 2009）。一张锯齿状票据（就像仆人的"契约"）代表了两个独立个体之间的具有法律约束力的合同。在后来的几十年里，由于时间和大规模制造的压力，在每一张不同的票据边缘切割锯齿变得不切实际。尽管如此，"indented"这个词还是作为独特性和合法性的承诺出现在票据上（见图5.11）。

在英属的北美殖民地，货币的视觉文化借鉴了印刷文化，也沿用了与奖章、铸币或古钱币相关的传统。分数面值、用文字拼写的数值和罗马数字（比阿拉伯数字更难伪造）组成了文字密布的纸币（Cohen, 1993）。当图像出现在纸币上时，它们就被当作了防伪技巧。最早由本杰明·富兰克林（他在宾夕法尼亚州、新泽西州和特拉华州印刷纸币所获的收入，可能比他印刷各州的法律或殖民地议会的议事录获得的收入要多）开创的一种常用的技术，是在纸币的设计中加入一片真正的树叶（见图 5.12）。这可能是通过把叶子压入石膏，然后用石膏铸模来制作金属印板来实现的。这种方法依赖于自然的独一无二，将合理性赋予人类和文化产物之中（Library

图 5.11 特拉华州面值 2 先令 6 便士的银行券（1776 年 1 月），正面，纸面上有油墨签名
来源：圣母大学图书馆特别收藏部

图 5.12 宾夕法尼亚州面值 15 先令的银行券（1759 年 4 月），背面，油墨签署。本杰明·富兰克林巧妙的防伪技术，包括用真正的树叶印刷纸币
来源：圣母大学图书馆钱币捐赠处，罗伯特 H. 戈尔，特别收藏部

Company, 2006, 2014；Trettien, 2016）。正因为世界上没有两片相同的叶子，所有的纸币才都可以用同样的方式处理。

* * *

启蒙时代的货币是什么样子的？为了回答这个问题，本章通过对两种显著且易见的材料的研究，找到了两种截然不同的答案。在今天被归为高雅艺术或美术的作品（主要是绘画，但也有印刷品）中，货币在很大程度上被表现为同质、可互换、由铸造金属组成。智慧的人善用它，愚昧的人挥霍它，但货币本身都是一样的。这种思考货币的方式不仅是一种简便的艺术速写：它对政府和理论家来说充满了吸引力，在新兴的经济学领域和更普遍的 19 世纪自由主义思潮中发挥了至关重要的作用。然而，当我们考虑到特定的交易生态和交易的微观技术时，我们还发现了一些别的东西。通过观察对象本身并了解它们的功能，我们发现了货币的可变性及其社会特殊性。假如经济学告诉我们所有的货币都是一样的，那么历史会向我们讲述一个截然不同的故事。

第六章
Chapter 6

货币及其阐释：早期美国的纸币

詹尼弗·J. 贝克（Jennifer J. Baker）

1690 年，马萨诸塞州殖民地时期的州议会成为西方世界第一个发行纸币的政府。北美东海岸没有金矿或银矿，采取重商主义政策的英国试图从殖民地运送金属硬币到大城市以解决贸易债务，这一政策极大地限制了殖民地的硬币供应。为了应对硬币长期短缺的局面，在使用政府发行的纸面工具之前，殖民地居民一直依赖于以物易物、借条、其他欧洲国家的硬币和各种试验性工具（如新英格兰的贝壳串珠和南部的烟草）进行交易。

马萨诸塞州的纸币不同于欧洲现有的纸面工具，如银行券和汇票，这种纸币印制的目的是为远征魁北克的军事行动提供资金，除了议会的命令之外，其背后没有任何实物支撑。这种纸币虽然以西班牙元和英镑计价，但只能用来抵税。1712 年，州议会宣布这种纸币为法定货币（Newman, 1990: 1）。长期以来，欧洲货币理论家一直将象征性的商业票据和它承诺兑换的"真正的"金属货币区分开来，但马萨诸塞州的纸币只通过有效地构建其所应该代表的价值，便模糊了这一区分。每个英属美洲殖民地发行自己的公共纸币只是时间问题，而在 1775 年，大陆会议（the Continental Congress）为了解决殖民地争取独立的资金问题，开始发行印刷纸币，支撑其货币价值的不是金属储备，而是预期的税收。

倡导者称赞纸币是一种适用于企业发展的创新资源，也是一种社会和个人都可以用来超越其物质资本限制的工具。他们主张，如果抽象的论证、语言和信用能将纸币转变成一种交易媒介，那么就没有必要依赖金属硬币了。在这一意义上，纸币是启蒙思想和智慧的产物：通过这种方式扩大货币供应，社会可以促进贸易、刺激经济增长，并减轻债务人的负担。

从殖民地的角度来看，这些倡导者经常把他们的货币试验称为新大陆的创新。正如鲁滨逊·克鲁索（Robinson Crusoe）[①]得出的结论，对于一个被困在荒岛上的人而言，一把刀比一堆金属硬币更值钱。许多殖民地居民认为，他们的地理迁移可能会促进，乃至需要以新的方式将货币的价值和运作方式概念化。殖民地严重缺乏金属原料和流通的硬币，但这些殖民地居民有精力，有开创精神，还有新兴的印刷技术。批评者坚持认为，纸面工具任何时候都必须始终保持完全可兑换——约翰·亚当斯（John Adams）[②]后来宣称，超出金库中金银的确切数量发行的每一分钱，都是在"欺骗某个人"——但对于那些相信殖民地和新国家经济潜力的人来说，纸面工具的可兑换性很可能只是时间问题（Adams, 1809: 610）。

和亚当斯一样，大多数反对者谴责发行纸币是一种愚蠢的行为，这种行为体现了虚假的价值主张。同样令人担忧的是，构成债务的

[①] 鲁滨逊·克鲁索是丹尼尔·笛福创作的长篇小说《鲁滨逊漂流记》中的主要人物，拥有不畏困难、积极进取的创新精神。——编者注
[②] 约翰·亚当斯（1735—1826），美国第二任总统。——编者注

纸币背后没有抵押物担保，从这个意义上讲，纸币有可能削弱并腐化社会功能，对个人也是如此。在围绕 18 世纪美国货币展开辩论的大量文献（政治论著，也包括诗歌、小说和各种体裁的文学作品）中，与"自治"相关的各种竞争性观念显得利害攸关。虽然这些文学作品颂扬了殖民地自给自足的前景，并在后来颂扬了民族独立，但关于债务应该在多大程度上成为实现这一目标的工具，则众说纷纭、莫衷一是。而那些接受将巨额公共债务作为战时措施的人们，就是否应该将其作为国家经济的永久性组成部分进行了激烈的辩论。此外，通过向个人提供信贷促进个体独立，纸币的使用在早期美国社会也引发了关于机会和社会流动性的辩论。支持者吹嘘纸币是具有进取心的人自我发展的一种手段，但反对者谴责纸币是社会动荡的根源，并将纸币的使用与欺诈和语言操纵联系起来。

  这些争议往往反映出人们如何定义一个健康发展的国家的不同看法。在精英政治圈中，一个适度自治的共和国所需的公民美德被认为存在于由土地所有者构成的统治阶级中，这些土地所有者的财富与市场无关。按照这种古典共和主义，任何对债权人或投资负有义务的人必然会遭遇道德损害，并容易受到各种外部势力的影响，因此公共的纸面信贷形成了错综复杂的债务网络，损害了政治和公民权。[1] 但反对者坚持认为，财富集中在少数人的手中，会破坏共和国的权力平衡，按照这种逻辑，信贷对小规模农场主或技工实现独立的能力具有重要的促进作用，能够创造更健康的财富和权力分配。这种对共和主义的第二种理解认为，信贷是一种暂时的依赖形式，从长远来看，信贷可以促进社会的进步。对于那些坚持第二种观点的人来说，私有化的国家银行的出现，标志着革命后的社会进步严重受挫。私有化的国家银行往往有利于富裕的精英阶层，而限制对社会底层的信贷发放。

此外，有一种观点令讨论变得更为复杂。这种观点认为，永久负债在经济上、政治上和社会上都可能是有益的。整个18世纪，各种各样的作者都在赞扬纸币通过建立相互依存的网络，增强了社会凝聚力。他们辩称，看似脆弱、没有金属硬币支撑的货币会将买卖双方的财富联系在一起，并使人们对社会产生信心，这种信心对于维持纸币的价值而言是必要的。在后革命时代，持续借款——如果附加偿债义务的前提——也被认为是一种手段，通过这种手段，国家可以向其公民和其他国家证明其信誉。

在19世纪初，亚历山大·汉密尔顿（Alexander Hamilton）的美国银行正式发行了一种永久公债，该银行利用富裕客户的支持来提高美国的信誉。尽管汉密尔顿本人秉持着高标准的公民道德，但他很乐意助长精英共和党人所说的"腐败"，以便通过金融的相互依存关系加强国民经济。然而，当汉密尔顿试图利用私人利益达成实用目的时，这一时期的文献却常常质疑"这类私人利益损害了一个人的诚实正直"的假设。一些著作质疑了"任何人都可以超越私人利益"的观念，另一些研究则思考了在管理公共生活的过程中，保持不偏不倚和情感中立是否可取。作家们用积极的情感术语重塑"利益"一词，以此作为志同道合的基础，他们努力想象财务牵连所带来的依赖关系，是如何有可能成为一个新的国家的公民人格、社会关系和政治代表性的新形式的基础。

资助独立

1690年马萨诸塞州的纸币发行从一开始就备受争议。发行这样一种没有实物支撑、不能立即兑换的纸币，让人对政府的诚信产生了怀疑，而政府在货币贬值时频繁调整其价值的做法，在反对者看来，表明了政府不能信守其承诺。州议会堂而皇之地使用了"期限"（tenor）这样的措辞来重估其货币价值，并因此改变了其最初承诺的主旨：1737年，"旧期限"被"新期限"所取代，仅仅五年后，当有必要再一次重估货币价值时，"新期限"又变成了"中间期限"。[2] 从本质上来说，马萨诸塞州的纸币发行是一项为殖民地获得资金争取时间的措施，该措施也加剧了清教徒社区对每一代人都在倒退的担忧。一位匿名的小册子作者哀叹殖民地的债务，他讽刺地宣称，"我们找到了一种简单的方式来偿还债务，就是把马鞍从自己的背上卸下来，放到我们的孩子们的背上"（*Second Part*, 1721: 311）。

殖民地时期和早期美国的货币思想家们非常严肃地看待这样一种观念，即以物易物是一种烦琐的交换方式，是原始社会的标志。由于硬币稀缺，物物交换成为必要的交易形式，因而纸币提供了一种具有吸引力的货币化交换形式，这种形式基于读写能力、账目计算和抽象会计单位。清教徒牧师科顿·马瑟（Cotton Mather）认为，金属货币只是"不懂写作和算术"的人所必需的一种交易符号，因此，写作和计数技能的普及会使金属货币不再是"自负的必需品"。马瑟补充说，一个受过良好教育的人同样可以通过会计单位轻松地结算债务，而纸币还有一个额外的优势，那就是作为一种商品它毫无价值，其转移"不涉及白银的巨额总和"的方式能抑制人们对钱财的热爱和囤积（Mather, 1690: 190–1）。弗吉尼亚州的小册子作家佩顿·兰多夫（Peyton Randolph）也提出了类似的观点，他认为金属货币会唤起本能的冲动，而纸币唤起的则是理性和信任。与"理性交易者"不同的是，守财奴"在计算和仔细研究他的金几尼时获得了难以言喻的快乐",而且他们无法明白货币媒介的符号功能(Randolph, 1759:15)。

1767年,本杰明·富兰克林面向英国官员为美国纸币辩护。他指出,殖民地没有硬币来发行可兑换的银行券(他的原话是,"见票即付现金"),但纸币会成为"巩固一个新地区的优秀机器"(Franklin, 1767: 34; 1765: 53)。1750年,英国议会下令要求马萨诸塞殖民地收回其信用券时,印刷商约瑟夫·格林(Joseph Green)也在小报①上刊载了一首民间歌谣,唱着类似的赞歌。格林的《旧期限的临终演说》由一张拟人化的纸币唱出,这张纸币提醒殖民地居民,"他"帮助居民们巩固了他们的土地("为了给你们保暖,我为你们建造了房屋/为了让你们能耕种土地,我还为你们买了牛"),资助了他们的战争("实际上,我为你们购买了枪支、战鼓和刀剑"),并减轻了债务人的压力("我帮助了处于困境中的穷人/安抚了寡妇和孤儿")(Green, 1750)。

和其他纸币倡导者一样,富兰克林强调了在现金匮乏的社会中,纸币为社会进步和企业发展提供资金的能力。他把这种货币—金融性质的投机活动理解为"开发"(projects),丹尼尔·笛福曾在1697年的《论开发》(*Essay upon Projects*)一文中使用该词。富兰克林在他的自传中引用了这篇文章,认为该文章对他的慈善事业具有重要影响。和笛福一样,富兰克林认为开发(projection)是一种投机行为,但这种投机行为并非不诚实,而是具有创造性,可以用于公共服务。尽管富兰克林在《穷理查德年鉴》(*Poor Richard's Almanac*)中反对不计后果的借贷,但他也坚持认为可管理的风险是

---

① 原文为ballad broadside,一种印有当时流行话题或民间歌谣的印刷物。

企业发展的关键。一张 1771 年的纽约信用券描绘了三种意象——美洲印第安人、贸易行为和不列颠尼亚①——被船只、运输桶和海狸包围的场景，同样强调了纸币刺激贸易的力量（见图 6.1）。

图 6.1 1771 年 2 月 16 日，纽约发行了一张两英镑的纸币，上面印有横跨大西洋的贸易的图像
来源：巴黎圣母院，IN 46556，赫斯堡图书馆 102 房，特别收藏部

在一些大西洋中部的殖民地，殖民地居民被迫使用烟草作为交易媒介，拥护者希望纸面信用券可以消除这种以商品为基础的交易方式，减少不必要的烟草种植。仅仅为了提供一种媒介而种植的"货币作物"，造成市场供过于求，破坏了土地，而且阻碍了农业和经济的多样化。在这种情况下，纸币被称赞为一种可以减少殖民地不健康的单一栽培现象的措施，并且提供了一种不会被商人囤积居奇或者带回英国的媒介。³ 一位北卡罗来纳州的小册子作家威廉·波登（William Borden）宣称，该殖民地的自然资源"在当地建设的起

---

① 不列颠尼亚，原是罗马帝国对不列颠岛的古意大利语称呼，后又衍生出守护不列颠岛的女神名称，逐渐演变为现代英国的化身和象征。

步时期就为居民服务,同时也提供获取食物和衣服的媒介",这些资源已经"大限将至","几乎被吃光了"。他认为,一种"没有内在价值"的媒介将通过保持流通,以及刺激工业和畜牧业的发展来获得价值(Borden, 1746: 6)。在这些关于烟草的争论中,隐含着一个有关货币及购买力的更为普遍的理论:正如马里兰诗人埃比尼泽·库克(Ebenezer Cooke)在他1730年的诗作《烟草重现》(*Sotweed Redivivus*)中所写的那样,"我的那种"金钱来自哪里并不重要(不管它是来自地里、坑里还是造纸厂),"因为任何事物/不会比它所带来的东西具有更高的价值"(Cooke, 1730: 3–4)。

在称颂殖民地货币试验的智慧的同时,纸币的拥护者非常谨慎地将纸币和仅仅是空中楼阁或快速致富的计划区分开来。当詹姆斯·麦迪逊(James Madison)在1787年宣称"想象的货币"会带来的"只有邪恶"时,他表达了对非物质化的工具的不信任,这类表述在整个18世纪的反纸币论辩中已经司空见惯了(Madison, 1787: 106)。相比之下,一位马萨诸塞的小册子作者约翰·怀斯(John Wise)赞扬了人们的"思想的力量"和创造能力,这种创造能力源于公众需求,并且应用于集体利益(Wise, 1721: 210)。在概述对马里兰经济困境的改进措施时,《烟草重现》一诗中的讲述者运用了富有想象力的思考,将纸币与一种为公众服务的形式结合起来:"服从于我们的国家/我的脑海中有个计划/假使能立马执行它/建国大业便不在话下/这样我脑中疯狂的想法/就得到了宣泄和表达。"(Cooke, 1730: 4)

与波登、怀斯和库克一样,富兰克林在他1729年被多次重印的一篇文章《试论纸币的性质和必要性》中,强调了象征性权力,认为货币媒介象征"它将能获得的任何东西"——货币"对于需要衣服的人来说,它就是衣服;对于需要谷物的人来说,它就是谷物"

(Franklin, 1729: 345）。在货币发展史上，像富兰克林的小册子中经常讲述的那样，货币化的交换通过引入一个共同的等价物来衡量各方寻求获得的东西的相对价值，代表了相对于物物交换的一种进步。用当代理论家让－约瑟夫·古克斯（Jean-Joseph Goux）的话来说，媒介代表的只是买卖双方的意愿中缺失的对象，因此，在不能提供对方真正想要的东西的交易方之间，媒介起到协调分歧的作用（Goux, 1984）。哲学家乔治·齐美尔（Georg Simmel）在 1907 年写道，"第三数量"的引入标志着"货币纯粹符号化特征的发展"的一个分水岭。殖民地的纸币拥护者们将货币历史的经验应用到陷入困境的殖民地经济中，他们辩称，任何媒介都可以充当共同等价物，如金、银、皮革、烟草、珠子、贝壳等，当然还有纸币。

纸币的价值不再基于其可兑换成的金属，这一观念标志着早期英国铸币历程的终点。在整个 17 世纪，那些按面值流通的被切割的硬币，仍然持续地被接受，破坏了货币价值是来源于商品价值或法律指定的观念，相反，这表明了买卖双方在交易行为中讨价还价的能力。劣币的逐渐消失以及银行券和纸币的引入，标志着马克·谢尔（Marc Shell）所述西方货币史的总体趋势中的一个重要里程碑："面值（智力货币）与实际价值（物质货币）"之间的分离（Shell, 1982: 1）。

被切割的硬币在英国的广泛流通，证明了货币符号是如何在这种分离存在的情况下保持价值的。但是像约翰·劳、詹姆斯·斯图尔特（James Steuart）和亚当·斯密这样的经济思想家们进一步认为，实际上，这种分离可能会推动经济扩张。斯密在他的《国富论》中对重商主义银行业发表了著名的评论。他指出，一家银行的金属储备与流通银行券的比率与其保持一比一，不如保持一比四或一比五，只保留足够的储备来满足赎回需求，然后再投资以获得额外的利润。

他强调,完全可兑换实际上是经济不景气的标志,并且,如果银行能把堆积在金库中作为"死财"(dead stock)的贵金属释放出来,那么流通中的货币就可以实现双重用途(斯密倡导的银行部分准备金制度,斯图尔特十年前就提倡过,是现代银行业的一种基本制度,不是所有的存款都存放在银行里,而是再贷款赚取利息)。斯密认为,用纸币代替一部分金属硬币,可以"将大部分死财转化为活资财"(Smith, 1776: 341)。富兰克林几乎在五十年前就推广了这种银行业模式,强调纸币的好处:"本来会滞留在(银行家)手中的货币,被用于人民之中再次流通,国家的流动现金因此翻了一番。"(Franklin, 1729: 348)他并没有将纸币视为硬币匮乏的标志,而是将其视为增殖和生产力的源泉。一张 1775 年由纽约殖民地发行的纸币恰好印证了这一点,这种纸币上印有一捆小麦,小麦周围环绕着 *E Parvis Grandis Acervus*(积少成多)的格言:就像一粒小小的种子成长为一株植物一样,纸币的生产只需要支付纸张和印刷成本(见图6.2)。

图6.2　1775年纽约发行的一美元纸币上印有一捆小麦的图案和 E Parvis Grandis Acervus(积少成多)的格言
来源:巴黎圣母院赫斯堡图书馆

殖民地的财政试验为1776年大陆会议创建国家纸币奠定了基础。使用纸币资助美国独立战争的决定源于一种观念，这种观念认为，早先促进殖民地定居的公共债务现在可以用于起义。一种用于支付士兵薪饷和军事物资的国家货币，为这场冒险但有利可图的战争承担了大部分经济风险。托马斯·潘恩（Thomas Paine）[①]将这种迫切的必需品重新定义为"创造性的成果"，他在1778年吹嘘说，这个新国家已经出色地创造了货币来资助其独立："我们靠自己的发明致富。"（Paine, 1778: 51）

与将债务和依赖相联系的传统做法相反，战时殖民地和大陆纸币上的图案和格言将纸币与自由联系在一起。1775年的"手持利剑"纸币（见图6.3），由保罗·里维尔（Paul Revere）雕版，由马萨诸塞在其与英国的军事冲突开始时发行，纸币上刻画了一名手持《大宪章》的士兵，士兵身边环绕着格言"Issued in defence of American Liberty"（为捍卫美国自由而发行）。(《独立宣言》被批准后，《大宪章》就被其取代了。) 1777年，南卡罗来纳州的两种纸币也颂扬了自由（见图6.4和6.5）。其中一种纸币上的格言为SERVITUS OMNIS MISERA，意为"一切形式的奴隶制都是可耻的"（鉴于该地区奴隶制盛行，这句格言明显充满讽刺意味），另一种纸币上刻画了一只逃离笼子的鸟，鸟的周围环绕着格言UBI LIBERTAS IBI PATRIA，意为"哪里有自由，哪里就是祖国"。后来，在1790年的《关于公共信用的报告》（*Report on the Public Credit*）中，亚历山大·汉密尔顿将这种债务称为"自由的价格"，即一种为了获得

[①] 托马斯·潘恩（1737—1809），英裔美国思想家、作家、政治活动家、理论家、革命家、激进民主主义者。

政治和经济独立而进行的投资。

图 6.3　马萨诸塞州于 1775 年 12 月 7 日发行的一张四先令的"手持利剑"纸币，上面印有一名士兵的形象和 Issued in defence of American Liberty（为捍卫美国自由而发行）的字样
来源：巴黎圣母院赫斯堡图书馆

图 6.4　1777 年 2 月 14 日，南卡罗来纳州发行的一张 30 美元的纸币，上面写着格言 SERVITUS OMNIS MISERA（一切形式的奴隶制都是可耻的）
来源：巴黎圣母院赫斯堡图书馆

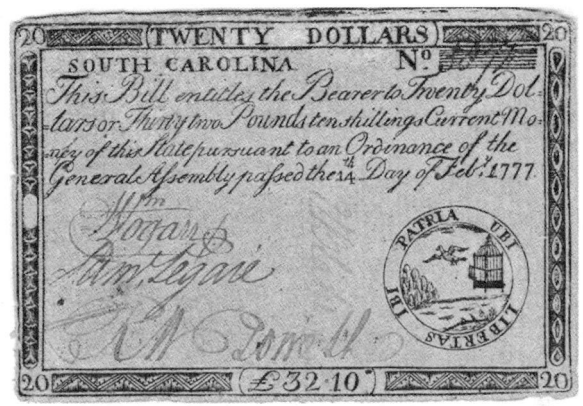

图 6.5　1777 年 2 月 14 日，南卡罗来纳州发行的一张 20 美元的纸币，上面印有一只逃离鸟笼的鸟的图像和 UBI LIBERTAS IBI PATRIA（哪里有自由，哪里就是祖国）的字样
来源：巴黎圣母院赫斯堡图书馆

到战争结束时，除了 1200 万美元的国外贷款之外，"自由的价格"，即州和联邦发行的货币总额，接近 4.5 亿美元。尽管许多殖民地居民愿意接受纸币（以及总的赤字支出）作为战时应急措施，但大陆元的滥发已经造成了令人震惊的贬值，到了 1781 年，它就彻底消失了。那一年，格林小报上的另一首歌谣《对早逝纸币的悲悼》（*A Mournful Lamentation On the untimely Death of Paper Money*）歌颂了一种寓言化的大陆元，其寿命因严重贬值而缩短："他募集了军队，并赋予我们的军队以勇气／保卫我们蒙受威胁的国家／他的英勇行为拯救了国家／并击败了无数的敌人。"这个"悲哀的故事"称颂了纸币在支持美国独立的过程中所起的作用，并批评了那些拒绝相信他的"刺客"（*Mournful Lamentation*, 1781）。

这首歌谣的作者对纸币的消亡表示哀叹，因为他设想了货币金融在战争融资方面具有持续性的贡献，但其他作者却认为，纸币的消亡对美国的成功至关重要。例如，约翰·特鲁姆贝尔（John

Trumbull）在 1782 年写下的革命史诗《玛芬加》（*M'Fingal*）中宣称，大陆元，即"证实了迈达斯国王传奇故事①"的"必然夫人"（dame Necessity）的后代，最终必须死去。在这部史诗第四篇章的描述中，纸币拄着拐杖，披着破烂的长袍，戴着一块胸牌，上面写着"全美国的信仰"，一瘸一拐地走向他的坟墓。[4] 尽管他是一位令人钦佩的爱国者，一度受到大众舆论的支持，但他必须"为国家的事业而牺牲"，并让位于更具持续性的财政措施（Trumbull, 1775–82: 208, 207, 209）。特鲁姆贝尔预见终有一天，大陆纸币将被埋葬在永恒的和平之中。

特鲁姆贝尔的这首诗表明，包括联邦制拥护者在内的许多政治领袖迫切希望尽快收回纸币。汉密尔顿与革命一代的许多成员，包括他的政治盟友分道扬镳。汉密尔顿认为，持续借款是一个国家建立信誉最有效的方式，他坚称，一个国家应通过正常的借款和及时地偿还贷款来证明自己。散文家朱迪思·萨金特·默里（Judith Sargent Murray）评论道，"守时的花环"支持"诚实人的品格"。汉密尔顿将这种逻辑延伸到各国，他认为政府"准时履行合同"将激励公民和其他国家进一步在美国投资。因为"和个人一样，政府遵守约定"并偿还债务"会得到尊重和信任"，发行公债将是在国内外建立信任的第一步（Murray, 1798: 29; Hamilton, 1790b: 532）。

汉密尔顿的经济民族主义计划深受财政家罗伯特·莫里斯（Robert

---

① 古希腊神话中，森林之神西勒诺斯和酒神狄俄尼索斯为了回报迈达斯国王的盛情款待，许诺可以实现他的任何愿望。贪财的迈达斯国王请求让自己碰到的东西都变成黄金，但他很快就感到后悔了，因为就连他的食物和水，甚至他的女儿也都变成了黄金。迈达斯在狄俄尼索斯的指示下，在河中沐浴后才得以解脱。据说后来河里的沙子中也含着金子。

Morris）的"涓滴"经济学的影响，将精英财富视为强劲的美国经济的基础。因此，他的货币政策试图将财富集中在贸易商、律师、经纪人和政治家的手中——正如在林-曼努尔·米兰达（Lin-Manuel Miranda）创作的百老汇音乐剧《汉密尔顿》（*Hamilton*）轰动一时，且近年来将汉密尔顿作为历史人物对其进行研究的兴趣高涨的情况下，许多历史学家提醒我们的那样（Frank and Kramnick, 2016）。关于早期美国货币史的学术研究也发现，在这些政策中，货币的概念发生了重大转变，货币从一种广泛可用的媒介和信贷来源，转变为富裕群体的投资机会。[5] 正如克里斯汀·德桑详细论述的，殖民地货币和大陆元是由州议会和公民一致为互惠互利而创立的共同事业，相比之下，取代它们的银行券是由政府出资发行的，但很大程度上是对提供抵押品和协助监管机构的私人投资者有利的。德桑认为，这种转变标志着"从近代早期政治经济学转向自由的政治经济学"（Desan, 2008: 27）。

特里·鲍顿（Terry Bouton）认为，货币在设计和用途上的这种转变，是美国独立战争后反民主反革命的重要组成部分。他的研究侧重于宾夕法尼亚州的战前和战后，详细分析了纸币的退出如何限制了民主党的多数人获得财政独立的机会。为了支付新银行券的利息，各地政府开征税收，并收回所有仍在流通的纸币和硬币。更糟糕的是，立法者不愿意发行更多纸币，担心这会使富人手中的纸币贬值。农民和技工抱怨说，这些政策与分配财产和促进独立的共和理想格格不入。波顿写道，他们不认为非白种人也能获得独立，但他们的抗议仍然受到当时激进思想的激励，即"革命（尤其是1776年的宾夕法尼亚宪法）赋予普通人广泛的权利来抵制威胁经济平等和政治自由的政策"（Bouton, 2007: 866）。

信贷与社会流动性

人们对国家银行业所持观点的分歧反映了他们对国家财富真正衡量标准的分歧——特别是大企业和投资者是否主要决定一个国家的经济福祉,并因此应该得到特殊保护和鼓励措施的问题。为削减纸币所做的努力也反映出人们对社会流动性深深的焦虑。在早期美国的著作中,可用信贷被誉为"企业的催化剂",但也被谴责为一种混淆视听的语言工具,具有将自我塑造成两面派的欺骗性。对国家和个人来说,要想受人尊敬,就必须对信誉进行谨慎管理,但这种对外在的关注也可能成为引起怀疑的理由。[6] 这种无担保的政府纸币,与助长了不自量力和攀附上流社会行为的债务文化之间,有着尤为密切的关系。

例如,在 1775 年的一篇题为《关于格言的使用和滥用的思考》("Considerations on the use and abuse of mottos")的杂志速写中,政府发行的纸币被拟人化为一个骗子,他声称自己实际上并不拥有财富。这篇速写以一位名叫"纸币"的人物为原型,嘲讽大陆元上面的格言口是心非。读者永远无法完全相信"纸币"所说的话,这让他们对政府和野心勃勃的新贵的言论也产生了怀疑。在另一篇题为《硬通货的表现和申辩》("The Representation and Remonstrance of Hard Money")的速写中,硬通货这个人物为他的纸币对手提供了一个陪衬。硬通货坚称,精确评估个人特质和货币价值都是精英阶层"读书人"的特权,这些人"能够认识到,第一印象往往都是骗人的,发光的不全是金子"。他被塑造为一个有"实质"的人,出身高贵,通晓各种语言(金属的广泛接受性使其广为人知)。相比之下,纸币则被指控为"假装自己很重要,仿佛他与金属硬币一样重要"（"Representation and Remonstrance", 1779: 28）。

在《关于格言的使用和滥用的思考》一文中，纸币被描写成一位印刷商的后代，这与富兰克林的身份有着惊人的相似之处，富兰克林是一位商人出身的政治家，他为殖民地和大陆货币设计了拉丁语格言和图像，因此他也很容易成为硬通货支持者的攻击目标。这篇速写将富兰克林诋毁成一个江湖骗子，这个骗子把自己伪装成博学多才之人，只会说一点拉丁语和陈词滥调，还会为了达到他不可告人的目的而歪曲言词。这些印有拉丁语格言的纸币同样宣告了一种缺少抵押品支持的价值。从最显著的意义上来说，纸币是富兰克林的发明，是费城的霍尔和塞勒斯印刷公司的产品，但纸币的起源也与贸易商之间使用的信贷有关。这些反纸币的速写是具有阶级意识的讽刺作品，其中的"实质"（substance）一词既指金属硬币的有形材料，也指土地所有者的地位和资本。

在这篇速写中，纸面信用与可疑的印刷技术也通过纸币联系在一起。印刷术使大量生产和标准化的文本制作成为可能，也给纸币、本票、报纸、小册子、讽喻小报和其他媒介带来了合法性的光环。但这也意味着人可以躲在印刷品背后，在报纸或小报中设定一个虚假的身份，而在面对面的接触中，人无法如此轻易地做到这些。并且，一张印刷纸币看似具有官方性质，但仍然会作出它无法兑现的承诺。更糟糕的是，它很有可能完全是伪造的，因为一张纸币越是标准化，越是普遍可复制，就越容易被伪造。

《无政府主义者》（*The Anarchiad*）[①] 更明确地体现了反民粹

[①] 诗的全称为《无政府主义：一首关于恢复混乱和充实夜晚的诗》（1786—1787），用以抨击那些迟迟不批准美国宪法生效的州。

主义的情绪与反对政府发行纸币的观点的结合，《无政府主义者》是特鲁姆贝尔和其他三位康涅狄格州诗人所写的一首讽刺史诗，创作于谢司起义①后。这次起义是马萨诸塞退伍军人为抗议该州糟糕的经济状况并要求减免债务而发动的。这首诗抨击了乡村的纸币支持者，并呼吁制定新的联邦宪法来规范国家的财政，诗中有一部分模仿了亚历山大·蒲柏（Alexander Pope）②的讽刺史诗《愚人志》（The Dunciad），以虚构的手法提出了一种财政上的预警，如果对纸币的狂热不加抑制，就会出现一个暴君统治时代，这些暴君以寓言化的形象出现，如混沌（Chaos）、黑夜（Night）和无政府主义者（Anarch）。

《无政府主义者》把纸币的支持者描绘成两面派的暴发户，但强制人们接受贬值货币面值的地方议会也同样邪恶。在对纸面工具以拟人手法进行的再现中，无政府主义者居心叵测地沉迷于法律语言的变革力量："公平究竟来自州议会不可饶恕的罪行，/还是来自你秘鲁金矿的黄金之中？/凭借我的创造力，迎来了新生活，/他们创造了印刷机，将厕所里的破烂纸变为货币。"无政府主义者的"创造力"本质上意味着对法律和语言的滥用。当印刷机将厕所的破烂纸印成货币的时候，法定货币法律使"不可饶恕的欺诈罪行"变得"合理"，将债务人变成了"获得许可的恶棍"（Humphreys et al., 1786–7: 15–16）。这些工具"模仿"黄金——"ape"这个

---

① 谢司起义是指美国独立战争后的1786—1787年，美国农民军和资产阶级军队在马萨诸塞州爆发的战斗。起义者要求分配土地，取消一切公私债务和惩罚穷人的法庭，由参加过独立战争的老兵谢司领导，最后以失败告终。
② 亚历山大·蒲柏（1688—1744），英国18世纪古典诗人。《愚人志》是他写于1742年的一首讽刺长诗，表现了当时英国文坛的情况。

动词意味着对上层社会的拙劣模仿——再一次暗示纸币是一种可以一眼识破的伪装，也是各地区居民追名逐利的工具。纸币的鼓吹者"自学成才"却又"目不识丁"，为了爬上上流社会而不惜颠倒语言的固有意义。

从蒲柏的《愚人志》和弥尔顿的《失乐园》（*Paradise Lost*）中引用的典故，也增强了这部讽刺作品更深层次的关切，即纸币违反了一般认定的语言诚信度，使语言本身自行其是。在从《愚人志》的第四版也是最后一版直接借用的一个段落中，"混沌"这个拟人化的人物说出了一个"毫无创生性"（uncreating）的词，它倒转了"新生国家"的创生："混沌啊，你的宪法被恢复了；/法律在它们毫无创生性的词语面前沉沦；/你的手打开了命运的深渊，/黑暗的深渊笼罩着新生的国家。"（Humphreys *et al.*, 1786–7: 36, 6–7）在蒲柏的讽刺诗中，发言者哀叹逻各斯的死亡：在《创世记》中，尽管上帝创造的语言召唤了世界，并在混沌中产生了秩序，但在语言上，蒲柏所描述的英格兰却只有"毫无创生性"的力量。蒲柏蕴含讽刺意味的哀叹，基于一种与弥尔顿的"混沌"类似的毫无创生性的行为，是针对伦敦不断恶化的教育和文学机构有感而发的。讽刺作品《无政府主义者》预言了美国的纸面信用计划会带来一场相似的语言大灾难。因为美国这个新生国家的起源，如同上帝创造世界一样，都是通过语言来实现的，所以对于一个在语言的基础之上构建的国家来说，这种腐化尤其具有毁灭性。这一节诗暗示，混沌已经可悲地恢复了，只有通过一部国家宪法合法地恢复法律和语言，扭转他这毫无创生性的局面，才能结束黑暗。

后来，甚至连限制获得信贷的私有化国家银行也引起了社会对跻身上流和颠覆等级制度的担忧。1791 年，汉密尔顿的美国银行发行第一批银行券后出现的投机泡沫就是一个很好的例子。当汉密尔顿放松购买银行股票的信用要求,以便为那些拥有较少资金的人创造投资机会时,随之而来的是一场或许可以称为灾难性的杠杆收购潮。富裕的精英群体担心投机会助长人们对向社会上层流动的幻想,并对美国社会结构造成严重的破坏。说到"不可救药"的博弈精神,托马斯·杰斐逊(Thomas Jefferson)担心地表示"泰勒在一天之内赚了几千块钱,尽管他第二天就输光了,但他再也不能满足于他那缓慢而稳定的收入了"(Jefferson, 1791: 74)。纽约参议员鲁弗斯·金(Rufus King)也表达了类似的担忧,他担心社会下层一旦被快速致富所诱惑,会放弃他们原本的工作职位。他在写给汉密尔顿的一封信中回忆道,当时的投机活动是"以一种最令人震惊的方式进行的。技工们舍弃了他们的店铺,店主将他们的商品送去拍卖,而我们的商人中有不少人忽视了这个城市中正规且有利可图的商业"(King, 1791: 60)。

为了理解对这些反民主主张的反驳论点,我们可能需要再次求助于战时的期刊文学和纸币这个角色。在两份对《硬通货的表现和申辩》的匿名回应中,纸币这个角色仍然是一位缺乏"实质"的人,但他的无实质性却以一种绝对正面的叙述倾向呈现。尽管纸币在物质价值上无法与硬通货相媲美,但作为一种印刷文本,他与伟大作家们的后裔是血脉相连的。在一篇速写中他(纸币)宣称,"假如印刷厂是我的出生地,那么曾祝福世界或为世界增色的最高贵的作品,也是在这里出生"("Answer of Continental Currency", 1779: 113)。在第二篇速写中他吹嘘自己"站在纸业家族的母亲一边;这个家族为国家所做的贡献比所有存在过的硬通货都要多"("Reply of Continental Currency", 1779: 77)。纸币的法案没有物质财富的支持,因此是法律语言力量的证明。在一种奉行宪法和《独立宣言》等文件的政治文化中，他的血统是值得颂扬的。

这个版本的纸币角色缺少财富和地位，但也正由于这个缘故，他很好地融入了一个自我创造的故事。《大陆元历险记》（"The Adventures of a Continental Dollar"）中也有类似的故事展开。这是一个连载故事，1779年12月《美国杂志》（*United States Magazine*）在停刊前经曾经刊登过其中的两篇文章。在这个故事中，被拟人化的纸币承认他既没有硬通货所享有的资本，也没有硬通货所具有的威望，但他坚持认为读者不会忽视他的潜力。他的母亲是印刷机，父亲是"自由"。作为一位"创业天才"，他出生在"北美广阔大陆的中心"，那里"无边无际和未开发的地区"适合像他这样的"自由和未受污染的灵魂"（"Adventures", 1779: 265）。尽管纸币是欧洲的货币实践和理论的产物，但它与美国的企业精神和社会流动性非常契合：对与信贷计划相关的快速致富的不切实际的追求，被积极地重新解读为对美国梦的追求。

债务与公共债券

除了吹捧其经济效益，纸币和国家银行券的拥护者坚持认为，货币可以约束社会共同体，为获取必要的支持提供动机，以保持信贷结构的运转。然而，随着时间的推移，拥护者们对这种动机的来源有了不同于以往的理解。在殖民时代和革命时代，拥护者认为，买卖双方出于共同的忠诚和爱国主义精神，会抑制他们自身的利益，维护纸币。战后时期的言论倾向于认为，个人利益——并非抑制个人利益——会促进买卖双方维持国家银行和信贷结构的稳定，而他们自身的财富也恰恰可以依赖银行和信贷结构。

约翰·怀斯在1721年的一篇关于马萨诸塞货币的文章中，呼吁殖民地居民在维持货币价值方面尽自己的一份力量："出于对你们国家的爱，以及国民的福祉，请理智地思考这些事情，并说服自己储存你们高贵的资金。"通过具有公民意识的深思熟虑而不是唯我独尊的幻想，人们可以让钞票"变得和金钱一样好"（Wise, 1721: 203）。类似地，科顿·马瑟认为，纸币的每一次发行，都是一项集体义务，因为"这块土地上的所有居民，作为一个整体，都是获得利益的主体，必须承担责任，他们是公共债券的保障"（Mather, 1690: 190）。

马瑟还认为，面对不确定性，这种金融信仰与基督教信仰并无二致。在写于1714年的一本小册子中，马瑟将上帝的许诺与信用券作了一个生动的类比，劝说读者接受这个许诺，直到它能够实现："上帝的许诺是一张信用券，比起任何一枚银币或金币都并不逊色；当我们必须和他说'我没有金子和银子'的时候，这对我们也有好处。"值得注意的是，小册子每一页都清楚地写着标题"如何在艰难时期生活"，马瑟的文章还特别关注可能困扰马萨诸塞经济困难人群的危险的绝望情绪，他警告说，这种绝望变成了自我实现的预言，因为"恐惧的忧虑，是上帝不能也不会赐予我们的一种感受，也是上帝最不可能提供给我们的方法"（Mather, 1714: 11–12, 7）。

在独立战争期间，支持者认为纸币揭示了人民主权在发挥作用。1787年，一位匿名作家称颂战争债务，他宣称，"人民的信仰"本身已经将其价值"烙印"在纸币当中。按照潘恩的说法，殖民地居民可以选择相信他们自己创造的货币符号，而不是君主权力的空洞符号。乍看之下，这种从意志出发的言辞似乎与一个事实不相符，即货币波动可能会使个人行为的后果难以掌控，并且这种波动显然超出了个人的估计或控制范围；毕竟，在这样一个动荡的信贷体系中，一个人的命运似乎不是由政府机构而是由客观的经济力量决定的。然而，如果一个人认为这种意志必然是集体性的，那么言辞和现实可能会很容易调和一致。否则，无能为力的人可能会通过相互协调的行动来影响变革。

《大陆元历险记》是独立战争时期发表于杂志的一篇故事。故事中拟人化的主角——纸币——同样强调这种信仰的意象是公众承诺具有价值的表现形式。谈到他在美国诞生后不久就公开支持他的人，纸币回忆说："他们是第一批拥有我的人，在我很小的时候就为我挺身而出，与我结成联盟，面对命运的不确定性所带来的种种危险，他们始终坚定地支持我。"在此处和其他情形中，这张说话的纸币讲述了金融信仰，但同时也试图向读者寻求信任。当纸币说话时，他心目中有一位读者，这位读者会将（他或她）自身的信用注入国家的货币之中（"Adventures", 1779: 266）。

正如有关战时纸币的修辞和图像清楚表明的那样，公债赋予了买卖双方权利和义务，以在面临不确定性时支撑货币的价值。当富兰克林和其他印刷商设计货币上的格言时，他们充分利用了这样一个事实：纸币不仅是收入来源，也是可以传播爱国主义言论的媒介，有利于影响公众对战争的看法。在富兰克林设计的十种面值的一系列纸币中，每一种纸币上都有一个独特的图像和一句拉丁语格言，它们都以某种方式表达了殖民地革命事业的重要性和对美国未来的承诺：DEPRESSA RESURGIT（被压迫者必反抗）预言了美国的胜利；印有 PERSEVERANDO（不屈不挠）字样的纸币上描绘了一只忙碌海狸的图像，象征着美国的工业（见图 6.6）；而 MAJORA

MINORIBUS CONSONANT（大小共荣）则设想了一种类似于音乐和声①的美国共识。一张两美元的银行券乐观且坦率地承认战争代价高昂，并提醒殖民地居民，他们的忍耐会带来回报。这张银行券上印有一只手打麦子的图案和TRIBULATIO DITAT（苦难会改善）的字样，强调只有奋斗才能带来力量（见图6.7）。在语言技巧上，大陆元通过将金融风险与集体风险承担和承诺隐秘地联系在一起，起到增强人们信心的作用。有一张特别值得纪念的纸币，其格言为"我们是一个整体"，并且印有13个环环相扣的图案——每一个环代表一个殖民地——暗示所有殖民地的命运将通过政治和经济的反抗而紧紧地交织在一起（见图6.8）。

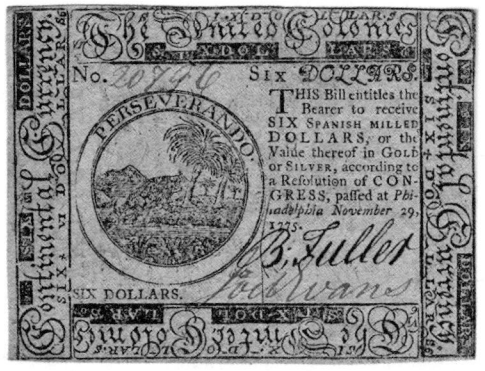

图6.6　1775年11月29日发行的6美元的大陆元纸币，印有海狸的图案和格言PERSEVERANDO（不屈不挠）
来源：巴黎圣母院赫斯堡图书馆

---

① MAJORA MINORIBUS CONSONANT，原文英译为the greater and smaller ones sound together。

第六章　货币及其阐释
早期美国的纸币　217

图 6.7　1777 年 5 月 20 日发行的 2 美元的大陆元纸币，印有一只手打麦子的图案和格言 TRIBULATIO DITAT（苦难会改善）
来源：巴黎圣母院赫斯堡图书馆

图 6.8　1776 年发行的 1/3 美元的大陆元纸币，印有 13 个环环相扣的图案（每一个环代表一个殖民地）和格言 WE ARE ONE(我们是一个整体）
来源：巴黎圣母院赫斯堡图书馆

美国独立战争数年后，大卫·拉姆西（David Ramsey）在他写于 1789 年的《美国独立战争史》(History of the American Revolution) 一书中描述了这场革命。拉姆西强调，人民的共同信仰和牺牲有助于确保革命成功。让他感到自豪的是，社会合作让使纸币被人们接受成为可能，他指出，即使在信心减弱的情况下，"能够自由地全额兑换纸币是一种荣誉，也被视为责任的一部分"。他补充道："在那时，私人利益很少被考虑在内，辉格党公民愿意承担信用券带来的所有风险，而不是通过低估货币价值而损害国家的事业。"拉姆西没有提及战争期间广泛存在的牟取暴利的现象，也许最能说明问题的是，当他描述纸币的贬值时，他将这一现象的根源归咎于更大的、难以控制的力量，而不是买卖双方的个人决定。拉姆西模糊了导致货币贬值的人为因素，他在书中写道："货币的反复发行导致其自然贬值，这是数量过剩造成的。"（Ramsey, 1789: 459）

拉姆西的回忆录写于汉密尔顿的银行计划通过前不久，某种程度上，他对公民做出牺牲的回忆，很可能是对将新生货币重新定义为一种投资机会，以及对汉密尔顿既迎合私人利益又强调爱国主义而作出的反应。尽管汉密尔顿设想了一个小圈子的精英领导阶层，他们将为支持这个新国家而牺牲，但他的国家银行计划旨在通过将私人利益和公共利益捆绑在一起来巩固这个国家。颇具争议的是，汉密尔顿认为，那些以认购者身份向国家银行进行金融投资的人，面对新国家的成功会更感受到利害攸关，恰恰因为他们的资产正岌岌可危。这也正是战后汉密尔顿决定将所有的州纸币换成新成立的美国银行股票的原因。汉密尔顿推断，如果联邦政府承担每个州的债务，单一的国家债务会将人们的忠诚从州转移到国家，州债权人会成为联邦债权人，他们的忠诚会重新调整。中央集权的债务是汉密尔顿将一个松散的联邦转变成一个政治统一、经济可靠的国家的关键。他称赞这一债务是联邦的"福祉"和"牢固的纽带"（Hamilton, 1781: 635），认为它将创造一种政治共同体，每个地方的经济将对整个国家产生影响。他宣称，"信用是一个整体，它的每一部分都与其他任何一个部分息息相关；如果伤了一条主要枝干，整棵大树都会枯萎腐烂"（Hamilton, 1795: 298）。

作为他的金融计划的一部分，汉密尔顿还希望富有的美国人投资美国银行，使他们的利益与新国家的利益不可分割。他发现"一种思想的激荡，一种投机和企业发展相结合的活动"，假如能得到"适当指导"，就可以"服务于实用的目的"（但假如"完全放任自然"，则会产生"有害的影响"）（Hamilton, 1791b: 696）。他的银行获得了政府特许，20%的股份由政府持有，而剩余的80%由个人持有，但因为这80%的份额中将有四分之三的股份采取政府证券的形式，因此这些私人投资者与政府的成功利害攸关。[7] 汉密尔顿的银行是仿照过往的英格兰银行设计的，旨在贿赂富有及有影响力的客户，将他们变成投机者，他们的资产将促使他们关心国家的未来。汉密尔顿认为，国家银行券不太容易受到滥发的影响，因为这些银行券是由个体发行的，银行券贬值会对个体的资产产生影响——这不同于政府发行的纸币，后者是由立法保障的，政治家们的个人资产与选举结果没有直接关系。作为新国家经济的缔造者，汉密尔顿试图通过制度制衡来限制自利，但他从未消除这一至关重要的"思想的激荡"。那些认为国家领袖应该以公民意识为指导的政治精英们，对汉密尔顿努力使爱国主义与金融投资相辅相成的做法感到愤慨。

反对的声音也来自其他战线，因为那些支持广泛向农民、工匠和小规模生产者提供信贷的人认为，银行加剧了贫富差距，损害了共和国的利益。这些反对者还提出了一个越来越普遍的论点，即公民的无私——长期以来被认为是上流社会领导层的特权——本身就是一种谬论，被认为最有可能以诚实正直的品质治理国家的那些人，却被证明他们的资产与国家银行的股份挂钩。19 世纪初，随着古典的德治传统逐渐式微，政治代表性也相应地被重新塑造：尽管人们期望立法代表能够超越他们的自身利益，但人们也日益期望他们牢记选民的需要和愿望。直接代表制模式取代了实质代表制，并促使现代利益集团政治的诞生，此时直接代表制引发了另一类问题：参议员和国会代表是否应该只考虑自己的选民，而不考虑国家因素或个人良知来投票。这是一个持续争论的问题。

诋毁者认为，古典传统治理模式的问题不仅在于它的虚无缥缈，他们辩称，即使无私是可能的，这种情感上的超然也会阻碍政治领袖理解人民需求的能力。J. G. A. 波科克（J.G.A. Pocock）所描述的 18 世纪的"经济人"是虚幻的、冲动的、无能的（Pocock 1985），当人的自主性受到削弱时，会产生一种女性化的同情心。这种同情心引发了后革命时期的美国人的共鸣，他们越来越觉得"无私品德"的观念在道德上是有限的，没有情感的。正如历史学家戈登·S. 伍德（Gordon S. Wood）所写的，在美国独立战争之后出现的凝聚联邦的手段，是对他人关心的事物的投资，而非一种超然的存在。历史学家安德鲁·布尔斯坦（Andrew Burstein）还指出，一种新的情感语言融入了战后的政治话语中，提供了一个"决定性的词汇"，政治领导人可以通过与选民的需求紧密地保持一致，声称自己是他人的真实代表（Burstein, 2001: 629）。正如早期的女权主义者朱迪丝·萨金特·默里所说，依赖——不管是经济上的依赖还是其他方面的依赖——不仅是一种女性化的状态，更是一种人类的状态。

在《联邦党人文集》第 35 篇中，汉密尔顿认为，如果立法者像选民那样计较得失，他们就会认同他们所代表的人："共同利益可能永远被视为最可靠的同情纽带。"[8] 然而，汉密尔顿所描述的同情心，与其说是一种道德上的感性或情感上的反应，不如说是一种共同的脆弱性：在汉密尔顿所表达的意义上，一个人"认同"而不是"同情"另一个人。相比之下，在早期的美国小说中，同情他人通常是金融相互依存的偶然附带产物。这类小说用金融背景来强调共和主义者不可能无私，更重要的是，在涉及引发他人痛苦的情形中，共和主义者有助长漠然的趋势。文学史学家茱莉亚·斯特恩（Julia Stern）在联邦时期的小说中发现了一种特别的"女性化的想象空间"，这种想象空间批评了共和主义者哲学上的冷淡、不动感情和"缺乏同情心"（Stern, 1997: 6–7）。在这些小说的叙述中，金融的脆弱性反驳了不带有任何感情色彩的观点，并提升了角色的同情心。例如，查尔斯·布罗克登·布朗（Charles Brockden Brown）的《亚瑟·默文》（*Arthur Mervyn*）描绘了一位主人公，他对自己的利益产生的影响很敏感，实际上这使他更能体会"患难中的兄弟"的痛苦（C.B. Brown, 1799–1800: 398）。在威廉·希尔·布朗（William Hill Brown）1789 年的小说《同情的力量》（*The Power of Sympathy*）中，那些以富裕身份和独立品德为荣的人"只不过是一个冷漠的人物"（W. Brown, 1789: 58）。在以动荡经济中经历过金融衰退的堕落男女为主角的大量小说中，对他人漠不关心的角色被塑造成麻木不仁的旁观者，他们拒绝参与他人的事务。[9]

漫长的 18 世纪中，美国的货币试验塑造了殖民地和民族关于独立与依赖的观念，货币也同样被这种观念所塑造，或者可以用

18世纪的说法,美国的货币试验塑造了自由和必要性。在关于货币发展的美国式叙述中,纸币是本着新世界企业发展的精神被设计出来的,旨在减少英国贸易法规的限制。纸币在美国的诞生过程中起到了重要的作用,而且,正如《独立宣言》和宪法一样,纸币被认为展示了人类巧妙地利用语言和印刷媒介取得进步的能力。然而,债务也是恰恰是一种独立的工具,这意味着,这两个条件(指独立与依赖)之间的界限并不总是能清楚地划分,纸币的倡导者从一开始就认识到相互依存的好处,并对共和主义的古典传统珍视的自治原则提出了挑战。随着战后时期公债的永久确立,关于国家银行业的争议集中在国家的债务融资和监管上,这反过来又引发了至今仍备受争议的问题。这些问题事关一国财富和经济福祉的衡量标准、财富的分配和获得财富的机会,以及私人利益在公民生活和政府运作中的作用。

今天的比特币是一种不与任何国家、政府或机构挂钩的货币,它缓解了信任机制,这种信任机制使18世纪由政府支持的货币以及货币力量得以定义一个社会。比特币的点对点交易不受政府或联邦保险银行的影响,这种交易通过加密获得保证,而不是通过信任第三方获得保证。出于这个原因,比特币对自由主义者有很强的吸引力,因为他们对政府监管毫无信心;比特币通过预设发行利率和上限数量承诺来限制贬值,而贬值正是美联储为刺激经济大肆印刷纸币而导致的结果——尽管不受政府干预并不能保证比特币的币值稳定,因为比特币与美国独立战争期间发行的臭名昭著的大陆元一样,容易引发囤积居奇、疯狂投机和剧烈波动。[10] 正如早期的美国货币辩论所表明的那样,如果说货币思想通常代表着一种共同体思想——管理货币的政府、约束货币的纽带及其内部的社会关系——

那么比特币的崛起表明，组织交易的新方式与设想共同体的新方式是相互关联的。假如没有互联网，比特币将会是无法想象的，不仅由于互联网为比特币提供了交换和分类账机制这一显著原因，也因为互联网使交易共同体的概念变得更具体，不再以地域或国家的角度来定义。

第七章
Chapter 7

货币与时代：18世纪的货币思考

丹尼尔·凯里（Daniel Carey）

理解货币，从哲学上解释货币，认识货币的实际含义、风险和机遇这几个方面的使命，代表了18世纪英国和爱尔兰的一项当务之急，在巩固政治经济学方面，这显然是一项重要的学术活动。对这一主题的关注发生于不时出现在这一时期的特定危机之中，这些危机的爆发经常是为了影响政策和社会舆论，同时也是为了在更抽象、更具哲学意义的研究中，解决一个人们日益关注的难题。

在此期间，发生了一系列重要的辩论。在这个时期的初始阶段，货币体系的基础以银币的形式出现（后来黄金承担起这一角色），货币受到了切割者的破坏，他们将银切割下来熔化成银条。当评论者们探讨这个问题时，他们争论到底是铸币厂的印戳提供了价值来源（重量不完全的硬币仍可继续流通），还是说价值只存在于内在的金属含量中。流通中的两种贵金属（金和银）使这种情况变得更为复杂。两者都具有价值储存的功能，但它们之间的价格相对波动，并且可以作为商品进行交易。针对这种情况，应对的最佳方式是什么？与此同时，有人提议将纸币作为替代品，让纸币提供一种增加货币存量的手段,并成为一种可替代的流通媒介。问题是如何监管纸币,控制纸币的发行,并确保纸币背后有实物支持来保障其价值。某种程度上,这场辩论的焦点在于货币纪律约束(monetary discipline)①与支持经济发展(扩大或限制货币供应)的意愿之间的紧张关系,以及优先考虑国内需求还是国际贸易(国内用纸币,国外用贵金属)之间的矛盾。伴随着旨在为国债融资的英格兰银行(1694)的成立,银行业也成为讨论的主要焦点。这家银行承诺用硬通货兑换银行券作为一种担保形式,但出现了一种竞争方案,即利用土地作为资本来筹集资金。各种新的货币"种类"出现,需要人们对其加以仔细考虑:什么是真实的,什么是虚幻的,包括支持金融网络和交易的信用工具。综合叙述这段历史,不仅要考虑大城市的"话语",还要考虑爱尔兰和苏格兰参与经济辩论的定位和议题。

无论参与者的声音多么自信,人们仍然会觉得,这个"体系"是临时性的,尽管他们产生这种想法的内在联系和理由尚不完全清楚。我们可以指出,并不存在一种共识——理性或科学的方法得到特别广泛的支持,使一群重要的评论家团结起来构成"启蒙"时代对货币的一致态度。同样的开放性或不确定性也出现在各种常规形态的传播途径中,从小册子到专著、大幅海报、讽刺作品、演讲稿和其他的介入方式,包括贝克莱大主教在《问难》(*The Querist*, 1735–7)中全部由尖锐的问题组成的创新形式。詹姆斯·斯图尔特爵士的《政治经济学原理研究》(*An Inquiry into the Principles of*

---

① 所谓货币纪律约束,指的是不应该由某个经济体,或者某个超国家机构独享核心货币发行权,而后通过固定汇率制将其他国家的货币贬为该货币的替代物;理想的体制应该是各国货币充分竞争,由币值稳定(货币纪律)、经济稳定(宏观经济纪律)、市场稳定(市场纪律)决定一国货币的国际地位。

Political Oeconomy, 1767）和亚当·斯密的《国富论》（1776），以及他们对待经济问题的系统处理方式，可以说是 18 世纪的异类。

纵观整个时期，人们一定会对特定危机在何种程度上催生了一些最重要理论的诞生印象深刻；关键原则的阐述往往诞生于对政治和经济具有重大影响的创伤性事件之中，而不是来自更为稳定的环境下产生的抽象思考。关键性的金融危机始于 17 世纪 90 年代英国实施全面重铸银币的需要，紧接着是 18 世纪 20 年代与密西西比公司和南海公司崩溃相关的泡沫。随后，临近 18 世纪末，英格兰银行因英国与法国的紧张战争而于 1797 年暂停现金兑付。无论是举足轻重的大人物，还是身份卑微却乐观、固执己见的计划者，这些事件所引发的理论贡献热潮一直都很引人注目。在这个领域范围内，并不存在简单的解决问题的方法。在讨论货币的时候，尽管我们应该注意最有影响力和最具创意的人物，但我们也应该尽可能注意那些更隐晦的理论贡献。从中，我们能够得知一些关于思想传播的情况，以及在一片聚讼纷纭的嘈杂声中确定立场的尝试，尽管这些尝试并不总是成功的。

货币大重铸

我们可以从约翰·洛克和 17 世纪 90 年代中期的货币大重铸事件开始。对于评论者们来说，洛克的观点成为一块在整个 18 世纪中持久的试金石。洛克在职业生涯的早期关注了一些经济问题，尤其是与设定利率有关的问题，但他没有发表研究结论；后来，在《政府论下篇》（*Second Treatise of Government*, 1690）著名的"论财产"一章中，他思考了在自然状态下引入货币的影响，以及货币提供的储存价值和代表劳动的能力,从而打开了超出使用价值的财富积累的大门。而洛克最大的贡献正是在英法九年战争期间做出的。在英国与法国的九年战争期间(1688—1697),英国货币不断恶化的严峻形势最终迫使英国银币全面重铸(1696—1697)。洛克出版了两本解决这场灾难的重要著作:《关于降低利息和提高货币价值的后果的一些思考》(*Some Considerations of the Consequences of the Lowering of Interest, and Raising the Value of Money*, 1692)和《关于提高货币价值的进一步思考》(*Further Considerations Concerning Raising the Value of Money*, 1695)。将这些文本以"思考"来呈现,表明他的思想某种程度上仍然是暂时性的,而不是决定性的。尽管洛克通过这种表现形式能够涉及一系列问题,但这与他致力概述严谨原则的承诺背道而驰。此外,在《关于提高货币价值的进一步思考》一书中,他还将相当一部分注意力放在引用并驳斥他的反对者威廉·朗兹(William Lowndes)上,后者是一位担任要职的政府官员,代表财政部提出了与洛克对立的解决方案。洛克所撰写关于这些议题的文章是热门话题,虽然不时会引发争论,但这些文章在英国和其他地方都具有广泛的影响。

货币大重铸的起因是银币在17世纪90年代状况的迅速恶化。此外,英国为资助威廉国王在欧洲大陆的军事行动而产生的对银条的需求也推动了货币重铸。[1] 不同面值的货币都遭到了硬币切割者的破坏,他们切掉或锉掉硬币的一部分并将其熔化,而这些被切割的硬币却还在继续流通。硬币尽管材质有所损失,但仍然维持了原来的面值和购买力。财政部记录的数据表明,1690年,银币的重量仅为其正常重量的81%(必须说明的是,部分原因是因为磨损,而不是因为被非法切割了);第二年下降到79%;1692年下降到73%;

1693 年下降到 68%；1694 年下降到 60%；1695 年再次下降到 50% 多一点；在接下来的一年，在货币大重铸之前，硬币的重量仅达到了法定重量的 45%，这一惊人的数字意味着必须要采取一些措施了。[2] 洛克在《关于提高货币价值的进一步思考》一书中毫不夸张地指出，切割代表了"一个巨大的漏洞，在过去的一段时间里，它让我们越陷越深，它的力量甚至超越了我们所有的敌人。它就像海岸上的一个缺口，每时每刻都在扩大，直到被堵住"（Locke, 1991b: 472）。问题是，该如何应对这种情况？

后来，两种对立的解决方案出现了。[3] 第一种方案是将货币贬值，承认硬币中贵金属含量的损失，并试图确定货币的新价值，这将用白银的市场价格来校准铸币厂的评级。爆发这场危机的主要原因之一是白银的市价比铸币厂的高，这种差别进一步助长了切割银币的行为。[4] 朗兹的著名报告《一篇关于修正银币价值的报告》（*Report Containing an Essay for the Amendment of the Silver Coins*, 1695）主张将银币贬值 25%，从而修正银币的价值。洛克采取了相反的立场，他坚持认为现行的货币标准是神圣不可侵犯的，唯一的补救办法就是以固定比率来重新铸造货币。洛克是如何得出这个结论的？

洛克的原则始于一个重要的主张，即货币的价值源于硬币中的含银量，这被定义为它的内在价值（Locke, 1991b: 410）。含银量也使它成为交换媒介，用以衡量不同商品的相对价值，如小麦、铅或亚麻。但是，与其他衡量单位（例如，夸脱或码）不同，白银不是一个任意单位（arbitrary unit）①：白银"是被交易的对象，也是交

---

① 任意单位，也称程序定义单位，是一种相对单位，它表示物质的量、强度或其他物理量和一个预定义的参考物理量之间的关系。

易的尺度；在商业活动中，白银从买方转移到卖方，数量相当于卖方出售货物的数量"（412）。换句话说，洛克认为，货币的交换功能取决于其按重量计算的数量。他承认，这种作用是通过"共同同意"（common consent）来实现的，也就是说，是人们共同决定赋予白银"虚构"价值的结果（白银的稀缺性、耐久性和可分割性使其特别适合发挥交换媒介和储存价值的作用）。至于硬币上的印记，这并没有增加额外的价值，只不过是作为一张"公共凭证"，表明硬币中白银的重量和纯度（也就是说，它是合金）（413）。此外，按照洛克的说法，人们订立契约时，并不是基于硬币的面值，而是以其含银量作为根据。货币的贬值会以提议数额欺骗地主和债权人，导致"正义被公然挫败，如此武断地将一个人的权利和财产交付给另一个人，而受害者一方并无任何过错"（416）。货币是财产，政府的作用是保卫财产，而不是武断地干预、攫取、破坏或减少财产。然而，值得注意的是，洛克的观点与英国法律传统相悖，英国的法律传统捍卫了对货币的唯名论[①]解释，因为它与合同有关：在清偿债务时，重要的是货币的面值，而不是其重量或内在价值（参见 Fox, 2011）。

　　洛克的立场取决于他的观点，即标准一旦被"公共权威"确定下来，它就应该保持不变，除非绝对有必要作出改变。但是洛克认为，这种必要的情况是不可能发生的（415）。尽管标准的改变在历史上偶尔发生过——最近一次发生在 1601 年伊丽莎白一世统治末

[①] 唯名论是欧洲中世纪经院哲学中的一个派别，与正统的唯实论派相对立。在一般与个别的关系问题上，唯名论认为，真实存在的只有个别事物，根本不存在离开个别事物先于个别事物而存在的共相（一般概念），所谓共相不过是事物的名称或符号，它只能后于个别事物而存在，不可能先于个别事物而存在。

期——他坚称，现有的标准已经在每个人的头脑中扎根，使他们能够进行交易、计算账目、处理各项事务。简言之，法律和习俗的结合使这种标准无论从何种意义上来说都是不可侵犯的。

洛克认为他的原则是直观、合乎逻辑且在事实上无可争议的。但是，无论是这些原则的有效性，还是它们描述实践的程度，都存在很多疑问。例如，硬币的经常使用会大量损耗其含银量，这表明"重量完全的货币"是一种幻觉；因此，恢复损耗的银可能会让债务人处于不利地位（假设租金等其他合同已经计入损失）。洛克的批评者尼古拉斯·巴贲（Nicholas Barbon）① 就指出了这一点。巴贲指出，假如洛克的断言"契约是基于银的重量订立的"是正确的，那么人们就应该按照实际铸造银币的年份来制定协议，因为仅仅由于磨损，"原有的未被切割的英国宽边银币就损失了10%，比新铸的货币还轻"（Barbon, 1696: 30）。[5] 洛克的另一位批评者，苏格兰人詹姆斯·霍奇斯（James Hodges）也持类似的看法。他驳斥了洛克所依赖的内在价值的观点，认为这是一种谬论。霍奇斯认为，价值只来自共同同意后对货币的估值，而这个价值不是一成不变的。事实上，人们能够正常接受重量不完全的硬币，表明与洛克的观点相反的结论才是正确的（Hodges, 1697: 175–6, 195）。"提高"硬币面值（换言之，使其贬值）可以在获得同意的情况下进行，因此要为它辩护并不难。

但也许洛克最大的失败，在于他无法为金和银双金属流通的货币体系的困境提供答案，而不在于其解决方案本身的简单粗暴。[6] 洛

---

① 尼古拉斯·巴贲（1640—1698），英国经济学家，被广泛认为是火灾保险的创始人。巴贲的经济学著作在一定程度上预见了亚当·斯密对大卫·李嘉图多个阐述的分工和货币理论的结论。

克的定义方法使他坚持认为价值只有一种衡量标准:"所有的流通货币都应该是一种且是同一种金属,这符合每个国家的利益;不同的硬币应该是同一种合金制造的,并且没有贱金属混合在其中;标准一旦确定下来,就应该不可侵犯、不可变更,直到永远。"(Locke, 1991a:1: 329)

洛克的立场确实有很多优点。他颇具说服力地坚称,根据国际而非国内对白银的定价标准进行计算,外国贸易商会任意公开地操纵价值,并相应提高价格。[7] 问题是应在何种程度上强调国际经济而非国内经济。通过对前者的关注,洛克对创造套利机会的风险进行了有效评估,认为这会使外国人带来他们自己的重量不完全的硬币,或者用被高估的黄金支付。黄金是货币危机期间的一个特例,在1695年6月,作为一种价值储备手段的黄金价值飙升了40%。[8] 洛克还提出了一个具有挑战性的观点,他问这一切将在哪里结束。如果货币是心血来潮的产物,那我们为什么不逐周、逐月地提高货币的价值呢?[9] 他可能在这一发问中模拟了反对者的意图,但这是一个很难给出答案的反对意见。最重要的一点是,洛克倾向于建立一个有形的货币体系,尽可能地锚定一种实物作为标准,而不仅仅是建立在一种幻想或权宜之计上面。无论具体情况如何,他的观点都会具有持久的影响力。

虽然洛克把他的原则当作公理,但并非所有和他同时代的人都接受这些原则。巴贲的回答尤其尖锐。对于货币的价值构成仅由(按重量计算的)硬币的含银量决定这一看法,他断言"洛克先生的假设是错误的"。关于货币本质,巴贲有一套截然不同的假设。他以抽象的方式对货币进行重新定义,认为货币是所谓"商业的工具和尺度",而不是将白银当作尺度。内在价值并不是一个有意义的概念;

相反，货币履行其作为商业工具的职能，凭借的是"创造了货币的政府权威……按照每个硬币的印记和尺寸，其价值是已知的"（Barbon, 1696: sig. A7v）。换句话说，与洛克的观点相反，名称确实具有赋予价值或提高价值的力量。巴贲写道，支持"提高"货币面值的这种贬值，将"提高"该货币的评级。

1696 年，洛克的立场在议会中占据了上风（尽管他计划中的关键部分并没有全部被采纳），货币重铸得以在现有货币标准的基础上展开（见图 7.1）。政治上的胜利本身，加之避免在战争中败给法国的动机，确保了货币重铸仍然是正确的货币思想的关键参考依据。当然，这就是笛福在《地道的英国商人》（*The Complete English Tradesman*, 1725）中所回忆的，他赞扬了威廉三世这一政策的智慧（实际上威廉还不确定如何处理危机）。[10] 随着与洛克同时代的人开始应对这些挑战，对于许多评论者而言，内在价值的概念为辩论提供了一个尤为稳固的基础。[11] 举两个例子就足以说明这一点。第一个例子是约翰·布里斯科（John Briscoe）的《货币论》（*A Discourse of Money*, 1696）。为了解释其关键概念，他在文章的后面部分采用了对话的形式，要点是声明本身与价值无关，价值来自货币内在的金属含量。政府或王子可以为所欲为；如果通过法令进行操控，卖方会自行设定商品价格。但是，为什么人们不能按照自己的意愿决定，"让货币以令他们满意的条件流通"？答案非常有意思：这样的策略可能在某个疆界之外没有贸易、"与世隔绝"的地方有效，在这种情况下，就有可能"让坚果和贝壳作为货币流通，就像如今仍在使用它们的一些国家那样"（Briscoe, 1696: 105）。[12] 洛克本人在《关于降低利息和提高货币价值的后果的一些思考》一书中也提出了类似的观点（Locke, 1991a: 264）。正如布里斯科文章中的对话者所证实的那样,国内不得不让位给国际,因为"我们必须顺应世界潮流":"我们无法准确地计算出货币的衡量标准,但我们可以借用许多国外的理论来确定,因为我们主要的贸易往来就在国外。"(108;原文为斜体)

图 7.1 威廉三世克朗,1696 年,正面和反面。这是用于替换货币重铸前机械铸造的在流通中磨损且被切割的克朗的货币。照片由丹尼尔·凯里拍摄
来源:牛津大学阿什莫林博物馆

如果说以上的例子有一丝无奈顺从的迹象,约翰·伊夫林(John Evelyn)在他 1697 年对货币的研究中则没有体现出这一点。伊夫林在写作时适逢货币大重铸,他以其惯用的正式措辞表达了观点:"这不是看皇帝的形象,而是看形状和印记(*Vultus Imperatoris, Figura & Impressio*);不,也不仅仅是看材料的优质(*Proba Materia*);无论从哪方面来看,都是重量使货币具有真正的价值。这样一来,货币就化约为原始制度,(当人类真心诚意地对待彼此时)我们会希望全能的上帝保佑我们。"(Evelyn, 1697: 237)换言之,皇帝的形象并不代表货币价值的来源;价值来自制成硬币的金属的重量。货币的最初目的与这一原则是一致的,并且在货币重铸的过程中,神圣回报的承诺也寄予在货币之中。

为了对这一时期出现的替代方案有所了解,我们可以简单地求

助于查尔斯·达文南特，他是托利党的政治经济学家，曾写过关于货币制度和信贷问题的两篇研究手稿，第一篇手稿撰写于1695年11月（货币大重铸实施之前），第二篇撰写于1696年7月（货币大重铸期间）。达文南特和洛克有一些共同的假设，他更愿意维持目前的货币标准，而不是选择贬值。他还指出，外国商人不会被这样的举动所左右，他们会根据货币的内在价值来评估货币。但由于战时国内经济的需要，达文南特主张采取试验性的信贷方式。由于英国无法承受与法国的长期冲突所带来的令人疲惫的财政影响，找到新的货币资源对英国至关重要。他赋予银行在发行票据方面更多的作用，但他也建议征收消费税以筹集80万英镑，在此基础上，可以发行600万英镑的票据并及时作为现金使用。这个总额中包含了一部分"虚假的或超过内在价值的"数值。换言之，由政府授权的过高估值，将使这一数额能够实现紧急的流通目标（Davenant, 1942: 102）。达文南特做好准备应对各种可能性，而不是遵循洛克尤其具有定义性和公理性的引导（关于这一点，洛克的方法并不是特别"以经验为依据的"）。最终，达文南特准备在国内构建一种虚构的或人为的经济。他大胆地评论道，"没有什么比信贷更神奇、更美好的了"，然而这并非问责信贷的序曲，尽管它"与（群体的）观点挂钩"并且"取决于希望和恐惧所生发的激情"（75）。

后来的评论者们倾向于批评洛克，有时甚至对他不屑一顾，因为洛克没有预见到他的提议带来的通货紧缩的后果。并且评论者们坚持认为，思想家威廉·朗兹对这些问题表现得更敏锐，能够采取一种灵活且务实的方法。我们需要对这一时期所面临的挑战的复杂情形进行更详细的分析（参见Carey, 2014），但值得注意的是，18世纪及其之后的评论倾向是与此相反的。洛克是语篇中的英雄，他为捍卫一种标准提供了智力上的论据，随着18世纪的发展，这一标准最终以黄金为基础。他对内在价值的辩护为评估复杂的辩论和不确定的选择提供了一个直观的标准，在战争期间，这对于维持人们对货币、投资和金融机构的信心尤为必要。他认识到半信用货币体系（在国内流通的重量不完全的货币）的可能性，但声称它是不可持续的，并将在国际贸易中暴露其缺陷。洛克还表达了对经济依赖信贷和混乱的想象力的担忧，并害怕这种担忧会在未来的泡沫中成为现实。作为对他的看法的回应，人们可以争辩说，内在价值和外在价值的区别是未必准确的——充其量是一种智力错觉——铸造出来的货币实际上相当于附带有金属含量的信贷。[13] 就这点而言，由于存在损耗，硬币从来就不具有完全充足的重量，这使他（洛克）的体系只不过是一种虚构的东西。但如果持这种看法，人们会错失洛克的直觉所具有的持久吸引力，这种直觉源于坚实的常识。要反驳它可不是一件容易的事。

斯威夫特、贝克莱和劳：货币形式和泡沫危机

随着18世纪的发展，内在价值仍然是后来的货币辩论中一个关键的参照点，当讨论扩散到伦敦市中心以外出现了新的可能性时，议会中出现了围绕货币定义的辩论。1722年7月，英国铁匠威廉·伍德（William Wood）被授予一项臭名昭著的专利，即为爱尔兰制造半便士面值的铜币和法寻（见图7.2），在争议中，乔纳森·斯威夫特的观点获得了支持。1724年到1725年，斯威夫特假借都柏林纺织品贸易商"M.B.德拉皮耶"的身份，写了一系列的七封信来抨击这项专利。他提出了一些反对意见，对伍德进行人身攻击，并对这项专

利背后的政治阴谋进行了讽刺性的评论,但他的回答并非没有经济基础支撑。例如,斯威夫特抱怨货币滥发的问题,他估计铜币发行了9万英镑。(事实上,这项专利创造了发行总额为100 800英镑的货币供应量。)斯威夫特采用了政治算术特有的一些计算方法(与威廉·配第爵士有关),他坚持认为,推动贸易只需要发行价值25 000英镑的小面值硬币就可以了(Swift, 1965: 20)。换言之,他并不是没有意识到爱尔兰需要这样一种货币,只不过他认为货币供应量过大可能会导致通货膨胀。斯威夫特并不总是详细阐述他的假定,因此我们需要对他的论点进行一定程度的扩展。此外,斯威夫特还反对发行重量相差很大的粗制滥造的硬币(他驳斥了铸币厂厂长艾萨克·牛顿爵士关于这些硬币符合规定标准的保证)(21)。但或许,他最基本的观点是反对硬币中金属的内在价值(也就是说,它作为金属的市场价格)远远低于其面值(Swift, 1965: 19, 23, 24, 30)。[14]
为了阻止人们熔化硬币和抬高市场价格,让货币的面值和市场价格

图7.2 威廉·伍德为爱尔兰所铸的半便士面值的铜币样品。最左边(上和下):1722年铸造的半便士铜币(类型I)的正面和背面;中间(上和下):1723年铸造的铜法寻(类型III)的正面和背面;最右边(上和下):1723年铸造的半便士铜币(类型II)的正面和背面,图案为手持棕榈叶坐着的希伯尼亚
来源:英国伦敦君王珍品有限公司

之间存在一定的顺差显然是必要的，但伍德所提出的铸造铜币的计划却是另外一回事。

为了进一步推进政治上的反对议程，斯威夫特提出了一个新颖独特但并非全然完美的答案。他坚持认为，英国皇室和议会不能强制爱尔兰流通这种货币，恰恰是因为铜不能充当货币：只有金银等贵金属才享有这种地位。简言之，铜币不是法定货币（Swift, 1965: 10–13）。这是一个技术性的法律议题，但涉及内在价值标准时，这个议题就会变得更加突出。因此，爱尔兰人民有合法的权利抵制并拒绝伍德的贬值货币。主权和爱尔兰的地位问题对讨论产生了重要的影响，这使得《布商的信》（*Drapier's Letters*）成了一种危险的干预。[15]

乔治·贝克莱——斯威夫特的同时代人，都柏林三一学院的毕业生，和斯威夫特一样，也是爱尔兰教会的神职人员——在《问难》中提出了一种对货币的截然不同的理解，他试图创建一个切实可行的流通媒介，来解决爱尔兰贫困的经济状况。《问难》不仅在思想上，而且在文学形式上充满创意：他完全以问题构建了这部作品，书名也因此诞生——这些发问时而带有探究意味，时而自身充满矛盾，时而彰显修辞和辩论的力量。尤其对于货币，他提请读者思考，如果可以将流通媒介重新理解成一种信用，那么人们就可以公开讨论货币的具体形式了。他在第 426 条中问道："无论使用何种媒介（金属或纸张），所有的流通是否都不外乎一种信用，还有，黄金是否具有比信用更强大的力量？"[16] 正如洛克（对国际问题的关注中）所认为的那样，货币可以以票证或筹码的形式——一种替代性的符码，而不是一种需要具有金属成分才有价值的物质——发挥其职能。贝克莱在第 23 条的发问中有一句名言："货币应该被认为具有内在价值,还是如作家们所说的那样,应该被认为是一种日用品,一种标准,一种衡量尺度或者一种抵押品?货币真正的概念与票证或筹码的真正概念是不是一回事?"[17]

这种重塑的新观念的潜力是相当大的,但贝克莱仍然将货币视为生产中的一个关键因素,并且希望他提议的国家银行发行的银行券能以一种承诺作为支持,即"见票即付",银行券可以根据需要随时兑换硬币,尽管这种承诺是以国家的储备作担保的(Kelly, 2014: 179)。约瑟夫·熊彼特(Joseph Schumpeter)认为他是一位虽未公开声明但主张不使用纸币只使用金属货币的学者。事实上,关于这一点,贝克莱认为需要通过国家银行管理部门以土地来支撑这些筹码或票证的流通(Schumpeter, 1954: 288)。但他的提议中仍存在一些重要的内容,部分是因为他找到了一种合乎逻辑的方式,将国内利益置于国际贸易之上。土地至少是国家所有,不受源自其他地方的价值体系影响,并且土地中蕴藏的价值能够被"开采"并运到国外。在《问难》的某一部分中,贝克莱使用了一种技巧:致力创造一种货币经济和与之相伴的东西(即积累财富的欲望),同时,基于一种在国际交易中不可承兑的货币形式,即纸币,通过建立内部市场而非国际市场,孤立地建立内部经济。正如贝克莱在第 316 条中所说:"我们是否充分认识到拥有一家由土地和纸币组成的银行所带来的特殊的保障?其中一种不能出口(土地),另一种则不存在出口的危险(纸币)。"因此,他的哲学不仅将其思想从贵金属中解脱出来,而且认为货币创造了一个方便交易的符号系统,这与他更广泛的哲学承诺中的反唯物主义倾向是一致的。

贝克莱在罗德岛居住期间(1728—1731),可能从美国殖民地的纸币试验中学到了一些东西,尽管殖民地的那个例子并不完全是有益的。(他在《问难》①中的不同阶段提到了美国的景象。)¹⁸ 苏格兰金融创新者约翰·劳为了支持其货币而建立的土地银行模式在国内曾有一个重要的先例,该先例对于他的思想和职业生涯而言既是指南,也是警示。劳因他在密西西比体系中所扮演的角色而臭名昭著,该体系最终在1720年崩溃,然而他在苏格兰时便开始重新思考货币,并在那里出版了《论货币和贸易》(Money and Trade Considered, 1705)一书。虽然贝克莱没有成功推进他的计划,但本质上来说劳在这一方面却很成功。亚当·斯密后来在《国富论》中说,劳成了他自己计划的"牺牲品"(Smith, 1978: 519)。贝克莱与劳都有曾经在一个长期货币"稀缺"的国家生活的经历,从后来的货币理论的观点来看,长期货币"稀缺"看似很荒谬,在18世纪却是一个现实的问题。当时,尽管存在不同的信贷和汇票的使用形式,仍然有很多人依赖贵金属来促进交易。在某种程度上,贝克莱更关注地方上因普遍缺乏小面值硬币而阻碍了交易和贸易发展的问题(§469, 470, 473–476, 482, 485, 486, 487, 571),并致力创造一个依靠自身资源为岛国服务的解决方案;劳对支持苏格兰成为贸易国家有着更大的兴趣,但他仍然需要一种补救措施来解决现有的硬币缺乏问题。

最终他的解决办法是借助于土地来实施计划,他以土地作为纸币的担保(或"抵押"),纸币的发行将由苏格兰议会任命的一个由40名委员组成的小组监管(使企业摆脱对股东的问题重重的依赖)

---

① 《问难》从1735年到1737年分三部分出版,涉及的基本经济问题有信用、需求、工业和"货币的真实概念",以及银行、货币、奢侈品和羊毛贸易等特殊问题。书中的最后一个问题提出了一个核心问题:"如果贫穷的爱尔兰继续贫穷,这是谁的错?"

(Law, 1705: 94）。[19] 苏格兰（当时）现有的白银储备不足以实现预期的结果（这一情况对应的是创立于1695年的苏格兰银行，作为现有的银行券发行实体，其模式建立在硬币的部分储备金基础上）。为了达成他的提议，劳对货币的本质进行了一些广泛的论证。他首先以定义的方式提出了一些洛克式的假设，部分原因是防止通过简单地"提高"苏格兰数量有限的铸币的价值来解决苏格兰的困境，以使这个国家能够走得更远（43）。劳同意洛克的观点，认为硬币上的印记只是白银含量的保证，本身并不具有任何价值；白银是契约的衡量标准和基础（7, 9, 11）。[20] 尽管如此，作为一种流通媒介，白银存在很多缺陷。劳宣称白银的价值不确定，因为地方法官享有操纵其价值的权力（尽管他的定义与此恰恰相反）。此外，货币数量说（见后文）解释了白银供应量的增长如何导致价格随着时间的推移而上涨，从而降低了白银的价值，这一点也充分体现在史料的记载中（62, 65–67）。[21] 直到第七章，差不多到了书中四分之三的篇幅，劳才开始真正提出他的建议。他想创造一种货币形式，其价值与白银相等，但不会像白银那样（由于通胀而）容易下跌。基于他的定义，其基本论点是，某种拥有与货币相同特征的东西可以充当货币，从而成为一种新"硬币"（11, 60, 89）。[22] 但与白银不同的是，土地会保持其价值，因为土地的数量不会增加。回答长期存在的反对意见时，劳认为，纸币不会贬值，因为委员们（不论如何）都会确保纸币的发行与需求保持一致。[23] 劳还认为纸币不易造假，他指出，纸币的"消耗"（可能以磨损的形式出现）同硬币一样（91, 93, 117），是发行者的损失，而不是持有者的损失。在苏格兰及其他地区，人们最关心的是纸币的可承兑性，劳对这种担心毫不在意。按照委员会制定的规则，在国内，纸币会是一种较好的支付工具；

而在国际上，汇票将缓解结算方面的任何困难。劳的方案中有一个有趣的情况：他给出了一个并行提案，提出利用发行银行券来促进苏格兰的货币重铸，将流通中的苏格兰和外国硬币减少到英格兰的标准（88）。[24]

现在，劳为人所熟知的与其说是因其在苏格兰背景下对货币和贸易的创新观点，不如说是因其在法国的密西西比计划及该计划在1720年的溃败中所扮演的领导角色。在密西西比计划中，他将创立于1716年的法国私人银行——通用银行（*Banque Générale Privée*）建设成了一家股份公司（法国国王和劳本人都是重要股东）。通用银行发行的银行券最初并不具有法定货币的地位，它包含了硬币兑换的条款（以健全的储备为基础）。当银行向国有的皇家银行过渡时，劳对后者进行了复杂的设计，纸币形成了一种半信托甚至是法定货币的形式。随着第二家公司东印度公司的成立，皇家银行的结构变得更加复杂，它承担了巨额的政府债务，并通过收购其他各种公司有效地控制了广泛的法国殖民体系。东印度公司最终采取行动买断了引发股价飙升的国债。"密西西比体系"涉及银行与公司的合并，对取代贵金属作为记账单位的银行券来说具有重要意义。股价在崩溃后，给支持其价值的银行券带来了巨大压力。1720年5月，劳不得不降低这些银行券的面值，到了8月，随着体系的崩溃，银行券被废止使用。[25] 整个事件究竟是劳精心操纵的，还是有远见卓识的贡献，这仍然是一个充满争议的话题。

事实上，劳的体系在一定程度上模仿了英国与南海公司有关的创新。南海公司在1711成立后开始吸收越来越多的国债。这家公司从财政部承担了高昂的债务，以换取保证其贸易垄断的特许状（特别是在向南美大陆供应奴隶方面）；作为交换，财政部每年向南海公司支付 6% 的利息，1717 年降至 5%。政府的债权人（即对背后有政府支持的各种金融工具进行投资的投资者）以债转股的方式获得该公司的股票。与密西西比计划和南海公司的共生关系使劳继续遵循债转股的模式创建了东印度公司。随着劳开始承接整个法国的国债，南海公司也紧步其后尘，从 1719 年夏天占英国国债 23% 的份额，到 1720 年 4 月增加到几乎完全拥有所有权。整个 1720 年夏天，南海公司的股价持续大幅上涨，但泡沫在 9 月份破裂（见图 7.3）。[26]

图 7.3　1723 年发行的乔治一世南海公司先令，正面和反面。南海公司将从印度尼西亚获得的白银卖给铸币厂，抵消了 1720 年股价暴跌所造成的损失。照片由丹尼尔·凯里拍摄
来源：牛津大学阿什莫林博物馆

　　狭义地说，这些事件算得上是金融投机和股份公司的历史了，但这些事件也构成了一场更广泛的金融革命的一部分。在这场革命中，新的货币形式、公共信贷和银行业发挥了不可或缺的作用（参见 Wennerlind, 2011; Murphy, 2009; Kleer, 2015; Derringer, 2018: ch.5）。[27]

一般原则

　　18 世纪，由危机时刻所引发的对货币的思考激增。但这不应使

我们忽略这一时期更多有关一般性原则的阐述。大卫·休谟（1711—1776）在 18 世纪中期的介入，再次向我们展现了这场讨论的各种文学形式——他选择的模式不是论文，而是随笔，一种高雅的、深思熟虑的修辞集合，以富于暗示而非系统性的方式反映他的观察。他也没有像小册子作者或倡导者那样，为眼前的情况所迫而倡导一个特定的政治解决方案或提议。休谟的《论货币》一文于 1752 年出现在他的《政治论丛》（*Political Discourses*）一书中〔后来被归入论说文集《道德和政治随笔》（*Essays, Moral and Political*）中〕，展现出一种独特的思想自由——对悖论和非正统结论的开明态度。他用一种引用历史事例（既有古代也有现代）与声明并存的混合形式，质疑了当时被普遍认可的看法，同时保持着冷静的观察。

　　休谟首先强调货币的交换功能，货币在其中起到的是促进商业的作用，而不是在生产中起任何决定性作用。正如他的著名评论："（货币）不是贸易机器上的齿轮，而是使齿轮的转动更加平滑自如的润滑油。"（Hume, 1987: 281）一个国家可用的货币量没有特别的意义，因为价格取决于流通中货币的相对数量。在提出这一主张时，他阐述了所谓货币数量理论，这是一个与洛克等人密切相关的重要立场，并得到了广泛接受。按照这一理论，物价水平是由流通中的货币数量决定的，它们的上涨或下降与货币供应量的变化成正比。〔约翰·梅纳德·凯恩斯（John Maynard Keynes）[①] 在 20 世

[①] 约翰·梅纳德·凯恩斯（1883—1946），英国经济学家，现代经济学最有影响的经济学家之一，他的代表作有《就业、利息和货币通论》（*The General Theory of Employment, Interest, and Money*），《货币改革略论》（*A Tract on Monetary Reform*）。他因开创了经济学的"凯恩斯革命"而闻名于世，被后人尊称为"宏观经济学之父"。

纪的主要创新之一就是挑战这一理论的影响力。〕[28]

休谟注意到，事实上，一个国家中流通更"大量"的货币，可能会产生不良影响。一个国家从其工业中获得的竞争优势将抬高工资，为那些没有大量黄金和白银、劳动力价格较低廉的国家创造一种抵消优势。他指出，"因此，制造商们不断迁徙转移，离开那些他们已经使之富裕起来的国家和地区，哪里有廉价的食物和劳动力，他们就奔往哪里"（283）。[29] 这是一句能在当今全球制造时代产生共鸣的言论。于是产生了一种均衡（尽管他没有继续探讨从廉价劳动力的供应中获得的利润是留在国外还是调回国内）。

然而，休谟承认，货币的增长在三个方面代表着优势。第一是战争的进行和硬通货为军队提供资金的能力；第二是货币的刺激作用——刺激经济活动的作用（贝克莱早先曾强调过这一点）；第三个优势来自资金的流入和相应的价格上涨（由数量理论预测）之间的延迟。事实上，这些影响需要一定时间才能在系统中显现效果，利益在此过程中实现。来自法国的证据证实了休谟的观点，法国国王频繁干预货币升值（至少在一段时间内）并没有导致物价相应上涨。因此，休谟主张"货币的面值应逐步全面地提高"（287n）。从硬币中取走一定含量的白银并不会降低其购买力，他质疑威廉三世统治时期用旧标准重新铸币来应对切割银币问题（与洛克有关）的做法是否明智（288n）。[30]

休谟认为，正如他在《论贸易平衡》一文中所讨论的那样，货币的自然水平是存在的，这种自然水平与一个国家的"商品、劳动力、工业和技能"（315n）成正比。这一基本原理让他有信心去处理一些错误的假设，尤其是"国家会耗尽自己的货币或经历真正的货币稀缺"这样的观念（这是在17世纪和18世纪的经济论述中反复出现的抱怨）。硬币流动机制的均衡效应本身就阻碍了这种困境的出现。（这一归功于休谟的论点反驳了重商主义者的假设，即积累贵金属符合一个国家的利益，从而可以战胜其竞争对手。休谟指出，恰恰相反，货币的流入会提高价格，使出口失去竞争力，让进口变得有吸引力，从而将平衡转移给竞争对手，这种模式会自然地达到均衡。）[31]

纸币给这个令人安心的情境蒙上了一层阴影，休谟称之为一种伪造货币的形式（284）。纸币会导致几个问题的出现，最明显的是它会扰乱劳动力和商品的自然比例。数量理论认为纸币本身可以增加财富。他是如何将这一点与他所观察到价格开始上涨前的利益间隔相结合的呢？休谟在一个注脚中考虑到了这一点，并重申了这种利益的潜力；但就纸币而言，"急于求成滥发纸币却是危险的，因为丧失信用就有丧失一切的危险。就像公共事务中的任何骤然休克所造成的后果一样"（317n）。更重要的是，纸面信用驱逐了贵金属，而贵金属仍然是一种有价值的资源。他举了一个有趣的例子，在美洲殖民地，纸币的引入导致"贵金属完全被驱逐"，在他看来，如果废除纸币，这种情况就会发生逆转（318）。[32] 至少在殖民地，一个更为熟悉的说法是，人们之所以认为纸币是一种创新，恰恰是由于缺乏一种用于交换的硬通货媒介。

尽管休谟非常审慎，但他还是赞同纸币的"正确使用"（318）。他赞扬了爱丁堡的银行信贷创新，这一创新促进了以货物、房地产和各种其他财产（包括外债）为担保的贷款，产生了某种形式的"现金"。借助于此，商人可以把他们的私有财产有效地变成"硬币"（319）。我们随即在休谟的身上找到一种有趣的融合：既有来自原则和来自经验观察的论证，又在对未来道路的保守沉默中结合了一种具有特色的思想独立。

休谟的保守主义倾向再次表现在他的《论公共信用》一文中，他把这种现代现象称为"毁灭性的"（350）。他承认，投资公共债务确实有一些优势，可以享受到比土地更大的流动性，这使得公共债务对那些拥有资金者具有吸引力。但休谟认为，这些"股票"构成了一种纸面信用的形式，拥有"所有货币种类的缺点"（355），还起到了驱逐贵金属和提高价格的作用（同时还导致用附加税支付利息，推高了劳动力成本）。[33]

休谟在这些问题上的思想在许多方面与约瑟夫·哈里斯（Joseph Harris）不谋而合。哈里斯是 18 世纪 50 年代铸币厂的检验师，也是名为《论货币和硬币》（*Essay upon Money and Coins*, 1757—1758）的两卷本著作的作者。哈里斯在试图提供一种系统性的论述时，同样没有受到贸易平衡的传统思维的束缚；他同样相信价值有一套自然标准，认为货币是通过自然过程找到其平衡的，这质疑了货币稀缺的"普遍呼声"（1757:103）。他反对纸币的理由和休谟一样，认为纸币是一种增加货币流通量的"人为"手段，假如"纸币代替的金银条没有被锁起来"的话（1757:96）。数量理论表明，这种影响会被抵消，但风险也在于，对应于投入流通中的纸币数量，会有相应的现金退出流通。哈里斯认可银行的前提是银行在发行纸币时拥有"真正的财富"（1757:100）。但哈里斯和休谟之间的共同之处是有限的。哈里斯在著作的第二卷长篇大论地论证了货币贬值的危害性。休谟愿意承认法国王室从这些干预中获利，而哈里斯在参考休谟引用过的同样的证据来源〔杜托特的《关于金融和贸易的政治思考》（*Réflexions politiques sur les finances et le commerce*, 1738）〕后，却得出了相反的结论，并进而谴责了"路易十四关于硬币的恶作剧"（1758: 111）。³⁴ 哈里斯的两卷本著作表明，随着 18 世纪的发展，洛克原则具有了重要的影响力。

苏格兰理论家詹姆斯·斯图尔特爵士（1713—1780）（见图 7.4）的著作（在更广泛的政治经济背景下）充分地表达了对货币进行系统性处理的愿望。他的《政治经济学原理研究》（*An Inquiry into the Principles of Political Oeconomy*, 1767）以两卷的篇幅涵盖了大量内容，正如书名所示，全书都是根据他进行推论所采用的原理来预测的，穿插了很多说明性的假设情景，并援引了历史先例。他通过分析得出了一些有力的结论，这使他在一些重要的观念领域与休谟分道扬镳。例如，他否定了洛克、休谟和其他学者提出的数量理论。与标准观点相反，斯图尔特坚持认为，货币数量的增加并不会导致价格上涨；相反，需求或"消费欲望"才具有这种效果（与不同买方和卖方群体之间的竞争一致）（2: 79）。³⁵ 他同样对休谟关于贸易平衡的观点提出了异议，并把货币比喻为一种即使在混乱之后也能找到平衡的流体。休谟曾对英国货币在一夜之间消失五分之四的假设情况做出乐观的回应，理由是一旦英国商品价格暴跌（按照数量理论），外国对英国商品的需求将会弥补这一损失。³⁶ 斯图尔特认为，这样一个灾难性的事件将导致英国居民放弃向他们的同胞出售"生活必需品"（他们将缺乏资金购买这些必需品），转而选择出口市场，在那里他们可以以最好的价格出售（2: 95）。

在《政治经济学原理探究》一书的第三卷正式谈到"货币和硬币"这个主题时，从（"纯粹理想的"）记账货币和硬币形式的货币之间的区别开始，斯图尔特做了许多重要的区分。他强调货币的量度功能，这是一种任意划分刻度的方法，用来进行价值计量和确定份额，类似于用来量度重量、体积或距离的标准。保持这些单位的一致性

图 7.4 《詹姆斯·斯图尔特爵士肖像》，沃尔夫冈·迪特里希·迈尔绘，1761 年
来源：苏格兰国家美术馆

固然重要，但就货币而言，这样做并不意味着它们必须依附于金属。[37] 金银并不构成标准，金银表示价格。两种参考标准之间的混淆由来已久（2: 217）。他对硬币局限性的讨论引发了一系列异议，这些异议表明了将衡量价值的任务分配给硬币的问题（包括金银本位制的破坏性影响）。[38]

斯图尔特对硬币的保留意见补充了他在其他作品中关于纸币效用的观点，这是他与休谟持不同看法的另一个主题。[39] 不惜一切代价维持流通和避免经济停滞的关键需要，决定了政治家（斯图尔特的言辞对象）要加快引入他所说的"象征性货币"（1: 56）。和他的同胞约翰·劳一样，斯图尔特也提议用土地来支持纸币的价值（1: 58）。他指出，清算用于担保的土地所有权仍有一些困难，但只要土地"存在"，"纸币就必须保持其价值"（1: 60）。事实上，这构成了一种信贷形式，其功能是鼓励消费和需求（2: 62）。当然，如果国内货币供应枯竭，一个国家支付利息以向海外借贷就是一个糟糕的政策，因为纸币可以代替硬币流通，并以同样的担保作为贷款抵押（2: 110-11）。在第三卷正式谈到货币时，斯图尔特通过声明"纸面信用或象征性货币……是一种契约，需要偿付某些面额的货币的内在价值"来呼吁收紧货币发行量，但他接着补充说，必须找出"某种内在价值或其他价值（可能是土地）"来构成纸币的基础（2: 212-13），从而使他的立场与劳和贝克莱的观点一致。

在关于信贷和债务的第四卷中，斯图尔特阐明了银行的关键作用，"信贷部门是最值得政治家注意的部门"（3: 168），这再次使他与贝克莱和劳处在相同的立场（斯图尔特称赞劳是通过建立银行来改造法国的"卓越天才"）（3: 169）。即使在劳的个案里，标准模式也是以按需支付硬币的承诺来支持银行券。斯图尔特单独用了一个章节来研究这种惯例的后果，这种最初由于信用环境不佳而产生的惯例一直存在于那些认为除了硬币以外的所有货币都是"虚假和骗人的"人的头脑中（3: 177）。对像英格兰银行这样的机构来说，当出现不利的外汇平衡需要以硬币来结算时，如何管理部分准备金以满足国内需求是最主要的难题。但他也指出，由于银行有义务提供（重量上）足额的全新硬币（3: 180），因此，如果要求银行以面值接受重量不完全的硬币，银行的地位会受到不利影响。

亚当·斯密（见图7.5）在《国富论》（1776）中讨论纸币问题时，体现出某种中间立场。他首先回顾了贵金属作为交换媒介的历史，指出了这段历史中存在的贬值的问题以及一直以来反复出现的导致价值缩水的磨损问题。当他在第二篇第二章转向对纸币的讨论时，他评论说用这种形式代替金银是"用一种比较便宜的商业工具取代一种非常昂贵的商业工具，其便利性丝毫不受影响"（292）。假定银行以20%的部分准备金运作，那么可以说，如果在不使用纸币的

图 7.5 《亚当·斯密雕版肖像》，罗伯特·格雷夫斯绘。发表于《国民财富的性质和原因的研究》（London: J.F. Dove，1826）
来源：爱尔兰国立大学高威分校詹姆斯·哈迪曼图书馆

情况下需要动用10万英镑达到某个目的，那么在银行以部分准备金运作的情况下，使用2万英镑金银币就可以达到同样的目的。将这一模式转移到整个经济体的需要上，权且假定需要100万英镑来管理经济事务，那么纸币的引入将创造80万英镑的盈余。这笔钱会怎么样呢？国内经济已经满足了它的需求，斯密认为价值将被"输往国外"。在他看来，如果这笔钱用于购买外国商品供国内消费（如葡萄酒和丝绸），那么这种发展将是"有害的"，会推动"挥霍"（294）。另一方面，如果把钱花在购买材料、工具和食物上，使人们能够工作，那么这就是一种积极的发展。他提到了由银行做后盾的苏格兰经济的增长以及银行发行纸币的做法，以证实他的观点。苏格兰硬币的数量不超过货币总发行量的四分之一（297–298）。然而，与斯图尔特不同的是，斯密仍然坚持这种模式是由金银界定的。这在一定程度上是由可兑换性这一严格前提决定的。如果流通中的纸币价值超过了"供应它的金银的价值",那么它将返回发行纸币的银行,以换取黄金和白银,因为纸币无法输送到国外。因此,滥发纸币最终会导致银行出现挤兑(300-1)。纸币需要审慎发行,这一点显而易见,但这并不意味着各家银行在这件事上的做法都符合它们自己的利益。事实上,英格兰银行自身也掉进了这个陷阱中[①](302)。

最后的危机:纸币对黄金

斯密于1790年去世。在此之后十年之内,一种会令他感到沮丧的局面出现了。1797年,在与法国的战争中,出于被入侵的恐惧,英格兰的《银行限制法案》被批准生效(最初在2月26日成为一项议会法案,后经5月3日颁布的立法确认),暂停了英格兰银行按需将纸币兑换为黄金的义务。[40]这场危机代表了这一时期货币思想的最后一个重要阶段。在限制期间,至少出现了800本关于这一主题的小册子(Dick, 2013: 36)。

这个法案最初是作为一项临时措施出台的,在与拿破仑大战期间以及拿破仑战败之后,该法案仍然有效,直到1821年才结束施行。它界定了公众辩论的一个新阶段:关于货币、银行业的本质,以及是否需要一个确定的机制来规范纸币的发行。银行面临挤兑的情况推动了这一措施,但暂停偿付并非史无前例:1696年,英格兰银行在货币重铸危机期间被迫采取了这一措施,原因是当时人们对挤兑

---

① 指纸币过度发行,过剩的数目又不断流回银行兑换黄金。

（亚当·斯密很久之后才记起这一事件）也有类似担忧，但这种情况只持续了数天，而不是数年。[41]1797年采取的这一限制之所以如此重要，正如金勋爵（King）所描述的，是因为它的持续时间长、针对它的回应源源不断，并且，作为一场"我们整个纸币体系的革命"，它带来了文化上和思想上的影响（1803:10）。[42]

对公众讨论的第一个重大贡献，出现于亨利·桑顿（Henry Thornton）①的《大不列颠纸面信用的本质和作用的探讨》（*An Enquiry into the Nature and Effects of the Paper Credit of Great Britain*, 1802）一书（见图7.6），该书是桑顿对被他称为与考虑暂停偿付有关的"普遍错误"的回应，但出人意料地演变成了一个"通论"。桑顿曾是一位银行家和议会议员，他试图通过审慎的分析来应对这场危机，他意识到滥发纸币的危险，但也意识到过度减少发行纸币的风险（124）。他说，批评纸币"只不过是一种虚构的东西，不具备黄金的内在价值，就如同因为其优点而与它争论"（178）。他反对"民主式小册子"的"荒谬之处"，这些小册子谴责纸币不仅滥发，而且成为政府纵容和公共欺诈的形式（171n）。毫无疑问，威廉·科贝特（William Cobbett）②因后来发表的《基于黄金的纸币，基于繁荣的荣誉》（*Paper against Gold and Glory against Prosperity*, 1815）一书而被后人视为一位特别直言不讳的榜样。桑顿承认，限制银行券的发行数量确实有助于支持其价值，但他认为，英格兰银行并没有犯过度放纵自己的错误；事实上，流通中的银行券维持了

---

① 亨利·桑顿（1760—1815），英国经济学家、银行家和慈善家，对货币理论做出了重大贡献。
② 威廉·科贝特（1763—1835），英国散文作家、记者、政治活动家，小资产阶级激进派的著名代表人物，曾大力推动民众激进运动的复兴和发展。

一个适度而非"异常"的数量，尽管符合这个国家需求的确切数量很难判断（223, 225; 也见 108）。真正的挑战似乎是国家银行发行银行券的能力，他同情英格兰银行作为事实上的最后贷款人面临的困境（123-4）。他的父亲和祖父曾担任该银行的董事，他的哥哥塞缪尔是实施限制主义政策时期的副行长，并在 1799 年到 1801 年担任行长，因此他无疑倾向于给该行进行一个有利的申辩。

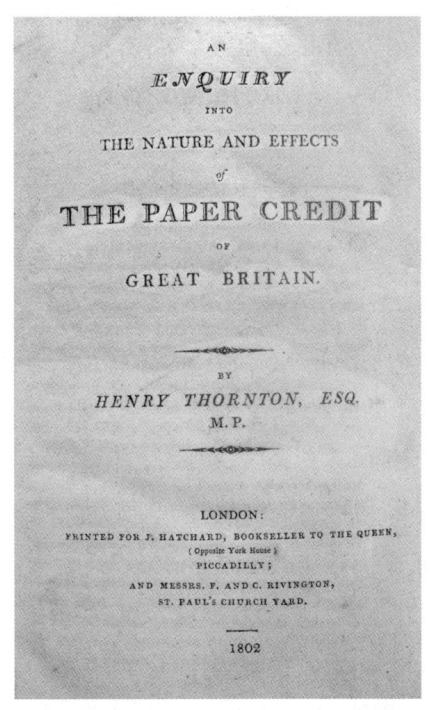

图 7.6　亨利·桑顿的《大不列颠纸面信用的本质和作用的探讨》（*An Enquiry into the Nature and Effects of the Paper Credit of Great Britain*, 1802）书名页
来源：爱尔兰国立大学高威分校詹姆斯·哈迪曼图书馆

其他人则不那么敢为银行的廉洁打包票。约翰·洛克的家族后裔、上议院议员金勋爵在桑顿的书出版之后一年发表了他的重要著

作。他也不是纸币的反对者，但他认为纸币的功能是精确地表示硬币，这是通过按需兑换硬币来实现的。假如没有这一限制，纸币滥发将不可避免地导致货币贬值。大卫·李嘉图（David Ricardo）[1]赞扬了金，并为他健全的政策没有得到重视而感到遗憾。李嘉图将他发表在《晨报纪事》（*Morning Chronicle*）这份报纸上的评论文章汇集成一本名为《金银的高价是银行券贬值的证据》（*The High Price of Bullion, A Proof of the Depreciation of Bank Notes*, 1810）的书。他指出了两个"准确无误的测试"，这两个测试证明了银行滥发银行券的有害影响（27-8），即金银的价格高昂和汇率下跌。他认为，银行券对黄金的贬值将会与滥发银行券保持相同的速度。事实上，这与切割硬币产生的效果是一样的（32）。李嘉图建议逐步减少银行券的流通来应对这一问题，直到它们达到与其所代表的硬币相同的水平（50-51）。贬值的货币需要减少到一个商定的现有标准，这与货币重铸时期发生的事情十分类似。当李嘉图详细地引述亚当·斯密关于"提高"铸币量的弊端时，这种联系就变得更加清晰，可以追溯到洛克关于货币的思考（52-54）。

1809年，金条的市场价格飙升（远远超过了铸币的价格），加上汉堡、阿姆斯特丹和巴黎的英镑汇率急剧下跌（Fetter, 1959: 104），导致下议院成立了一个特别委员会，也就是人们熟知的金银条委员会。委员会于1810年6月编写了著名的《金银条报告》〔由桑顿、弗朗西斯·霍纳（Francis Horner）和威廉·赫斯基森（William Huskisson）撰写〕，表明了一种强硬的立场。委员会坚持认为，尽

---

[1] 大卫·李嘉图（1772—1823），英国古典经济学家，以其工资与利润理论、劳动价值理论、比较优势理论和租金理论而闻名。

管几尼金币已经确定不再流通了,但黄金价格的上涨并不是由于黄金稀缺造成的(Cannan, 1919: 9)。白银并不稀缺,但其价值也以相似的程度攀升,这一事实佐证了这一观点。黄金价格的上涨主要是由英格兰银行(其次是郡银行)滥发纸币却没有将纸币兑换成黄金的条款所致,[43] 委员会非常怀疑黄金能否继续作为事实上真正的价值衡量标准(这提醒我们注意斯图尔特提出的对严格标准的要求)。他们建议"在允许的情况下尽可能快地"回归以可兑换性作保证的金本位制(16;也见 68)。滥发的纸币不能出口到别的国家,(按照数量理论)会导致价格上涨。因此,金银条与别的商品一样,成为另一种纯粹的商品,价格也会随之上涨。同样的价格驱动情景导致了英镑汇率的下跌,因为其他国家没有相应的价格上涨来抵消这种下跌(17)——汇率是由简单的商品成本比较来控制的,商品成本是用贵金属的内在价值来衡量的。

金银条委员会通过原则性的论证、证据和对一些历史先例的分析,提出了自己的观点。1696—1698 年的货币重铸仍然是一个参考点,但金银条委员会也认为,滥发纸币是七年战争期间苏格兰纸币贬值的原因(并引用了亚当·斯密的话来支持此观点)(37-8)。另一个最新的有力例证来自爱尔兰,即 1804 年爱尔兰对英国的汇率贬值。金银条委员会驳斥了爱尔兰货币委员会的一些证人的说法,这些证人指责贸易失衡。在金银条委员会看来,爱丁堡银行家曼斯菲尔德的观点更准确。曼斯菲尔德认为,滥发纸币是真正的原因(40)。按照金银条委员会的说法,某种程度上,在限制主义政策实施之前,英格兰银行的体系是自我调节的,黄金价值的飙升和不利的汇率将从那些想要以纸币获得额外价值的人那里把纸币吸引回银行,这促使董事会以限制发行银行券作为回应,"通过这种方式,邪恶很快会自愈"（43-4）。由于这种抑制措施不再运作，滥发银行券的行为也不会自然地停止。总而言之，立法机构委托英格兰银行董事会承担不合理的责任，即确定"与公众需求和场合完全相称的流通媒介的数量"（52）。唯一的补救办法是重新承诺建立一套货币体系，这种货币体系只由贵金属制造的硬币或可以"随意"兑换成硬币的纸币组成。除了这个支撑商业和汇率的"自然体系"，没有其他合适的替代方案。当然，金本位制的这一教条仍然存在，直到约翰·梅纳德·凯恩斯在第一次世界大战后对金本位制提出重大挑战（作为对温斯顿·丘吉尔在 1925 年恢复金本位制的回应）。[44] 尽管如此，1811 年 5 月，在爆发了一场拥护者和反对者之间的小册子争论之后，该《金银条报告》还是被议会否决了。拒绝它的动机包括对战时努力的关注、对托利党政府的辩护（尽管党员中有不同的声音）和对英格兰银行的支持（Fetter, 1959）。但对货币的共识似乎仍然是一个难以达成的目标。

  限制政策实施时期，货币和政治经济被确立为公众辩论的关键问题和事务。一个世纪以来，货币、银行和贸易一直是人们思考的焦点，人们期望富有智慧的权威机构能够以清晰、合理的立场进行干预，这一期望引起了众多评论家和哲学家的关注。各种各样的危机往往决定了讨论的范围，但在这些有争议的情况下，仍然出现了具有影响力的本原学说。对货币标准的探索，在金融冲击和战争中提供了一个支点，保持了持久的吸引力，尽管有经验开始表明，一种自由浮动的替代方案显然是可行的，不仅在外围地区，而且在桑顿所说的"欧洲乃至整个世界的贸易大城市的中心"（104）。

图表目录

List of Illustrations

图 片

概 述

0.1 英国政府于1667年发行的偿还特许状，是最早发行的公共债券之一　　13

0.2 1708年发行的英格兰银行券。银行券上的部分内容是印刷上去的，日期和题词则为手写，金额为150英镑；图上显示首期付款为100英镑，末期付款为50英镑。约瑟夫·纽威尔签名，巴特·曼宁会签　　20

0.3 起泡器冒泡了，落后者遭殃。詹姆斯·科尔对证券交易所的描绘，1720年　　26

第一章

1.1 螺旋冲压机。版画原印于狄德罗和达朗贝尔主编的《百科全书》中　　40

1.2 伊丽莎白一世时期被切割过的、破旧的银币　　46

1.3 马修·博尔顿的铸币冲压机　　59

1.4 1797年，由索霍铸币厂蒸汽铸币冲压机铸造的车轮便士　　61

1.5 宾夕法尼亚州20先令纸币，本杰明·富兰克林印制，1739年　　66

第二章

2.1 《托马斯·霍布斯像》，约翰·迈克尔·赖特绘　　73

2.2 《约翰·洛克像》，迈克尔·达尔绘，布面油画，约1693年　　79

2.3 《孟德斯鸠男爵像》，查理·特·塞孔达绘　　83

2.4 《大卫·休谟像》，艾伦·拉姆齐绘　　84

2.5 《让-雅克·卢梭像》，艾伦·拉姆齐绘　　93

第三章

3.1 1864 年的两美分。第一枚显示"我们信仰上帝"的硬币是1862 年的两美分硬币   109

3.2 《纽约历史：从世界的开始到荷兰王朝的结束》（*A History of New York, From the Beginning of the World to the End of the Dutch Dynasty*）卷首插图（"荷兰重量"），该书由华盛顿·欧文所著   114

第四章

4.1 老贝利诉讼记录（1678—1820）中的各类盗窃案件总数   144

4.2 老贝利刑事法院（1680—1820）的审判报告中提到的不同货币的总数所占比例   156

4.3 先令（估）、几尼和纸质票据的提及次数（1680—1820）   158

4.4 提及先令（估）、几尼和纸质票据的案件的百分比（1680—1820）   158

4.5 提及先令（估）、几尼和纸质票据的案件的百分比（1680—1820）   160

第五章

5.1 《热尔桑的画店》，让·安托万·华多绘，画布油画，展示了一幅诱人的琳琅满目的奢侈品画面，但并没有描绘金钱；贵族消费者几乎总是赊账购买，1721年   165

5.2 《雷克继承财产》，威廉·霍加斯绘，《浪子生涯》中的一个场景，铜版画。由于他继承的财富是从他身后的墙上凿出来的，霍加斯的"雷克"试图用一把硬币买下他曾经的婚约，1734 年   167

5.3 《兰格小姐扮成达那厄的肖像画》，安·路易·吉罗代·特里奥松绘，油画。吉罗代将女演员描绘成神话中的达那厄，暗示她很容易受金钱诱惑，1799年   171

5.4 《指券的价值》，雕版画。法国大革命时期的纸币，由于政治合法性的崩溃而贬值；像这样的错视画印刷表明这些纸币从来没有实质内容，约1796—1797 年   173

5.5 《马拉之死》，雅克·路易·戴维绘，画布油画。马拉的浴室边桌子上的指券既表明他对大革命的信心，也表现了他的慷慨大方，1793年   175

5.6 路易十五埃居（1765），正面刻有路易十五像以及"蒙上帝之恩宠，法兰 179
西和纳瓦拉国王"字样的铭文，反面刻有"称颂上帝之名"字样的铭文

5.7 玛丽亚·特蕾西亚银元（1780）。这种银元在玛丽亚·特蕾西亚去世后还 182
铸造了150多年，可能是第一种全球货币

5.8 西班牙元，也称"八块"（1739）。用旗帜包裹的柱子据说是美元符号 183
（$）的起源

5.9 英格兰银行银行券（1725），早期的银行券虽然仅有部分内容是印刷上去 186
的，但在视觉上属于汇票的手签文化

5.10 《威尔士亲王（乔治二世）肖像》，约翰·史密斯绘，铜版画。苏格兰皇 187
家银行在其银行券上复制这张乔治二世的肖像画，意味着银行券的价值
来自他的主权权威，1717年

5.11 特拉华州面值2先令6便士的银行券（1776年1月），正面，纸面上有 191
油墨签名

5.12 宾夕法尼亚州面值15先令的银行券（1759年4月），背面，油墨签 191
署。本杰明·富兰克林巧妙的防伪技术，包括用真正的树叶印刷纸币

第六章

6.1 1771年2月16日，纽约发行了一张两英镑的纸币，上面印有横跨大西 199
洋的贸易的图像

6.2 1775年纽约发行的一美元纸币上印有一捆小麦的图案和E Parvis Grandis 202
Acervus（积少成多）的格言

6.3 马萨诸塞州于1775年12月7日发行的一张四先令的"手持利剑"纸币， 204
上面印有一名士兵的形象和Issued in defence of American Liberty（为捍
卫美国自由而发行）的字样

6.4 1777年2月14日，南卡罗来纳州发行的一张30美元的纸币，上面写着格 204
言SERVITUS OMNIS MISERA（一切形式的奴隶制都是可耻的）

6.5 1777年2月14日，南卡罗来纳州发行的一张20美元的纸币，上面印有一 205
只逃离鸟笼的鸟的图像和UBI LIBERTAS IBI PATRIA（哪里有自由，哪里就
是祖国）的字样

6.6 1775年11月29日发行的6美元的大陆元纸币，印有海狸的图案和格言 216
PERSEVERANDO（不屈不挠）

6.7 1777 年 5 月 20 日发行的 2 美元的大陆元纸币，印有一只手打麦子的图案和 　　217
　　格言 TRIBULATIO DITAT（苦难会改善）
6.8 1776 年发行的 1/3 美元的大陆元纸币，印有 13 个环环相扣的图案（每一 　　217
　　个环代表一个殖民地）和格言 WE ARE ONE(我们是一个整体)

第七章

7.1 威廉三世克朗，1696 年，正面和反面。这是用于替换货币重铸前机械铸 　　233
　　造的在流通中磨损且被切割的克朗的货币。照片由丹尼尔·凯里拍摄
7.2 威廉·伍德为爱尔兰所铸的半便士面值的铜币样品。最左边（上和下）： 　　236
　　1722 年铸造的半便士铜币（类型I）的正面和背面；中间（上和下）：
　　1723 年铸造的铜法寻（类型III）的正面和背面；最右边（上和下）：
　　1723 年铸造的半便士铜币（类型II）的正面和背面，图案为手持棕榈叶坐
　　着的希伯尼亚
7.3 1723 年发行的乔治一世南海公司先令，正面和反面。南海公司将从印度 　　242
　　尼西亚获得的白银卖给铸币厂，抵消了 1720 年股价暴跌所造成的损失。
　　照片由丹尼尔·凯里拍摄
7.4 《詹姆斯·斯图尔特爵士肖像》，沃尔夫冈·迪特里希·迈尔绘，1761年 　　248
7.5 《亚当·斯密雕版肖像》，罗伯特·格雷夫斯绘。发表于《国民财富的性质 　　250
　　和原因的研究》（London: J.F. Dove, 1826）
7.6 亨利·桑顿的《大不列颠纸面信用的本质和作用的探讨》（*An Enquiry into* 　　253
　　the Nature and Effects of the Paper Credit of Great Britain, 1802）书名页

表　格

第四章

4.1 1623—1715 年汉普郡遗嘱认证清册中的债务类型（例）　　　　　133
4.2 老贝利刑事法院（1680—1820）的审判报告中提到的不同货币的总数　　156

注 释
Notes

概 述

1. John Broughton,"A Letter to a Member of the Present Honourable House of Commons, Relating to the Credit of Our Government, and of the Nation in General"（London: printed by A.R. and sold by J. Nutt, 1705）, 3, 4, 5–6. 约翰·布劳顿的著作权有争议；我遵循那些为现代世界数据库的制作提供资源的人所做的决定。见Gale，文件编号U108966337。

2. 参见William Paterson, *A Brief Account of the Intended Bank of England*（n.p.p.: Randal Taylor, 1694）; Christine Desan, *Making Money: Coin, Currency, and the Coming of Capitalism*（Oxford: Oxford University Press, 2014）, 295–329. 银行为政府贷款而发行的第一批纸币工具实际上是打上印记的票据。有关票据、银行券以及它们之间的转换的讨论，请参见Desan, *Making Money*, 308–11, 322–7。

3. "The Case of Mixed Money," Cobbett's *complete collection of state trials and proceedings for high treason and other crimes and misdemeanors from the earliest period to the present time*, ed. T.B. Howell〔London: n.p., 1812（1605）〕, 114, 118（*Monetandi jus principum ossibus inhaeret*）. 总体参考 Peter Spufford, *Money and its Use in Medieval Europe*（Cambridge: Cambridge University Press, 1988）; Thomas N. Bisson, *Conservation of Coinage: Monetary Exploitation and its Restraint in France, Catalonia, and Aragon*（*c. AD 1000–c. 1225*）（Oxford: Clarendon Press, 1979）; Peter Spufford, "Assemblies of Estates, Taxation and Control of Coinage in Medieval Europe," in XII *Congrès International des Sciences Historiques*（Louvain-Paris: Études Présentée à la Commission Internationale pour l'Histoire des Assémblées d'États, XXXI, 1966）。

4. 参见Desan, *Making Money*, 108–50. 关于中世纪复杂的自由铸币系统，请参见Desan, *Making Money*, 70–107; Thomas J. Sargent and François R.Velde,

The Big Problem of Small Change, Princeton Economic History of the Western World Indexes（Princeton, NJ: Princeton University Press, 2002）。

5. Edward Misselden, *Free Trade or, the Meanses to Make Trade Flourish*（London: John Legatt, for Simon Waterson, 1622）, Chap. II；总体参考 Carl Wennerlind, *Casualties of Credit: The English Financial Revolution, 1620–1720*（Cambridge, MA: Harvard University Press, 2011）, 17–43. 有关信贷对近代早期的交易所做的贡献，请参见Craig Muldrew, *The Economy of Obligation: The Culture of Credit and Social Relations in Early Modern England*（Basingstoke: Palgrave Macmillan, 1998）。

6. 参见如Ryan Patrick Hanley and Maria Pia Paganelli, "Adam Smith on Money, Mercantilism and the System of Natural Liberty," in Daniel Carey（ed.）, *Money and Political Economy in the Enlightenment*（Oxford: Voltaire Foundation, 2014）, 186–188; Wennerlind, *Casualties of Credit*, 42–79。

7. 参见Desan, *Making Money*, 231–54, 296–304; Steven Pincus, *1688: The First Modern Revolution*（New Haven, CT: Yale University Press, 2009）, 366–93; Bruce G. Carruthers, *City of Capital: Politics and Markets in the English Financial Revolution*（Princeton, NJ: Princeton University Press, 1996）, 76–7, 139–46。

8. 然而，国库券是有息的。参见National Land Bank Act of 1696〔7 & 8 Will 3 c 31 ss 67, 69; 8 & 9 Will 3 c 20 ss 63, 64, 66（1696–7）〕。

9. Bank of England Act 1694（5 & 6 W & M c 20）. 不断努力改善银行券流通的例子比比皆是。因此，银行尝试对其发行的债券支付或扣留利息。银行和政府还努力加强公众持有银行券的意愿，采取行动将这些券用于纳税。Desan, *Making Money*, 311–27。

10. 7 Anne c 7（1708）；也见6 Anne c 21（1707）（临时措施）；总体参考 12 Anne c 11（1713）; 15 Geo. II c 13（1742）; 4 Geo. III c 25（1764）; 21 Geo. III c 60（1781）; 40 Geo. III c 28（1800）; 3 & 4 Will. IV c 19（1833）; 7 & 8 Vict. c 32（1844）. 1844年后，英国政府有选择地继续经营这家银行，而没有进行更新特许状的手续。参见J. Lawrence Broz and Richard S. Grossman, "Paying for Privilege: The Political Economy of Bank of England Charters, 1694–1844," *Explorations in Economic History* 41, no. 1（2004）: 50。

11. Tontines是一种年金，幸存者从其他参与者的死亡中获益。中世纪的先例见John H. Munro, "The Medieval Origins of the Financial Revolution: Usury,

Rentes, and Negotiability," *International History Review* 25, no. 3（2003）: 505–62; David Stasavage, *States of Credit: Size, Power, and the Development of European Polities*（Princeton, NJ: Princeton University Press, 2011）。

12. 有关唐宁的背景，请参见"Downing, Sir George," in *Encyclopaedia Britannica*, ed. Hugh Chisholm（Cambridge: Cambridge University Press, 1911）. 考虑到查理对天主教的热爱以及他努力寻求与法国结盟，他面对的议会越来越不愿意给他拨款。与荷兰人的战争使他急需钱用。参见Carruthers, *City of Capital*, 32–4, 54, 56. 接下来的段落借鉴了德桑的资料，见Desan, *Making Money*, 245–66。

13. 关于早期的贷款模式，请参见Robert Ashton, "Revenue Farming Under the Early Stuarts," *Economic History Review*（New Series）8, no. 3（1956）: 310–22; C.D. Chandaman, *The English Public Revenue, 1660–1688*（Oxford: Clarendon Press, 1975）, 22–31. 有关备受吹捧的荷兰模式固有的局限性，请参见Anne L. Murphy, *The Origins of English Financial Markets: Investment and Speculation Before the South Sea Bubble*（Cambridge: Cambridge University Press, 2009）, 443–4, 47; and Marjolein't Hart, "'The Devil or the Dutch': Holland's Impact on the Financial Revolution in England, 1643–1694," *Parliaments, Estates and Representation* 11, no. 1（1991）: 50–1. 关于复杂的法国联合养老制，请参见David R. Weir, "Tontines, Public Finance, and Revolution in France and England, 1688–1789," *Journal of Economic History* 49, no. 1: 95–124.

14. 参见Henry Roseveare, *The Treasury, 1660–1870: The Foundations of Control*, Historical Problems, Studies and Documents, 22（London: Allen and Unwin, 1973）, 23–5; *A State of the Case, between Furnishing His Majesty with Money by Way of Loan, or by Way of Advance of the Tax of Any Particular Place, Upon the Act for the £1250000*（1666）.

15. 荷兰的公共债务工具虽然有具体的收入做后盾，但只在省级层面发行。正如拉里·尼尔指出的："简言之，荷兰由于其政治结构的分裂性，在这一时期从未发行过由国家征税机构支持的真正的国家债务。"Larry Neal, "How It All Began: The Monetary and Financial Architecture of Europe from 1648 to 1815," *Financial History Review* 7, no. 2（October 2000）: 122–3。

16. 关于天主教对金钱利益的禁止和对宗教改革的复杂影响，参见，例如，Max Weber, *The Protestant Ethic and the Spirit of Capitalism*, trans. Talcott

Parsons〔London: Routledge, 2001（1930）〕; Christopher Hill, *The World Turned Upside Down: Radical Ideas During the English Revolution*（London: Temple Smith, 1972）; John Thomas Noonan, *The Scholastic Analysis of Usury*（Cambridge, MA: Harvard University Press, 1957）, 105–32; Barry J. Gordon, *Economic Analysis before Adam Smith: Hesiod to Lessius*（London: Macmillan, 1975）, 187–217, 244–72; André Biéler, *Calvin's Economic and Social Thought*, trans. James Greig and Edward Dommen〔Geneva: World Alliance of Reformed Churches, 2005（1961）〕, 145–8. 关于对治国才能的兴趣，请参见Albert O. Hirschman, *The Passions and the Interests: Political Arguments for Capitalism Before its Triumph*, 20th anniversary edn.（Princeton, NJ: Princeton University Press, 1997）, 12–14, 32–4; Istvan Hont, *Jealousy of Trade: International Competition and the Nation-State in Historical Perspective*（Cambridge: Belknap Press, 2005）, 8–17. 关于英国内战期间利益的重要性，参见J.A.W. Gunn, *Politics and the Public Interest in the Seventeenth Century*, Studies in Political History（London: Routledge & Kegan Paul, 1969）, 3–41; C.B. Macpherson, *The Political Theory of Possessive Individualism: Hobbes to Locke*（Oxford: Clarendon Press, 1969）, 263–71. 也参见，例如，Thomas Hobbes, *Leviathan, or the Matter, Forme, and Power of a Common- wealth, Ecclesiasticall and Civill*〔（London）: Andrew Crooke, 1651〕; Richard Tuck, *The Sleeping Sovereign: The Invention of Modern Democracy*（Cambridge: Cambridge University Press, 2016）.

17. Sir William Killigrew, *An Humble Proposal Shewing How This Nation May Be Vast Gainers by All Sums of Money Given to the Crown without Lessening the Prerogative*（1663, republished 1690, 1696）, 9; Anon., *Reasons for Encouraging the Bank of England*（London: n.p., 1695）, 3, as quoted in Murphy, *The Origins of English Financial Markets*, 36.

18. "The Case of the Bankers," in *Cobbett's complete collection of state trials and proceedings for high treason and other crimes and misdemeanors from the earliest period to the present time*, ed. T.B. Howell〔London: n.p., 1812（1696, 1700）〕; 总体参考J.K. Horsefield, "The 'Stop of the Exchequer' Revisited," *Economic History Review*（2nd Series）35, no. 4（1982）: 511–28.

19. 关于主权优于货币的广泛性，请参见"The Case of Mixed Money"。

20. 这场余波持续了几十年；随着君权的衰落，议会扩大了其权威。参见Horsefield, "The 'Stop of the Exchequer' Revisited," 522–3; Richard David Richards, *The Early History of Banking in England*（London: P. S. King & Son, 1929），66–7. "银行家们的案子"中诉讼当事人的命运逐渐削弱了这样一种观点，即光荣革命改变了金融实践（以及更普遍的市场活动），因为英国政府那时"切实地承诺"保护私人权利。参见Douglass C. North and Barry R. Weingast, "Constitutions and Commitment: The Evolution of Institutions Governing Public Choice in Seventeenth-Century England," *Journal of Economic History* XLIX, no. 4（1989）: 803–32. 正如我在别处所说的，政府实际上延迟支付了银行家的借款和光荣革命后几十年里持有的其他债务。此外，政府优先考虑债权人的权利，同时削弱其他人的私人权利，包括被积极征税的纳税人。Desan, *Making Money*, 287–94. 17世纪末债权人权利的兴起是一个重要的变化，但这并不是因为它代表了作为一种抽象财产的权利的胜利，也不是因为私人权利与公共权力的隔绝。相反，债权人及其权利是现代市场秩序的组成部分，而现代市场秩序正是政府自己创造的。

21. 关于公共债务革命及其根源，请参见P.G.M. Dickson, *The Financial Revolution in England: A Study in the Development of Public Credit, 1688–1756*, Modern Revivals in History（London: Macmillan, 1967）; Roseveare, *The Treasury*。

22. 关于这些指标的讨论，以及货币短缺的经济和经验方法，请参见Desan, *Making Money*, 254–65. 最近对硬币供应的"速度"的估计表明，人们必须迅速地在他们自己之间转移硬币，参见Nuno Palma, "Reconstruction of Money Supply over the Long Run: the Case of England, 1270–1870," *Economic History Review* 71, no. 2（2017）: 12（Figure 4）。

23. 事实上，这两种方法英国人都做了试验。关于国库券，参见National Land Bank Act 1696（7 & 8 Will 3 c 31 ss 69, 70）; 8 & 9 Will 3 c 20 s 63（1696–1697）; Desan, *Making Money*, 340–1. 银行的贷款是长期的；其授权立法规定了偿还贷款利息的收入来源。参见Bank of England Act 1694（5 & 6 W & M c 20 s 19）. 关于政府在税收方面逐渐采取的措施，参见Desan, *Making Money*, 313–17. 基本逻辑似乎是，公共当局必须承认它自己使用的支付方式的价值。

24. 一项研究显示，金匠银行在没有政府收入支持的情况下运作，会表现出其脆弱性。参见Peter Temin and Hans-Joachim Voth, *Prometheus*

Shackled: Goldsmith Banks and England's Financial Revolution After 1700（Oxford:Oxford University Press, 2012）。

25. 虽然该银行吸引了所有党派的支持者和反对者，但著名的辉格党人推进了该银行的创立，定期为它捐助，并控制了它的董事会。参见Carruthers, *City of Capital*, 76–7, 139–46; Desan, *Making Money*, 301–4, 361–70。

26. 这一立场也与技术专长不符，1690年关于如何最好地改革和重新平衡硬币供应的辩论表明了这一点。包括威廉·朗兹和艾萨克·牛顿在内的专家都赞成贬低硬币的含量。他们在这场辩论中输给了洛克，洛克坚持要加强硬币以恢复其事先存在的含量。关于这场辩论及其对1690年的影响，参见Desan, *Making Money*, 341–70。

27. 另参见Robert C. Hockett and Saule T. Omarova, "The Finance Franchise," *Cornell Law Review 102*（2017）：1169–75（评论最近的奖学金）。

28. 到1698年，英国的短期债务为3200万英镑，长期债务为690万英镑。Dickson, *The Financial Revolution*, 343. 从1702年到1712年，每年的公共开支平均为780万英镑，而每年的收入为530万英镑；这一差距因公共债务数额的增加而缩小。Richard Kleer, "'A New Species of Money': British Exchequer Bills, 1701–1711," *Financial History Review 22*, no. 2（2015）：180. 虽然短期债务很难合计，但第二次战争的长期债务将近2 900万英镑。Anne M. Carlos et al., "Financing and Refinancing the War of the Spanish Succession, and then Refinancing the South Sea Company," in D'Maris Coffman, Adrian Leonard and Larry Neal（eds）, *Questioning Credible Commitment: Perspectives on the Rise of Financial Capitalism*（New York: Cambridge University Press, 2013）, 153。

29. 参见，例如，Carlos et al., "Financing and Refinancing," 151（描述了1697年以前国库券的借出情况）; Kleer, "A New Species of Money"（描述了1702年至1712年通过赊销完成的借款）。

30. *An Excellent New Song, call'd, An End to our Sorrows*（1711）, quoted in Wennerlind, *Casualties of Credit*, 207。

31. 1708年，英格兰银行作为一家股份制公司获得了发行银行券的垄断权；其他银行最多只能有6家合伙人。7 Anne c 30 ss 66（1708）。

32. 事实上，政府以税务人员的名义接受本地贷款票据，然后把它们退回商业银行注销。因此，政府允许这些银行将制造商的本地票据中的信贷货币化，这些制造商最终可以利用官方记账单位的收益在大都市偿还信贷。有关其他变体，参见L.S. Pressnell, *Country Banking in the Industrial Revolution*（Oxford: Oxford University Press, 1956）, 162–79。

33. Pressnell, *Country Banking*, 80（引用刘易斯·洛伊德的话）。
34. *The Mint and Exchequer United: Being a Method to Furnish His Majesty with Two, Three, Or Four Millions Immediately, at the Present Charge But of One Million Or Less, and Supply the Want of Coin, Till New Money Can be Had*（1695）, 2. 因此，阿姆斯特丹银行是一家完全符合17世纪标准的储备银行。
35. 参见，例如，"The Case of Mixed Money," 116（把货币描绘成"所有可交换事物的公正媒介和尺度"，因为正是通过货币这个媒介，世界上所有存在的事物都有了一个公正而合适的价格）。

第一章

1. Edmund Burke, *Speech of Edmund Burke, Esq. member of Parliament for the city of Bristol: on presenting to the House of Commons（on the 11th of February, 1780）a plan for the better security of the independence of Parliament, and the oeconomical reformation of the civil and other establishments*（London: Printed for J. Dodsley, 1780）, 47.
2. 《牛津英语词典》，"技术"，4.a."与机械艺术和应用科学有关的知识分支；这方面的研究"。狄德罗和达朗贝尔《百科全书》导论指出，在编写条目时，他们"首先渴望有用的知识"。Jean-Baptiste le Rond d'Alembert, "Preliminary Discourse," *The Encyclopedia of Diderot & d'Alembert Collaborate Translation Project*, trans. Richard N. Schwab and Walter E. Rex（Ann Arbor: University of Michigan Library, 2009）, http://quod.lib.umich.edu/cgi/t/text/text-idx?c=did;rgn=main;view=text;idno=did2222.0001.083（2017年5月17日登录）。
3. 关于英国信贷、金融和银行业的经典著作，参见Anne Murphy, *The Origins of English Financial Markets: Investment and Speculation before the South Sea Bubble*（Cambridge: Cambridge University Press, 2009）; and P.G.M. Dickson, *The Financial Revolution in England: A Study in the Development of Public Credit, 1688–1756, Modern Revivals in History*（London: Macmillan, 1967）. 一些非同寻常的著作确实考察了铸币的工艺过程，它们将在本章中被引用。它们包括C.E. Challis, *A New History of the Royal*

Mint（Cambridge: Cambridge University Press, 1992）; George Selgin, *Good Money: Birmingham Button Makers, the Royal Mint, and the Beginnings of Modern Coinage, 1775–1821*（Ann Arbor: University of Michigan Press, 2008）; Guy Rowlands, *The Financial Decline of a Great Power: War, Influence, and Money in Louis XIV's France*（Oxford: Oxford University Press, 2012）; and Rebecca L. Spang, *Stuff and Money in the Time of the French Revolution*（Cambridge, MA: Harvard University Press, 2015）。

4. 参见N.J. Mayhew, "Population, money supply, and the velocity of circulation in England, 1300–1700," *Economic History Review*（New Series）48, no. 2（May 1995）: 238–57, esp. 253–4. 一位18世纪的理论家也做了类似的观察，参见David Bindon, *Some Reasons Shewing the Necessity the People of Ireland are under, for continuing to refuse Mr. Wood's Coinage, By the Author of the Considerations*（Dublin, 1724）, 12。

5. 各国为协调硬币的商品价值与名义价值而做的努力引发了异常的不稳定，关于这方面的讨论，请参见Christine Desan, *Making Money: Coin, Currency and the Coming of Capitalism*（Oxford: Oxford University Press, 2014）, 110–20. 也见Angela Redish, *Bimetallism: An Economic and Historical Analysis*（Cambridge: Cambridge University Press, 2000）。

6. 关于造假和可判死刑罪，参见Carl Wennerlind, *Casualties of Credit: The English Financial Revolution, 1620–1720*（Cambridge, MA: Harvard University Press, 2011）, 123–60。

7. Louis, chevalier de Jaucourt, "Money," *Encyclopedia of Diderot & d'Alembert Collaborative Translation Project*, trans. Thomas M. Luckett, http://hdl.handle.net/2027/spo.did2222.0001.707（2016年10月24日登录）。

8. 也见Charles Goodhart, "The Two Concepts of Money: Implications for the Analysis of Optimal Currency Areas," *European Journal of Political Economy* 14, no. 3（1998）: 407–32。

9. 用锤子铸造中世纪英国货币与其他地方的锤击铸币基本相似。关于这方面的详细描述，请参见Ian Stewart, "The English and Norman Mints, c. 600–1158," in C.E. Challis（ed.）, *A New History of the Royal Mint*（Cambridge: Cambridge University Press, 1992）, 76–82。

10. 关于十六世纪货币法院的角色和地位的变化的全面而深刻的论述，参见Jotham Parsons, *Making Money in Sixteenth-Century France: Currency, Culture, and the State*（Ithaca, NY: Cornell University Press, 2015）, 17–59。

关于锤子造币的说明,参见Redish, *Bimetallism*, 56。

11. 枢密院造币事务委员会议事录及命令,国家档案馆铸币厂1/1, ff. 142—146页。霍金认为,布朗多的新镶边处理方法可能涉及用一条薄钢片取代沉重的切片卡环,当它们被卡入螺旋冲压机内时,钢片将放在一个固定的卡环内,并标记其边缘。然而最近的钱币学研究表明,布朗多标记硬币边缘的"秘密"方法涉及在制造工序的一个单独阶段使用的单独装置。此外,当代的机械加工观察者注意到,硬币在进入螺旋冲压机之前就已经被磨边了。参见C.E. Challis, "Lord Hastings to the Great Silver Recoinage, 1464–1699," in C.E. Challis (ed.), *A New History of the Royal Mint* (Cambridge: Cambridge University Press, 1992), 346, and *The Diary of Samuel Pepys*, May 19, 1663, ed. Robert Latham and William Matthews (London: Bell, 1970–83)。

12. 参见,例如,伦敦纽扣制造商杰拉德·博维的例子,在货币重铸之后,他的冲压机被皇家铸币厂没收,当时一项新法案规定,拥有一台可用于铸币的冲压机属于叛国。The National Archives (TNA) T1/60, f.132。

13. 参见,例如,TNA T1/38, ff. 75–6; TNA Mint 10/2; *Journal of the House of Commons*, Vol. 11, 1693–1697 (1803), April 23, 1696。

14. *Report of the Commissioners Appointed to Inquire into the Constitution, Management, and Expense of the Royal Mint* (London: William Clowes and Sons, 1849), vii.

15. 关于17世纪墨西哥矿产量下降与水银的可用性和银产量的关系,参见P.J. Bakewell, *Silver Mining and Society in Colonial Mexico: Zacatecas 1546–1700* (Cambridge: Cambridge University Press, 1971), 187–9, 194–5。也见David Brading, *Miners and Merchants in Bourbon Mexico, 1763–1810* (Cambridge: Cambridge University Press, 1971), 140–6。

16. 关于这些硬币的描述和样本,参见Humberto F. Burzio, "The Colonial Monetary System," in Theodore V. Buttery, Jr. (ed.), *Coinage of the Americas* (New York: American Numismatic Society, 1973), 8–29。

17. 安东尼·撒迦利亚·赫尔姆斯,引自刘易斯·汉克, *The Imperial City of Potosí: An Unwritten Chapter in the History of Spanish America* (The Hague: Martinus Nijhoff, 1956), 23。

18. 关于葡萄牙人在巴西的金矿开采,参见Manoel Cardozo, "The Brazilian Gold Rush," *The Americas 3*, no. 3 (October 1946): 137–60。

第三章

1. 对于内在框架的解释,参见Taylor, 2007: 539–93。
2. 斯韦德堡认为,对于韦伯而言,"资本主义社会的经济领域……与宗教领域发生冲突,因为很难通过宗教规则来规范理性的经济行为"(我的重点,Swedborg, 1999: 133)。斯韦德堡进一步表明,韦伯认为"经济领域"是一个完全现代的概念(8)。
3. 按照斯韦德堡对韦伯的描述,"然而,禁欲的新教徒成功地将两者结合在一起,因为他们相信有条理的工作和诚实的盈利是尊重上帝的合法方式,所有人都应该受到同样的对待。其结果是,盈利摆脱了教会过往对它的不赞成态度,外国人和自己所在的共同体的成员在经济事务上被一视同仁"。(Swedborg, 1999: 20)。
4. 这段历史是一场从宗教世界观到宗教性减弱的,有别于宗教的或非宗教世界观的运动,至少从17世纪起,它就一直是作家们著述的重点,而这些作家中的大多数都致力用自己的方式将经济史理论描述成更大的模式。18世纪法国经济学家图尔戈特在《论人类思想的历史进步》一书中提出了一种世俗化进程的历史理论。另一个突出的例子也延续了这一传统:圣西蒙的《新基督教》,提出以一种工业和艺术的宗教取代腐化的基督教。同样重要的还有孔德的"人类宗教",孔德在他实证主义哲学的六卷本著作中阐释了这一点(和圣西蒙一样,孔德认为工业化和世俗化紧密而有效地联系在一起)。

马克思有一项关于宗教的著名批判,他认为宗教是"人民的鸦片",为此彻底地将唯物主义观点与对先验实体的敌意结合起来,这是抨击黑格尔的内容的一部分。马克思认为,黑格尔没有认识到经济生活在历史运动中的重要性。马克思写道:"宗教是被压迫的生灵的叹息,是无情世界的感情,是无灵魂状态的灵魂。"(1970: 131)尽管如此,黑格尔已经为马克思更激烈的世俗化行动开辟了道路,他假设理想将在此世而非来世中实现。

自休谟以来的英国作家讲述了这段历史的各种版本,但是在莱基的作品中达到顶峰,莱基的八卷本辉格派"英国史"以谴责对利润的严格限制而闻名,在有如叙事诗般的文字中,他表达了对启蒙运动的狂热称赞:"迷信帝国好像在太阳升起前的黑夜的阴影中消逝了。"(1891: 396)在延续这项传统的英国作家中,同样引人注目的是边沁——他和他的助手J.S.密尔呼吁,宗教要严格限制借贷。

关于这些观点在今天的地位，佩科拉写道："自启蒙运动以来，塑造了西方政治和哲学论述的发展观点认为，宗教信仰从属于名义上的世俗信仰的过程是必然的，世俗信仰包括对个人自我决定的渴望，与职业身份的联系，以及与对民族国家的政治忠诚的联系等"，而这种现代化还包括社会分化（经济从宗教和其他领域中分离出来）和各个层面的祛魅（2006: 7）。

5. 马克思在宗教和经济学中发现了一个共同的信仰要素："正是信仰（马克思的重点）带来了救赎。对作为商品内在精神的货币价值的信仰，对生产方式及其命中注定的性格的信仰，对生产的个体代理人的信仰，仅仅是对自我价值资本的人格化。但是，信用制度并没有从货币体系中解放出来，因为它的基础是基督教新教的根基（1981: 27）。"马克思的"命中注定的性格"肯定是指斯密的"无形之手"或其他一些准精神的商业活动者，因为它暗示着"命中注定"和上帝是"所有人类事件的伟大处置者"的观念。关于信仰和早期现代信用的评估，参见de Goede。

6. 卡莱尔形容斯密是"在学问和聪明才智上仅次于大卫·休谟的人"，并认为他是一个"无限仁慈的人"（279, 281）。

7. 尽管在总统任期内，乔治·布什与犹太教基督教团体和价值观有着密切的联系，但他和迪克·切尼希望通过促进自由贸易来鼓励中东的世俗化（Brown, 2010: 84）。

8. 关于新教徒商人的宗教生活的两个有用的资源包括塞缪尔·耶克的占星术日记和卡丹的《穿着讲究的人》（*The Watchful Clothier*）。贝林（1979）对商人的宗教生活进行了历史重建。贝克尔（2005）和瓦莱里（2010）更新了贝林的叙述。

9. 关于米塞尔登和斯密"看不见的手"之间的关系，参见Finkelstein, 2000: 70–3. 对斯密"看不见的手"的"宗教"解读，以及对这场辩论的总结，参见Oslington, 2012: 429–38。

10. 莱斯利对托马斯·巴克尔的批判（Leslie, 1870: 553）中，"看不见的手"的世俗性已经成为争论的焦点。莱斯利后来发展了对斯密的"神学"解读（1879: 172–4）。

11. 关于审慎从实践智慧到经济学家现在认为的经济理性的语义转换的讨论，参见Codr（2016: 145–50）。

12. 关于高贵的野蛮人，人们已经说了很多，但这里没有发展这个主题的空间。穆图在启蒙运动和帝国的语境中定位了拉翁唐的高贵的野蛮人思想（2003: 24–30）。关于启蒙运动中的拉翁唐和自然神论/宗教的更多信息，参见Betts（1984: 129–36）。

13. 同样，米勒也会描写一个不分青红皂白的野蛮人，他"在他们充分占据他的思想之前，或者还没有让他参与到那些快乐的预期之前，就已经达到了他的愿望的终点，而这些美好的预期往往会以最讨人喜欢的色彩表现出来"（1771: 3）。

第四章

1. Money（2010: 550）。由于原稿篇幅很大，本书呈现的版本不得不对一些材料进行总结。这里所有对编年史的引用都使用了坎农编年史的原始页码。如提供了引文，则引文摘自《货币》一书的转写（如果有的话），或者摘自《货币》提供的原手稿的摘要。手稿存于萨默塞特档案馆，DD/SAS/1193/4: *John Cannon's Chronicles*。
2. 贝尔是一位纺织品商人或裁缝。
3. 迄今为止，这些是可用于获取此类附带信息的仅存的已公布的审判报告，否则需要在其他国家法律记录档案中阅读数年。
4. 这是基于彼得·拉斯莱特（Peter Laslett）的估计，即平均家庭规模为4.75，全国人口为4 000 000（Laslett and Wall, 1972: 125–58; Wrigley and Schofield, 1989: 531）。
5. 与欧洲其他国家相比，英国人低估了白银与黄金的价格，参见Sargent and Velde（2003: 296–8）。
6. 赖斯·沃恩说，要将20先令的金币兑换成银币是非常困难的（Vaughan, 1675: 71; Supple, 1964: 173）。
7. Smith（1978: 504）。使用密封的钱袋是克服这个问题的一种方法，只要那些从事密封操作的人是可信的，但这是一个明显的例子，说明大量的硬币是如何退出流通的。
8. 亨利·贝斯特还通过向当地店主偿还债务，抵销了仆人和其他工人欠他的债务（Woodward, 1984: 146, 168–9, 172, 175）。
9. 在1711至1720年间，富裕的纺织品商人、肯德尔的约瑟夫·西姆森在伦敦和其他东北部城镇广泛使用汇票，其中包括33.9%的带有背书的地方账单，这些文件已被史密斯（Smith, 2001: Lxvi—Lxxii, 787—8）所记载和讨论。
10. 我要感谢亚历克斯·瓦克拉姆先生指出在这些记录中的硬币上发现的大量细节。
11. 这些都已经被数字化，可以在老贝利网站上找到。Tim Hitchcock, Robert Shoemaker, Clive Emsley, Sharon Howard, Jamie McLaughlin, et al., *The Old*

注释

Bailey Proceedings Online, 1674–1913, www.oldbaileyonline.org, version 7.0（March 24, 2012）（2018年3月17日登录），以下简称为POB。

12. https://www.oldbaileyonline.org/static/Crimes.jsp#theft（2018年3月17日登录）。
13. POB，约翰·梅森案，偷盗，1716年9月6日。
14. POB，托马斯·鲍尔斯、詹姆斯·纽曼、约翰·凯利霍恩案，暴力盗窃，1770年4月25日。
15. POB，威廉·瓦格尔、爱德华·贝克案，暴力盗窃，1736年12月8日。
16. POB，安妮·凯斯案，盗窃，1729年12月3日。
17. POB，玛丽亚·安·登案，盗窃，1780年10月18日。
18. POB，安妮·纽曼案，盗窃，1736年2月25日。
19. POB，盗窃案，1678年8月28日。
20. POB，伊丽莎白·斯坦莫尔、爱丽丝·卡尔弗特案，盗窃，1765年9月18日。
21. POB，威廉·道森·皮尔金顿案，盗窃，1760年9月10日。
22. POB，伊丽莎白·哈尔宾案，盗窃，1752年4月8日。
23. POB，菲利斯·诺布尔案，盗窃，1726年1月14日。
24. POB，约瑟夫·吉尔和托马斯·梅奥案，暴力盗窃，1754年1月16日。
25. POB，雷切尔·艾莉森案，盗窃，1716年5月17日。
26. POB，伊丽莎白·琼斯案，盗窃，1726年4月25日。
27. POB，托马斯·德维尼什案，欺骗，1735年10月15日。
28. POB，多萝西·泰勒案，盗窃，1755年2月26日；罗伯特·比纳尔、玛丽·菲茨杰拉德案，盗窃，1765年12月11日。
29. POB，伊丽莎白·伯顿案，盗窃，1715年9月7日。
30. 对于被告被"罚款一先令"的案件，先令一栏也减去了1 106先令。所有这些案件都发生在1770年以后，反映了法律的变化。期票和借据的计量包括一些情况，其中提到的票据是一种信息而不是金融工具或票据，但这些情况相对少见。还应注意的是，在每一种情况下，单数形式和复数形式的货币都被计算在内。此外，由于被称为"皇冠"的小酒馆的泛滥，克朗还没有被计算在内。
31. 这些硬币价值4 457 649英镑，是在1804年至1815年间发行的（Muldrew and King, 2003: 159）。

第五章

1. 关于"视觉文化"(区别于艺术史)的介绍,参见Mitchell(1986)和Mirzoeff(1999)。关于18世纪的"视听"文化,参见Loughridge(2016)。
2. 对赌博在18世纪文化中所处地位的优秀研究包括Kavanagh(1993,2005)和Molesworth(2010)。
3. 这种"威斯特伐利亚"货币模式(一个地区,一种货币),从历史角度来看,是一种新的发展(Cohen, 1998; Helleiner, 2003)。作为过去200年来发展的一个结果,这种货币模式在今天表现出被中央发行的跨国货币(如欧元)和/或分散的私人加密货币(如比特币)取代的迹象。
4. 这方面的重要著作包括Brantlinger(1996)、Valenze(2006)和Poovey(2008)。关于对这种趋势的一个有益的修正,请参阅本书中克雷格·穆德鲁的章节。
5. 苏格兰法律中,有一个特殊的词"替代资产",用来指这些可能是消费信贷合约的标的的物品(Story, 1840: 195)。
6. 至少根据大卫·休谟在写给玛丽·夏洛特·希波利特·布夫勒·鲁弗雷尔(1766年1月19日)的信中所说是这样。www.e-enlightenment.com(2018年3月17日登录)。
7. 关于近代早期信贷的主要文本包括Muldrew(1998)、Crowston(2013)和Fontaine(2014)。
8. 简言之,根据连带责任原则,汇票的转让不是最终的,因此付款责任属于所有背书人,这一共同责任规则已被引入1673年的法国商业法典和英国法官在《威廉诉菲尔德》(1694)普通法案中的判决。该规则也在德国贸易城市强制实行(Aoki Santarosa, 2015)。
9. 一位店主(弗吉尼亚州亚历山大市的威廉·拉姆齐)保存的分类账可在线查阅:http://amhistory.si.edu/american-enterprise/merchant-ledger/(2017年6月20日登录)。关于这一时期会计实践的优秀、易懂的介绍以及可进一步阅读的参考资料,见McCusker(2017)。
10. 另参见科普利1767年的肖像画(哈佛美术馆),尼古拉斯·博伊尔斯顿左臂搁在有猩红镶边的金色浮雕账本上。
11. 参见本书中詹妮弗·贝克撰写的章节。

第六章

1. 正如J.G.A.波科克、伯纳德·贝林和戈登·S.伍德等人所详述的那样,美国大革命时期的许多精英阶层都从英国政治的乡村传统中汲取了灵感,这些传统将公民人格根植于财产所有权,并反对卷入市场。
2. 据《牛津英语词典》,使用"tenor"一词来指代纸币相对于金属硬币的价值,是马萨诸塞州和罗得岛州独有的做法。金融词汇中的"tenor"的现代用法,是指票据到期前的时间长度,最早只能追溯到1866年。关于期限重估的信息,参见Colonial Currency, University of Notre Dame, Department of Special Collections, http://www.coins.nd.edu/ColCurrency/CurrencyText/MA-1690-1750.html(accessed March 17,2018)。
3. 1779年,美国杂志的一位作家代表美国国会发表讲话,提出了一个关于大陆元的类似论点:"让我们也记住,纸币是唯一一种不能'振翅高飞'的货币。它永远与我们同在,它不会抛弃我们,它随时准备就绪,随时准备用于商业或税收,每个勤劳的人都能找到它。"("Circular Letter", 1779: 438)
4. 特鲁姆贝尔把已经失效的纸币和伤残的退伍军人作了一个类比,认为两者都是战争的必要牺牲。事实上,革命战争的战士牺牲了生活和四肢,但也比任何人更深切地感受到货币贬值的影响。政府印货币支付军饷,大陆元经由士兵之手进入流通。当大陆元严重贬值时,许多士兵出于绝望将它们卖给投机者,而按照汉密尔顿的债务计划,这些货币会以接近面值的价格被赎回,以牺牲士兵的利益为代价给投机者带来利润。
5. 作为一个白手起家的人,汉密尔顿确实把私人银行看作是为个人企业提供资金的工具:"尽管采取了各种预防措施,银行有时却仍被出卖,给所描述的人提供虚假的信贷。"他在《关于国家银行的一份报告》中写道:"但银行更多从事的,是使诚实、勤劳、有少量资本或没有资本的人能够从事和开展有利于自己和社会的业务。"(Hamilton, 1790a: 585)
6. 1787年,马萨诸塞州的一位政治家在谈到公共信用时宣称,各州"在保持自身特色的相同原则下变得受人尊敬"("Speech of a Member", 1787: 412–413)。
7. 1791年,国家纸币公开发行存在的潜在灾难让汉密尔顿意识到,富裕的精英投资者的投资并不一定具有公德心。债券持有人并不总是把他们视为公共信贷的保管人,并且还毫不犹豫地利用短期投机来赚取利润(在一次事件中,有钱的投机者通过虚假购买来抬高价格)。参见Chernow(2004)

一书中"贪婪与企业"一章。

8. 汉密尔顿是打破古典传统的过渡性人物,因为尽管他坚持自己作为政治家的行为符合古典的德性标准(一旦他担任财政部长,他就剥离可能会引发冲突的商业利益,并禁止财政部雇员买卖政府证券),他却非常乐意利用投资者的利益来创造国家凝聚力(Chernow, 2004: 293–4)。

9. 关于联邦主义文学中同情和财政自利的探讨,参见Part III of Baker(2005)。

10. 比特币波动的原因多种多样。其交易的匿名性让那些进行非法交易的人乐于使用比特币,因而抬高它的价格。另一方面,有关安全性的问题以及有关其易受盗窃、黑客和病毒攻击的传闻则使其价值暴跌。

第七章

1. 参见Li(1963),Jones(1988),Rose(1999),Gaskill(2000),以及Kleer(2017)。
2. 参见Kelly(1991, 1: 116)书中的表格。
3. 参见Li(1963),Horsefield(1960),以及Kleer(2017)。
4. 市场价格已升至每盎司6先令5便士,而铸币厂的价格为每盎司5先令2便士。
5. 传统上,硬币是通过"锤打"制成的。1662年,机器铸造的"压印"硬币问世,重量更为标准(并有凹槽边缘设计,以阻止切割硬币行为)(Kleer, 2017: 9)。
6. 关于当年对该困境的评估,参见希尔(1690: 2)。在18世纪,约瑟夫·哈里斯(1758)指出了洛克观点的局限性,并指出了双金属体系面临的一些挑战。
7. 福特反驳了这一点(1696: 9–10),他指出,尽管银币中的白银已经消耗了50%,但价格并没有以同样的幅度上涨,汇率也没有以相应的幅度下降。
8. Horsefield(1960: 77, 73)(1690年的价格是21先令6便士;危机最严重时达到了30先令)。
9. 有趣的是,鉴于约翰·劳(1705: 44)在票据信贷和银行业方面的创新提议,在这些问题上他与洛克的立场是相同的。
10. Defoe(2007: 190);关于威廉三世支持维持标准的立场,以及他后来对没有采取货币贬值的遗憾,参见Kelly(1991, 1: 27–8, 29–30, 37, 64–5)。
11. 关于17世纪早期托马斯·蒙对这一概念重要性的讨论,参见Finkelstein

（2000: 8588）；关于1675年的赖斯·沃恩，参见 Valenze（2006: 39-40）。

12. 值得注意的是，这份声明来自布里斯科，他在1694年发起了一个失败的土地银行计划，后来与约翰·阿斯吉尔和尼古拉斯·巴贲联手。在这种情况下，他提议发行信用券，"作为一种新的货币的硬币，差不多与货币一样有用"（Brisoe, 1694: 30，引用自 Glaysier, 2004）。

13. 我感谢克里斯蒂娜·德桑提出这些观点。

14. 值得注意的是，斯威夫特在他对于不允许存在一个爱尔兰铸币厂的哀叹中辩称，铜币本可以在都柏林铸造，"只比内在价值低五分之一"（20），因此他并不像最初看起来那样严格地遵守他的原则。

15. 斯威夫特在1720年的《公告法》之后撰写了这些著作，该法解决了有利于英国王室的决定性立法权问题。这就解释了为什么他不能僭越爱尔兰议会的权利，而是采取一种定义性的方法，使他能够在（表面上）不触犯法律或英国当局的情况下提出自己的观点。

16. 《问难》在约翰斯顿和伯克利（1970）重印，我引述的话来自这个版本。

17. 也见 § 35。

18. 例如，§ 240, 251, 253, 449。

19. 劳（1705: 118）简明扼要地解释了这个系统将如何工作。

20. 同时，劳拒绝了洛克对"出口"的理解以及货币只有"想象价值"的概念（Murphy, 1997: 85-7）。

21. 在英格兰，货币数量是200年前为商品提供的货币数量的20倍（Law, 1705: 69）。

22. 关于那些在劳之前对创造一种新"硬币"采取同样观点的土地银行支持者，参见 Asgill（1696: 5）和 Chamberlen（1696: 2）。另见上文注12。关于土地储备计划，见 Kleer（2017: 95–114）。

23. 我们不可能确切地知道要多少货币才能为国家服务，因为随着制造业和贸易的发展，对货币的需求会增加；但我们一直有很多穷人，因此我们从来没有足够的货币，这是一个巨大的假设（Law, 1705: 117）。

24. 安东尼·墨菲注意到，1720年，为了使皇家银行的纸币更具吸引力，劳后来在法国运用了降低银币价值的技巧（Murphy, 1997: 82）。

25. 关于劳的密西西比计划的有价值的讨论，请参见 Murphy（1997）和 Velde（2009）。

26. 关于南海泡沫的金融历史，参见 Carswell（1993）和 Dickson（1967）。

关于与劳的活动的关系，参见Kleer（2012）。
27. 例如，Kleer（2015）讲述了1707年银行支持新一期国库券的故事，银行会按需向持有人提供支付硬币（185）；关于认可与公共债务的关系的18世纪观察家，参见Steuart（1767）和Paine（1796）。
28. 关于数量理论，参见Blaug等（1995）和Rassekh（2017: ch.4）。埃尔蒂斯（1995）认为洛克给出了理论的第一个连贯版本。关于凯恩斯和数量理论，参见Skidelsky（1995）和Dostaler（2007: 166–9）。
29. 休谟在"论贸易平衡"（311）中再次提出了这一点。
30. 卡尔·温纳林德认为，休谟不是一个支持通货膨胀政策的人："他认为只有货币储备的内生增长才是有利的"，"不主张国家增加货币供应量"（224）。内生增长是由于国内工业和生产力的提高，导致更多的出口和黄金流入。因此，这一结果对价格的影响不容遗憾。温纳林并没有把这看作休谟运用数量理论的矛盾，而是指出休谟在分析性地区分了内生货币和外生货币。
31. 爱尔兰经济学家和移居法国的理查德·坎蒂伦，《一般商业性质试验》（约创作于1730年，但直到1755年才出版）的作者，独立形成了一种更为详尽的理论（Murphy, 1986: 270–4）。
32. 苏格兰也经历了相当一部分贵金属库存的损失，尽管贸易在合并法案后健康增长（Hume, 320）。
33. 有大量关于休谟政治经济学的二级文献；关于有价值的讨论，参见Wennerlind（2005, 2008），Schabas（2008），Caffentzis（2000），and Finlay（2011）。
34. 参见Hume, 287。
35. 斯图尔特在他的评论中更充分地阐述了这一点，"与世界其他地区的货币数量保持一致的任何国家的货币，无论其数量如何，永远只有与富人的消费、穷人的劳动和工业几乎成正比的货币保持流通。每一种特定硬币的价值，其消耗是由国内外的复杂情况决定的；因此，这一比例不是由该国国内实际的货币数量决定的"（2: 85–6）。
36. Hume, 311。
37. 关于作为纯粹理想的货币，参见2: 228, 236。斯图尔特在概念上与阿姆斯特丹银行设想的银行货币概念联系在一起，同时也注意到在安哥拉的"野蛮人"中发现了这一原则（2:219）。关于凯恩斯对记账货币的强调，参见1930年出版的《货币通论》（Keynes, 2013）。
38. 关于斯图尔特对金银复本位制的地方病的描述，参见2: 222–3, 228–31,

233–7。这个问题只在1816年正式采用金本位制时才得到解决，金本位制引入了小面额的信托银币。参见Redish（1990, 2000）。

39. 关于他对休谟就纸币问题所作的直接答复，参见2: 86。
40. 关于法国抵达爱尔兰和威尔士的班特里湾之后英国停止偿付的早期阶段，参见Shin（2015）。
41. 1696年5月6日，在货币重铸期间，发生了部分停止现金支付的现象。两天前，切割的硬币在法律上已经停止承兑，但英格兰银行没有足够的重铸货币储备来满足需求。参见Clapham（1970: 1: 32，35–36）。关于亚当·斯密在《纸面信用批判》中对这一时刻的回忆，参见斯密（1976:II.ii.80）。反过来，托马斯·潘恩在1796年预言性地指出银行可能再次停止付款（Paine, 1796: 23–24）时，提到了斯密关于这个问题的信息。克莱普汉姆（1970:2:4）指出，1797年，"尽管纸币停止支付，苏格兰在一开始遭受的不便比英格兰还要多。这是因为，当纸币停止支付的消息传到爱丁堡时，苏格兰银行已经在没有任何法律授权的情况下拒绝兑现它们的纸币"。
42. 关于文化和智力影响，见Dick（2013），Poovey（2008）, and Clery（2017）。法国国民议会发行指券的失败，并没有刺激人们对没有储备支持的纸币的信心。
43. 只要银行的现金支付被停止，全国银行家的全部纸币就是建立于英国央行发行的纸币之上的上层建筑。（Cannan, 1919: 61）。
44. 在《丘吉尔先生的经济后果》（1925）一书中，凯恩斯正确地预见了重新确立金本位制的经济影响（失业、工资下降和通货膨胀）。第一次世界大战期间暂停的金本位制，在战前由担任财政大臣的丘吉尔恢复到了原来的水平。英国在1931年再次放弃了金本位制。关于凯恩斯观点的讨论，参见Dostaler（2007: 207–14）。

参考文献
Bibliography

Adams, John (1809). Letter to F.A. Vanderkemp, February 16. In Charles Francis Adams (ed.), *Works of John Adams*, Vol. 9. Boston: Little, Brown and Company.

Addison, Joseph (1711). "The Royal Exchange." *The Spectator* 1, no. 69 (May 19). Glasgow: Printed by R. Urie and Company, for A. Stalker, and J. Barry (1745).

"The Adventures of a Continental Dollar" (1779) (chapter one). *United States Magazine* (June).

Alvarez, David (2005). "'Poetical Cash': Joseph Addison, Antiquarianism, and Aesthetic Value." *Eighteenth-Century Studies* 38, no. 3: 509–31.

Anonymous (1707). *A Vindication of the Bank of England from the Misrepresentations, and Groundless Suggestions of a late Pamphlet entitled, "Remarks upon the Bank of England... by a Merchant."*

"Answer of Continental Currency to the Representation and Remonstrance of Hard Money" (1779). *United States Magazine* (March).

Aoki Santarosa, Veronica (2015). "Financing Long-Distance Trade: The Joint Liability Rule and Bills of Exchange in Eighteenth-Century France." *Journal of Economic History* 75, no. 3: 690–719.

Asgill, John (1696). *Several Assertions Proved, in Order to Create another Species of Money than Gold and Silver.* London: n.p.

Ashton, Robert (1956). "Revenue Farming Under the Early Stuarts." *Economic History Review* (New Series) 8, no. 3: 310–22.

Bailey, Colin (ed.) (2003). *The Age of Watteau, Chardin, and Fragonard: Masterpieces of French Genre Painting.* New Haven, CT: Yale University Press.

Bailyn, Bernard (1967). *The Ideological Origins of the American Revolution.* Cambridge, MA: Harvard University Press.

Bailyn, Bernard (1979). *The New England Merchants in the Seventeenth Century.* Cambridge, MA: Harvard University Press.

Baker, Jennifer J. (2005). *Securing the Commonwealth: Debt, Speculation, and Writing in the Making of Early America*. Baltimore, MD: Johns Hopkins University Press.

Bakewell, P.J. (1971). *Silver Mining and Society in Colonial Mexico: Zacatecas 1546–1700*. Cambridge: Cambridge University Press.

Bakewell, P.J. (1984). *Miners of the Red Mountain: Indian Labor in Potosí, 1545–1650*. 1st edition. Albuquerque: University of New Mexico Press.

Bakewell, P.J. (1988). *Silver and Entrepreneurship in Seventeenth-Century Potosí: The Life and Times of Antonio López de Quiroga*. Albuquerque: University of New Mexico Press.

Bank Charter Act (1833).

Bank of England Act (1694).

Banner, Stuart (1998). *Anglo-American Securities Regulation, Cultural & Political Roots, 1690–1860*. Cambridge: Cambridge University Press.

Barbon, Nicholas (1696). *A Discourse Concerning Coining the New Money Lighter*. London: Printed for Richard Chiswell.

Barragán, Rossana (2017). "Working Silver for the World: Mining Labor and Popular Economy in Colonial Potosí." *Hispanic American Historical Review* 97, no. 2:193–222.

Berg, Maxine and Helen Clifford (2007). "Selling Consumption in the Eighteenth Century: Advertising and the Trade Card in Britain and France." *Cultural and Social History* 4, no. 2: 145–70.

Berkeley, George (1735–7). *The Querist, Containing Several Queries, Proposed to the Consideration of the Public*. Dublin: n.p.

Betts, C.J. (1984). *Early Deism in France*. The Hague: Martinus Nijhoff Publishers.

Bickham, Troy (2005). *Savages within the Empire: Representations of American Indians in Eighteenth-Century Britain*. Oxford: Clarendon Press.

Biéler, André 〔1961 (2005)〕. *Calvin's Economic and Social Thought*. Translated by James Greig and Edward Dommen. Geneva: World Alliance of Reformed Churches.

Bindon, David (1724). *Some Reasons Shewing the Necessity the People of Ireland are under, for continuing to refuse Mr. Wood's Coinage, By the Author of the Considerations*. Dublin: n.p.

Bisson, Thomas N. (1979). *Conservation of Coinage: Monetary Exploitation and its Restraint in France, Catalonia, and Aragon (c. AD 1000–c.1225)*.

Oxford:Clarendon Press.

Blaug, Mark et al. (eds) (1995). *The Quantity Theory of Money: From Locke to Keynes and Friedman*. Aldershot: Edward Elgar.

Borden, William (1746). *An Address to the Inhabitants of North Carolina; Occasioned by the Difficult Circumstances the Government Seems to Labour under, for Want of a Medium, or Something to Answer in Lieu of Money*. Williamsburg, VA: n.p.

Bordo, Michael and Robert Cortés-Conde (2001). *Transferring Wealth and Power from the Old to the New World: Monetary and Fiscal Institutions in the 17th through the 19th Centuries*. Cambridge: Cambridge University Press.

Bouton, Terry (2007). *Taming Democracy: "The People," the Founders, and the Troubled Ending of the American Revolution*. Oxford: Oxford University Press.

Brading, David (1971). *Miners and Merchants in Bourbon Mexico, 1763–1810*. Cambridge: Cambridge University Press.

Brantlinger, Patrick (1996). *Fictions of State: Culture and Credit in Britain, 1694–1994*. Ithaca, NY: Cornell University Press.

Braudel, F.P. and F. Spooner (1967). "Prices in Europe from 1450 to 1750." In E.E. Rich and C.H. Wilson (eds), *Cambridge Economic History of Europe*, 374–486. Cambridge: Cambridge University Press.

Brenner, Y.S. (1962). "The Inflation of Prices in England, 1551–1650." *Economic History Review* 15, no. 2: 266–84.

Briscoe, John (1694). *Discourse on the Late Funds of the Million-Act, Lottery-Act, and Bank of England*. London: n.p.

Briscoe, John (1696). *A Discourse of Money: Being an essay on that subject, historically and politically handled, with reflections on the present evil state of the coin of this kingdom, and proposals of a method for the remedy, in a letter to a nobleman, &c*. London: Printed for Sam. Briscoe.

Broughton, John (1705). *A Letter to a Member of the Present Honourable House of Commons, Relating to the Credit of Our Government, and of the Nation in General*. London: printed by A.R. and sold by J. Nutt.

Brown, Charles Brockden [1799–1800 (1998)]. *Arthur Mervyn; or Memoirs of the Year 1793. Three Gothic Novels*. Edited by Sydney J. Krause, 229–637. New York: Library of America.

Brown, Kendall W. (2012). *A History of Mining in Latin America from the Colonial Era to the Present*. Albuquerque: University of New Mexico Press.

Brown, Wendy (2010). "The Sacred, the Secular, and the Profane: Charles Taylor and Karl Marx." In Michael Warner, Jonathan VanAntwerpen, and Craig Calhoun (eds), *Varieties of Secularism in a Secular Age*. Cambridge, MA: Harvard University Press.

Brown, William Hill〔1789 (1996)〕. *The Power of Sympathy. In Carla Mulford (ed.), The Power of Sympathy and The Coquette*, 1–103. New York: Penguin.

Broz, J. Lawrence and Richard S. Grossman (2004). "Paying for Privilege: The Political Economy of Bank of England Charters, 1694–1844." *Explorations in Economic History* 41, no. 1: 48–72. doi: http://dx.doi.org/10.1016/j.eeh.2003.08.002.

Bullion Committee (Select Committee on the High Price of Gold, 1810). Report. Edited by House of Commons. London: Richard Taylor and Co.

Burke, Edmund (1780). *Speech of Edmund Burke, Esq. member of Parliament for the city of Bristol: on presenting to the House of Commons (on the 11th of February,1780) a plan for the better security of the independence of Parliament, and the oeconomical reformation of the civil and other establishments*. London: Printed for J. Dodsley.

Burstein, Andrew (2001). "The Political Character of Sympathy." *Journal of the Early Republic* 21, no. 4 (Winter): 601–32.

Burton, Richard〔1860 (2010)〕. *The Lake Regions of Central Africa*. New York: Cosimo Classics.

Burzio, Humberto F. (1973). "The Colonial Monetary System." In Theodore V.Buttery, Jr. (ed.), *Coinage of the Americas*. New York: American Numismatic Society.

Caffentzis, George (1989). *Clipped Coins, Abused Words & Civil Government: John Locke's Philosophy of Money*. New York: Autonomedia.

Caffentzis, George (2000). *Exciting the Industry of Mankind: George Berkeley's Philosophy of Money*. Amsterdam: Springer.

Caffentzis, George (2008). "Fiction or Counterfeit?: David Hume's Interpretation of Paper and Metallic Money." In Carl Wennerlind and Margaret Schabas (eds), *David Hume's Political Economy*, 146–67. London: Routledge.

Cameron, Angus, blog post, "The First Money Devil?" https://xenotopia.wordpress.com/2012/01/24/the-first-money-devil/ (accessed March 17, 2018).

Cannan, Edward (ed.) (1919). *The Paper Pound of 1797–1821: A Reprint of the Bullion Report*. London: P.S. King & Son.

Cannon, John and John Money (2010). *The Chronicles of John Cannon, Excise Officer and Writing Master I–II*. Oxford: Oxford University Press.

Carboni, Mauro (2012). "Converting Goods into Cash: An Ethical Approach to Pawnbroking in Early Modern Bologna." *Renaissance and Reformation / Renaissance et Réforme 35,* no. 3: 63–83.

Cardozo, Manoel (1946). "The Brazilian Gold Rush." *The Americas 3,* no. 3 (October): 137–60.

Carey, Daniel (2011). "John Locke, Money, and Credit." In Daniel Carey and Christopher Finlay (eds), *The Empire of Credit: The Financial Revolution in Britain, Ireland, and America, 1688–1815,* 25–51. Dublin: Irish Academic Press.

Carey, Daniel (2014). "John Locke's Philosophy of Money." In Daniel Carey (ed.), *Money and Political Economy in the Enlightenment,* 57–81. Oxford: Voltaire Foundation.

Carlos, Ann M., Erin K. Fletcher, Larry Neal, and Kirsten Wandschneider (2013). "Financing and Refinancing the War of the Spanish Succession, and then Refinancing the South Sea Company." In D'Maris Coffman, Adrian Leonard, and Larry Neal (eds), *Questioning Credible Commitment: Perspectives on the Rise of Financial Capitalism.* New York: Cambridge University Press.

Carlyle, Alexander (1861). *Autobiography of the Rev. Dr. Alexander Carlyle, Minister of Inveresk.* 3rd edition. Edinburgh: n.p.

Carruthers, Bruce G. (1996). *City of Capital: Politics and Markets in the English Financial Revolution.* Princeton, NJ: Princeton University Press.

Carswell, John (1993). *The South Sea Bubble.* Revised edition. Sutton: Stroud.

"The Case of the Bankers" 〔1696, 1700 (1812)〕. In *Cobbett's complete collection of state trials and proceedings for high treason and other crimes and misdemeanors from the earliest period to the present time.* Edited by T.B. Howell. London: n.p.

"The Case of Mixed Money" 〔1605 (1812)〕. In *Cobbett's complete collection of state trials and proceedings for high treason and other crimes and misdemeanors from the earliest period to the present time.* Edited by T.B. Howell. London: n.p.

Challis, C.E. (1978). *The Tudor Coinage.* Manchester: Manchester University Press.

Challis, C.E. (1992). "Lord Hastings to the Great Silver Recoinage, 1464–1699." In C. E. Challis (ed.), *A New History of the Royal Mint,* 179–397. Cambridge and New York: Cambridge University Press.

Challis, C.E. (1992). *A New History of the Royal Mint.* Cambridge and New York:

Cambridge University Press.

Chalmers, Robert (1893). *A History of Currency in the British Colonies*. London: H.M.S.O.

Chamberlen, Hugh (1696). *The Constitution of the Office of Land-Credit*. London: T. Sowle.

Chandaman, C.D. (1975). *The English Public Revenue, 1660–1688*. Oxford: Clarendon Press.

Charles II (1667). *His Majesties Declaration to All His Loving Subjects to Preserve Inviolable the Securities by Him Given for Moneys: and the Due Course of Payments Thereupon in the Receipt of the Exchequer*. London: John Bill & Christopher Barker.

Chernow, Ron (2004). *Alexander Hamilton*. New York: Penguin.

"A Circular Letter from the Congress of the United States of America to Their Constituents" (1779). *United States Magazine* (October).

Clapham, Sir John (1944, reprinted 1970). *The Bank of England: A History*. Cambridge: Cambridge University Press.

Clark, T.J. (1994). "Painting in the Year Two." *Representations* 47: 13–63.

Clery, E.J. (2017). *Eighteen Hundred and Eleven: Poetry, Protest and Economic Crisis*. Cambridge: Cambridge University Press.

Codr, Dwight (2016). *Raving at Usurers: Anti-Finance and the Ethics of Uncertainty in England, 1690–1750*. Charlottesville: University of Virginia Press.

Cohen, Benjamin J. (1998). *The Geography of Money*. Ithaca, NY: Cornell University Press.

Cohen, Patricia Cline (1993). "Reckoning with Commerce: Numeracy in Eighteenth-Century America." In John Brewer and Roy Porter (eds), *Consumption and the World of Goods*. London: Routledge.

Commissioners Appointed to Inquire into the Constitution... of the Royal Mint (1849). *Report of the Commissioners Appointed to Inquire into the Constitution, Management, and Expense of the Royal Mint*. London: William Clowes and Sons.

"Considerations on the use and abuse of Mottos" (1775). *Supplement to the Pennsylvania Magazine*.

Cooke, Ebenezer〔1730 (1900)〕. *Sotweed Redivivus: Or the Planters Looking-Glass*. In Bernard C. Steiner (ed.), *Early Maryland Poetry: The Works of Ebenezer Cook, Gent, Laureat of Maryland, with an Appendix Containing The*

Mousetrap. Baltimore: Maryland Historical Society.

Corporation of Moneyers (1653). *The Answer of the Corporation of Moniers in the Mint, at the Tower of London, to two false and scandalous libells printed at London, and lately come forth without date: the first intituled, The humble representation of Peter Blondeau..., the second intituled, A most humble memorandum from Peter Blondeau...: set forth to undeceive all the good people that have seen or read the said Peter Blondeau's false and scandalous libells.* [London: n.p.].

Craig, John (1953). *The Mint: A History of the London Mint from AD 287 to 1948.* Cambridge: Cambridge University Press.

Crowston, Clare (2013). *Credit, Fashion, Sex: Economies of Regard in Old Regime France.* Durham, NC: Duke University Press.

Cullen, Karen J. (2010). *Famine in Scotland: the "Ill Years" of the 1690s.* Edinburgh: Edinburgh University Press.

d'Alembert, Jean-Baptiste le Rond (2009). "Preliminary Discourse." In *Encyclopedia of Diderot & d'Alembert Collaborate Translation Project.* Translated by Richard N.Schwab and Walter E. Rex. Ann Arbor: University of Michigan Library.

Davenant, Charles [1696 (1942)]. "A memoriall concerning creditt." In Abbott Payson Usher (ed.), *Two Manuscripts.* Baltimore, MD: Johns Hopkins University Press.

Davenant, Charles (1698). *Discourses on the Publick Revenues, and on the Trade of England.* London: James Knapton.

Davis, Kathleen (2008). *Periodization and Sovereignty: How Ideas of Feudalism and Secularization Govern the Politics of Time.* Philadelphia: University of Pennsylvania Press.

de Goede, Marieke (2005). *Virtue Fortune and Faith: A Genealogy of Finance.* Minneapolis: University of Minnesota Press.

de Vries, Jan (2001). "The Netherlands in the New World: The Legacy of European Fiscal, Monetary and Trading Institutions on New World Development from the Seventeenth to the Nineteenth Century." In Michael Bordo and Roberto Cortés-Conde (eds), *Transferring Wealth and Power from the Old to the New World: Monetary and Fiscal Institutions in the 17th through the 19th Centuries.* Cambridge: Cambridge University Press.

Defoe, Daniel (1710). *An essay upon publick credit: being an enquiry how the publick credit comes to depend upon the change of the ministry, or the dissolutions of Parliaments; and whether it does so or no. With an argument, proving that the publick credit may be upheld and maintain'd in this nation; and perhaps brought to a greater height than it ever yet arriv'd at; tho' all the changes or dissolutions already made, pretended to, and now discours'd of, shou'd come to pass in the world.* London: n.p.

Defoe, Daniel〔1725 (2007)〕. *The Complete English Tradesman.* In John McVeagh (ed.), *Religious and Didactic Writings of Daniel Defoe.* London: Pickering & Chatto.

Denzel, Markus (2002). "Die Geschäftsbeziehungen des Schaffhauser Handels-und Bankhauses Amman 1748–1779: ein mikroökonomisches Fallbeispiel." *Vierteljahrschrift für Sozial- und Wirtschaftsgeschichte 89,* no. 1: 1–40.

Dermigny, Louis (1955). "La Franceà la fin de l'ancien régime: une carte monétaire." *Annales. Histoires, Sciences Sociales 10,* no. 4: 480–93.

Derringer, William (2018). *Calculated Values: Finance, Politics, and the Quantitative Age.* Cambridge, MA: Harvard University Press.

Desan, Christine (2008). "From Blood to Profit: Making Money in the Practice and Imagery of Early America." *Journal of Policy History* 20, no. 1: 26–46.

Desan, Christine (2014). *Making Money: Coin, Currency, and the Coming of Capitalism.* Oxford: Oxford University Press.

Desan, Christine (2016). "Money as a Legal Institution." In Wolfgang Ernst and David Fox (eds), *Money in the Western Legal Tradition.* Oxford: Oxford University Press.

Dick, Alexander (2013). *Romanticism and the Gold Standard: Money, Literature, and Economic Debate in Britain 1790–1830.* Basingstoke: Palgrave Macmillan.

Dickson, P.G.M. (1967). *The Financial Revolution in England: A Study in the Development of Public Credit, 1688–1756.* Modern Revivals in History. London: Macmillan.

Dostaler, Gilles (2007). *Keynes and his Battles.* Translated by Niall B. Mann. Cheltenham: Edward Elgar.

"Downing, Sir George" (1911). In *Encyclopaedia Britannica.* Edited by Hugh Chisholm. Cambridge: Cambridge University Press.

Dubin, Nina (2010). *Futures and Ruins: Eighteenth-Century Paris and the Art of Hubert Robert.* Los Angeles: Getty Research Institute.

Dyer, G.P. and P.P. Gaspar (1992). "Reform, the New Technology and Tower Hill, 1700–1966." In C.E. Challis (ed.), *A New History of the Royal Mint,* 398–606.

Cambridge: Cambridge University Press.

Eagleton, Catherine and Artemis Manolopoulou. "Paper Money of England and Wales." British Museum Online Research Catalogue. http://www.britishmuseum.org/research/publications/online_research_catalogues/paper_money/paper_money_of_england__wales.aspx (accessed January 20, 2018).

Earle, Peter (1989). *The Making of the English Middle Class: Business, Society and Family Life in London, 1660–1730*. London: Methuen.

Eldem, Edhem (2005). "Ottoman Financial Integration with Europe: Foreign Loans, the Ottoman Bank and the Ottoman Public Debt." *European Review of Economic History* 13, no. 3: 431–45.

Eltis, Walter (1995). "John Locke, the Quantity Theory of Money and the Establishment of a Sound Currency." In Mark Blaug et al. (eds), *The Quantity Theory of Money: From Locke to Keynes and Friedman*, 4–26. Aldershot: Edward Elgar.

Erickson, Amy Louise (1990). "An Introduction to Probate Accounts." In G.H. Martin and Peter Spufford (eds), *The Records of the Nation: The Public Record Society 1838–1988*, 273–86. London: British Record Society.

Evelyn, John (1697). *Numismata: A Discourse of Medals, Antient and Modern*. London: Benj. Tooke.

Fabian, Johannes (2002). *Time and the Other: How Anthropology Makes its Object*. New York: Columbia University Press.

Feavearyear, Albert Edgar (1931). *The Pound Sterling: A History of English Money*. Oxford: Oxford University Press.

Ferguson, Adam (1782). *Essay on the History of Civil Society*. 5th edition. London. http://oll.libertyfund.org/titles/ferguson-an-essay-on-the-history-of-civil-society (accessed March 17, 2018).

Fetter, Frank Whitson (1959). "The Politics of the Bullion Report." *Economica* (new series) 26, no. 102: 99–120.

Finkelstein, Andrea (2000). *Harmony and the Balance: An Intellectual History of Seventeenth-Century English Economic Thought*. Ann Arbor: University of Michigan Press.

Finlay, Christopher J. (2011). "Commerce and the Law of Nations in Hume's Theory of Money." In Daniel Carey and Christopher J. Finlay (eds), *The Empire of Credit:The Financial Revolution in the British Atlantic World, 1688–1815*, 53–72. Dublin: Irish Academic Press.

Fiske, Jane (ed.) (1990). *The Oakes Diaries: Business, Politics and the Family in*

Bury St Edmunds 1778–1827, Vols I–II, Vol. 32. Woodbridge: Boydell Press for the Suffolk Records Society.

Fontaine, Laurence (2014). *The Moral Economy: Poverty, Credit, and Trust in Early Modern Europe*. Cambridge: Cambridge University Press.

Force, Pierre (2003). *Self-Interest Before Adam Smith: A Genealogy of Economic Science*. Cambridge: Cambridge University Press.

Ford, R. (1696). *A Further Attempt towards the Reformation of the Coin*. London: n.p.

Fox, D. (2011). "The Case of Mixt Monies: Confirming Nominalism in the Common Law of Monetary Obligations." *Cambridge Law Journal* 70, no. 1: 144–74.

Frank, Jason and Isaac Kramnick (2016). "What 'Hamilton' Forgets About Hamilton." *New York Times*, June 10.

Franklin, Benjamin 〔1729 (1971)〕. *A Modest Enquiry into the Nature and Necessity of a Paper Currency*. Philadelphia: New Printing Office. In Andrew McFarland Davis (ed.), Colonial Currency Reprints, 1682–1751. New York: B. Franklin.

Franklin, Benjamin 〔1765 (1968)〕. "Scheme for Supplying the Colonies with a Paper Currency." In Leonard Labaree (ed.), *Papers of Benjamin Franklin*, Vol. 12. New Haven, CT: Yale University Press.

Franklin, Benjamin 〔1767 (1970)〕. "The Legal Tender of Paper Money in America." In Leonard Labaree (ed.), *Papers of Benjamin Franklin*, Vol. 14. New Haven, CT: Yale University Press.

Franklin, Benjamin 〔1771–90 (1986)〕. *Autobiography: An Authoritative Text*. Edited by J.A. Leo Lemay and P.M. Zall. New York: Norton.

Gaskill, Malcolm (2000). *Crime and Mentalities in Early Modern England*. Cambridge: Cambridge University Press.

Gaspar, Peter (1976). "Simon's Cromwell Crown Dies in the Royal Mint Museum and Blondeau's Method for the Production of Lettered Edges." *British Numismatic Journal* 46: 55–63.

Glaisyer, Natasha (2004). "Briscoe, John (d. 1697), Merchant and Projector." In *Oxford Dictionary of National Biography*. Oxford: Oxford University Press.

The Glass; or Speculation: A Poem (1791). New York: n.p.

The Gleaner 〔1798 (1992)〕. Introduction by Nina Baym. Schenectady, NY: Union College Press.

Goetzmann, William (ed.) (2013). *The Great Mirror of Folly: Finance, Culture, and the Crash of 1720.* New Haven, CT: Yale University Press.

Goldberg, Dror (2009). "The Massachusetts Paper Money of 1690." *Journal of Economic History* 69, no. 4: 1092–106.

Goodhart, Charles (1988). *The Evolution of Central Banks.* Cambridge, MA: MIT Press.

Goodhart, Charles (1998). "The Two Concepts of Money: Implications for the Analysis of Optimal Currency Areas." *European Journal of Political Economy* 14, no. 3: 407–32.

Goodhart, Charles (2008). "Foreword." In George Selgin (ed.), *Good Money: Birmingham Button Makers, the Royal Mint, and the Beginnings of Modern Coinage, 1775–1821.* Ann Arbor: University of Michigan Press.

Gordon, Barry J. (1975). *Economic Analysis before Adam Smith: Hesiod to Lessius.* London: Macmillan.

Goux, Jean-Joseph 〔1984 (1994)〕. *The Coiners of Language.* Translated by Jennifer Curtiss Gage. Norman: University of Oklahoma Press.

Graeber, David (2011). *Debt: The First 5,000 Years.* New York: Melville House.

Grassby, Richard (1995). *The Business Community of Seventeenth-Century England.* Cambridge and New York: Cambridge University Press.

Green, Joseph (1750). *The Dying Speech of Old Tenor.* Boston: n.p.

Green, Joseph (1781). *A Mournful Lamentation On the Untimely Death of Paper Money.* Wilmington, DE: n.p.

Grubb, Farley (2006). *Benjamin Franklin and the Birth of a Paper Money Economy.* Philadelphia: Library Company of Philadelphia.

Grubb, Farley (2008). "Money Supply in the American Colonies." In Steven N. Durlauf and Lawrence E. Blume (eds), *New Palgrave Dictionary of Economics.* Basingstoke and New York: Palgrave Macmillan.

Grubb, Farley (2016). "Is Paper Money Just Paper Money? Experimentation and Local Variation in the Fiat Monies Issued by the Colonial Governments of British North America, 1690–1775." *Research in Economic History* 32: 147–224.

Gunn, J.A.W. (1969). *Politics and the Public Interest in the Seventeenth Century.* Studies in Political History. London: Routledge & Kegan Paul.

Hamilton, Alexander 〔1781 (1961)〕. Letter to Robert Morris, April 30. In Harold C. Syrett (ed.), *The Papers of Alexander Hamilton,* Vol. 2. New York: Columbia University Press.

Hamilton, Alexander 〔1788 (2001)〕. *Federalist* 35. In Joanne Freeman (ed.),

Writings. New York: Library of America.
Hamilton, Alexander [1790a (2001)]. Report on a National Bank. In Joanne Freeman (ed.), Writings. New York: Library of America.
Hamilton, Alexander [1790b (2001)]. Report on Public Credit. In Joanne Freeman (ed.), Writings. New York: Library of America.
Hamilton, Alexander [1791a (1965)]. Letter to Rufus King. In Harold C. Syrett (ed.), *The Papers of Alexander Hamilton,* Vol. 9. New York: Columbia University Press.
Hamilton, Alexander [1791b (2001)]. *Report on Manufacturers.* In Joanne Freeman (ed.), Writings. New York: Library of America.
Hamilton, Alexander (1795). "Public Credit, Communicated to the Senate, 16 and 21 January, 1795."
Hanke, Lewis (1956). *The Imperial City of Potosí: An Unwritten Chapter in the History of Spanish America.* The Hague: Martinus Nijhoff.
Hanley, Ryan Patrick and Maria Pia Paganelli (2014). "Adam Smith on Money, Mercantilism and the System of Natural Liberty." In Daniel Carey (ed.), *Money and Political Economy in the Enlightenment,* 185–99. Oxford: Voltaire Foundation.
Hardwick, Julie (2009). *Family Business: Litigation and the Political Economies of Daily Life in Early Modern France.* Oxford and New York: Oxford University Press.
Haskill, Francis (1993). *History and its Images: Art and the Interpretation of the Past.* New Haven, CT: Yale University Press.
Helleiner, Eric (2003). *The Making of National Money: Territorial Currencies in Historical Perspective.* Ithaca, NY: Cornell University Press.
Hill, Abraham (1690). *A Letter about Raising the Value of Coin.* London: n.p.
Hill, Christopher (1972). *The World Turned Upside Down: Radical Ideas During the English Revolution.* London: Temple Smith.
Hindmarsh, D. Bruce (2018). "Newton, John (1725–1807), slave trader and Church of England clergyman." *Oxford Dictionary of National Biography.* http://www.oxforddnb.com/view/10.1093/ref:odnb/9780198614128.001.0001/odnb-9780198614128-e-20062 (accessed January 16, 2018).
Hirschman, Albert O. (1997). *The Passions and the Interests: Political Arguments for Capitalism Before its Triumph.* 20th anniversary edition. Princeton, NJ: Princeton University Press.
Hitchcock, Tim, Robert Shoemaker, Clive Emsley, Sharon Howard, Jamie

McLaughlin et al. (2012). *The Old Bailey Proceedings Online, 1674–1913*. http://www.oldbaileyonline.org, Version 7.0 (March 24, 2012) (accessed March 17, 2018).

Hobbes, Thomas (1651). *Leviathan, or the Matter, Forme, and Power of a Common-wealth, Ecclesiasticall and Civill.* [London]: Andrew Crooke.

Hobbes, Thomas 〔1651 (1991)〕. *Leviathan*. Edited by Richard Tuck. Cambridge: Cambridge University Press.

Hockett, Robert C. and Saule T. Omarova (2017). "The Finance Franchise." *Cornell Law Review* 102: 1143–218.

Hocking, W.J. (1909). "Simon's Dies in the Royal Mint Museum, With Some Notes on the Early History of Coinage by Machinery." *Numismatic Chronicle and Journal of the Royal Numismatic Society* 9: 56–118.

Hodges, James (1697). *The Present State of England, as to Coin and Publick Charges*. London: Andr. Bell.

Hoffman, Philip T., Gilles Postel-Vinay, and Jean-Laurent Rosenthal (2001). *Priceless Markets: The Political Economy of Credit in Paris, 1660–1870*. Chicago: University of Chicago Press.

Hogendorn, Jan and Marion Johnson (1986). *The Shell Money of the Slave Trade*. Cambridge: Cambridge University Press.

Hont, Istvan (1993). "The 'Rich Country–Poor Country' Debate in Scottish Classical Political Economy." In I. Hont and M. Ignatieff (eds), *Wealth and Virtue: The Shaping of Political Economy in the Scottish Enlightenment*. Cambridge: Cambridge University Press.

Hont, Istvan (2005). *Jealousy of Trade: International Competition and the Nation-State in Historical Perspective*. Cambridge: Belknap Press.

Hont, Istvan (2008). "The 'Rich Country–Poor Country Debate' Revisited: The Irish Origins and French Reception of the Hume Paradox." In C. Wennerlind and M. Schabas (eds), *David Hume's Political Economy*. London: Routledge.

Hont, Istvan (2015). *Politics in Commercial Societies: Jean-Jacques Rousseau and Adam Smith*. Edited by Béla Kapossy and Michael Sonenscher. Cambridge, MA: Harvard University Press.

Hoppit, Julian (2002). *A Land of Liberty? England 1689–1727*. Oxford History of England. Oxford: Oxford University Press.

Horsefield, J.K. (1960). *British Monetary Experiments, 1650–1710*. Cambridge, MA: Harvard University Press.

Horsefield, J.K. (1982). "The 'Stop of the Exchequer' Revisited." *Economic*

History Review (Second Series) 35, no. 4: 511–28.

House of Commons (1803). *Journal of the House of Commons*. Volume 11: 1693–1697.

Hume, David 〔1739–40 (1978)〕. *A Treatise of Human Nature*. Edited by L.A. Selby-Bigge. Oxford: Oxford University Press.

Hume, David 〔1777 (1987)〕. "Of Public Credit." In Eugene F. Miller (ed.), *David Hume: Essays Moral, Political, and Literary*. Indianapolis: Liberty Fund.

Hume, David 〔1777 (1987)〕. "Superstition and Enthusiasm." In Eugene F. Miller (ed.), *David Hume: Essays Moral, Political, and Literary*. Indianapolis: Liberty Fund.

Hume, David (1987). *Essays Moral, Political, and Literary*. Edited by Eugene F. Miller. Revised edition. Indianapolis: Liberty Fund.

Humphreys, David, Joel Barlow, John Trumbull, and Lemuel Hopkins 〔1786–7 (1967)〕. *The Anarchiad: A New England Poem*. Edited by Luther G. Riggs. Gainesville, FL: Scholars' Facsimiles and Reprints.

Ince, Onur Ulas (2018). "Between Commerce and Empire: David Hume, Colonial Slavery, and Commercial Incivility." Research Collection School of Social Sciences. *History of Political Thought* 39, no. 1: 107–34.

Irving, Washington 〔1809 (2008)〕. *A History of New York*. Introduction and notes by Elizabeth L. Bradley. London: Penguin.

Jaucourt, Louis 〔1765 (2011)〕. "Money." In *The Encyclopedia of Diderot & d'Alembert Collaborative Translation Project*. Translated by Thomas M. Luckett. Ann Arbor:Michigan Publishing, University of Michigan Library. Available online: http://hdl.handle.net/2027/spo.did2222.0001.707 (accessed October 24, 2016). Originally published as "Monnoie." In *Encyclopédie ou Dictionnaire raisonné des sciences, des arts et des métiers* 10: 644–8 (Paris: n.p., 1765).

Jeake, Samuel (1988*). An Astrological Diary of the Seventeenth Century: Samuel Jeake of Rye, 1652–1699*. Edited by Annabel Gregory and Michael Hunter. Oxford: Clarendon Press.

Jefferson, Thomas 〔1791 (1986)〕. Letter to Edward Rutledge, August 25. In Charles T. Cullen et al. (eds), *The Papers of Thomas Jefferson*, Vol. 22. Princeton, NJ:Princeton University Press.

Johnston, Joseph and George Berkeley (1970). *Bishop Berkeley's Querist in Historical Perspective*. Dundalk: Dundalgan Press.

Jones, D.W. (1988). *War and Economy in the Age of William III and Marlborough.* Oxford and New York: Blackwell.

Kadane, Matthew (2013). *The Watchful Clothier: The Life of an Eighteenth-Century Protestant Capitalist.* New Haven, CT: Yale University Press.

Kant, Immanuel (2005). "An Answer to the Question: What is Enlightenment?" In Lara Denis (ed.) and Thomas K. Abbott (trans.), *Groundwork for the Metaphysics of Morals.* Peterborough: Broadview.

Kaplan, Steven L. (1996). *The Bakers of Paris and the Bread Question, 1700–1775.* Durham, NC: Duke University Press.

Kavanagh, Thomas (1993). *Enlightenment and the Shadows of Chance: The Novel and the Culture of Gambling in Eighteenth-Century France.* Baltimore, MD: Johns Hopkins University Press.

Kavanagh, Thomas (2005). *Dice, Cards, Wheels: A Different History of French Culture.* Philadelphia: University of Pennsylvania Press.

Kaye, Joel (1998). *Economy and Nature in the Fourteenth Century: Money, Market Exchange, and the Emergence of Scientific Thought.* Cambridge Studies in Medieval Life and Thought, Fourth series, 35. New York: Cambridge University Press.

Kelly, Patrick Hyde (1991). "General Introduction: Locke on Money." In Patrick Hyde Kelly (ed.), *Locke on Money,* 1–121. Oxford: Clarendon Press.

Kelly, Patrick Hyde (2014). "Berkeley and the Idea of a National Bank." In Daniel Carey (ed.), *Money and Political Economy in the Enlightenment,* 163–84. Oxford: Voltaire Foundation.

Kelly, Patrick Hyde (ed.) (1991). *Locke on Money.* 2 vols. Oxford: Oxford University Press.

Kerridge, Eric (1988). *Trade and Banking in Early Modern England.* Manchester: Manchester University Press.

Keynes, John Maynard 〔1930 (1963)〕. "Economic Possibilities for our Grandchildren." In *Essays in Persuasion.* New York: Norton.

Keynes, John Maynard 〔1930 (2013)〕. *A Treatise on Money 1: The Pure Theory of Money.* In *The Collected Writings of John Maynard Keynes.* Cambridge: Cambridge University Press.

Kibbie, Ann Louise (2006). "Object Narratives." In David Scott Kastan (ed.), *Oxford Encyclopedia of British Literature,* Vol. 4, 113–16. Oxford: Oxford University Press.

Killigrew, Sir William (1663, republished 1690, 1696). *An Humble Proposal*

Shewing How This Nation May Be Vast Gainers by All Sums of Mony Given to the Crown without Lessening the Prerogative.

King, Peter (Lord) (1803). *Thoughts on the Restriction of Payments in Specie at the Banks of England and Ireland.* London: Printed for Cadell and Davies, Strand; and J. Debrett, Piccadilly.

King, Rufus〔1791 (1965)〕. Letter to Alexander Hamilton, August 15. In Harold C. Syrett (ed.), *The Papers of Alexander Hamilton,* Vol. 9. New York: Columbia University Press.

Kleer, Richard A. (2012). "'The Folly of Particulars': The Political Economy of the South Sea Bubble." *Financial History Review* 19, no. 2: 175–97.

Kleer, Richard A. (2015). "'A New Species of Money': British Exchequer Bills, 1701–1711." *Financial History Review* 22, no. 2: 179–203.

Kleer, Richard A. (2017). *Money, Politics and Power: Banking and Public Finance in Wartime England,* 1694–96. London: Routledge.

Knafo, Samuel (2013). *The Making of Modern Finance: Liberal Governance and the Gold Standard.* London: Routledge.

Lahontan, Louis Armand de Lom d'Arce, Baron de (1703). *New Voyages to North-America.* 2 vols. London: n.p.

Lamb, Jonathan (2011). *The Things Things Say.* Princeton, NJ: Princeton University Press.

Laslett, Peter and Richard Wall (1972). "Mean Household Size in England since the Sixteenth Century." In Peter Laslett and Richard Wall (eds), *Household and Family in Past Time Comparative Studies in the Size and Structure of the Domestic Group Over the Last Three Centuries in England, France, Serbia, Japan and Colonial North America, with Further Materials from Western Europe,* 126–58. Cambridge:Cambridge University Press.

Law, John (1705). *Money and Trade Considered, With a Proposal for Supplying the Nation with Money.* Edinburgh: Heirs and Successors of Andrew Anderson.

Lecky, William Edward Hartpole (1891). *A History of England in the Eighteenth Century. 8 vols.* New York: Appleton and Company.

Leslie, Thomas Edward Cliffe (1870). "The Political Economy of Adam Smith." *Fortnightly Review* 8: 549–63.

Leslie, Thomas Edward Cliffe (1888). *Essays in Political Economy.* Dublin: Hodges, Figgis, & Co.

Levy, David (2010). "Pirates, Autographs, and a Bankruptcy: *A Short Treatise on the Game of Whist by Edmond Hoyle, Gentleman.*" Script & Print 34, no. 3:

133–61.

Li, Ming-Hsun (1963). *The Great Recoinage of 1696 to 1699.* London: Weidenfeld and Nicolson.

Library Company (2006). "Benjamin Franklin: Writer and Printer." Online exhibition. http://www.librarycompany.org/BFWriter/ (accessed May 18, 2017).

Library Company (2014). "Benjamin Franklin Printing Block's Discovered." Press release, December 12, 2014. http://www.librarycompany.org/about/press/141212-FranklinBlocksPR.pdf/ (accessed January 18, 2018).

Locke, John 〔1689 (1960)〕. *Two Treatises of Government.* Edited by Peter Laslett. Cambridge: Cambridge University Press.

Locke, John 〔1692 (1991a)〕. *Some Considerations of the Consequences of the Lowering of Interest, and Raising the Value of Money.* In Patrick Hyde Kelly (ed.), Locke on Money. 2 vols. Oxford: Clarendon Press.

Locke, John 〔1695 (1991b)〕. *Further Considerations Concerning Raising the Value of Money.* In Patrick Hyde Kelly (ed.), Locke on Money. 2 vols. Oxford: Clarendon Press.

Lockhart, James and Stuart B. Schwartz (1983). *Early Latin America: A History of Colonial Spanish America and Brazil.* Cambridge: Cambridge University Press.

Loughridge, Deirdre (2016). *Haydn's Sunrise, Beethoven's Shadow: Audiovisual Culture and the Emergence of Musical Romanticism.* Chicago: University of Chicago Press.

Lowndes, William (1695). *A Report Containing an Essay for the Amendment of the Silver Coins, Essay for the amendment of silver coins.* London: Printed by Charles Bill, and the executrix of Thomas Newcomb deceas'd.

Lucassen, Jan (2014). "Deep Monetization: The Case of the Netherlands 1200–1940." *Tijdschrift voor Sociale en Economische Geschiedenis* 11, no. 3: 73–121.

Lynch, Deidre (1998). *The Economy of Character: Novels, Market Culture, and the Business of Inner Meaning.* Chicago: University of Chicago Press.

Mackenzie, A.D. (1953). *The Bank of England Note: A History of its Printing.* Cambridge: Cambridge University Press.

Macpherson, C.B. (1969). *The Political Theory of Possessive Individualism: Hobbes to Locke.* Oxford: Clarendon Press.

Madison, James 〔1787 (1977)〕. Letter to Thomas Jefferson, July 18. In Robert

A.Rutland and William M. E. Rachal (eds), *The Papers of James Madison*, Vol. 10. Chicago: University of Chicago Press.

Mandeville, Bernard (1723). *The fable of the bees: or, private vices, publick benefits. The second edition, enlarged with many additions. As also an essay on charity and charity-schools, and a search into the nature of society.* London: n.p.

Marshall, Richard K. (1999). *The Local Merchants of Prato: Small Entrepreneurs in the Late Medieval Economy.* Baltimore, MD: Johns Hopkins University Press.

Martinez, Mauricio (2013). "From Peruvian Gold to British Guinea: Tropicopolitanism and Myths of Origin in Charles Johnstone's *Chrysal.*" In Ileana Baired and Christina Ionescu (eds), *Eighteenth-Century Thing Theory in a Global Context.* Aldershot: Ashgate.

Marx, Karl (1970). *Critique of Hegel's "Philosophy of Right."* Edited by Joseph O'Malley. Translated by Annette Jolin and Joseph O'Malley. London: Cambridge University Press.

Marx, Karl (1981). *Capital: A Critique of Political Economy*, Vol. 3. Translated by David Fernback. London: Penguin.

Mather, Cotton (1690). *Some Considerations on the Bills of Credit Now Passing in New-England.* Boston: n.p. In Andrew McFarland Davis (ed.), *Colonial Currency Reprints, 1682–1751.* New York: B. Franklin.

Mather, Cotton (1714). *Pascentius: A Very Brief Essay upon the Methods of Piety.* Boston: n.p.

Mathias, Peter (1979). "The People's Money in the Eighteenth Century: The Royal Mint, Trade Tokens and the Economy." In Peter Mathias (ed.), *The Transformation of England: Essays in the Economic and Social History of England in the Eighteenth Century,* 190–208. London: Routledge.

Mayhew, N.J. (1995). "Population, Money Supply, and the Velocity of Circulation in England, 1300–1700." *Economic History Review* (New Series) 48, no. 2 (May).

Mayhew, N.J. (2000). *Sterling: The History of a Currency.* London: Penguin.

Mazerolle, Fernand (1907). *L'Hôtel des Monnaies.* Paris: Librarie Renouard.

McCulloch, J.R. (1845). *The Literature of Political Economy: A Classified Catalogue.* London: Longman, Brown, Green, and Longman.

McCurdy, Henry (2007). "Social Incidence and Economic Significance of the Growth in Transferable Paper Instruments in Seventeenth Century England."

PhD thesis, University of Cambridge.

McCusker, John (2017). "To 'arrange my accounts'—Fulfilling the Last Wishes of George Washington." *George Washington Financial Papers Project.* http://financial.gwpapers.org/sites/financial.gwpapers.org/files/To%20Arrange%20My%20Accounts.pdf (accessed March 17, 2018).

Meldrum, Tim (2000). *Domestic Service and Gender, 1660–1750: Life and Work in the London Household.* Harlow: Longman.

Melon, Jean François (1738). *A Political Essay upon Commerce.* Dublin: n.p.

Menant, François and Odile Redon (2004). *Notaires et crédit dans l'occident éditerranéen médiéval: [colloques organisés... à Nice et Bordighera en octobre 1996 et à Lyon en décembre 1997].* Rome: Ecole française de Rome.

Michener, Ron (2010). "Money in the American Colonies." https://eh.net/encyclopedia/money-in-the-american-colonies/ (accessed March 17, 2018).

Millar, John (1771). *Observations Concerning the Distinction of Ranks in Society.* London: n.p.

The Mint and Exchequer United: *Being a Method to Furnish His Majesty with Two, Three, Or Four Millions Immediately, at the Present Charge But of One Million Or Less, and Supply the Want of Coin, Till New Money Can be Had* (1695).

Mirzoeff, Nicholas (1999). *An Introduction to Visual Culture.* New York: Routledge.

Misselden, Edward (1622). *Free Trade or, the Meanses to Make Trade Flourish.* London: John Legatt, for Simon Waterson.

Mitchell, W.J.T. (1986). *Iconology: Image, Text, Ideology.* Chicago: University of Chicago Press.

Molesworth, Jesse (2010). *Chance and the Eighteenth-Century Novel: Realism, Probability, Magic.* Cambridge: Cambridge University Press.

Montesquieu, Charles de Secondat, baron de 〔1750 (1989)〕. *The Spirit of the Laws.* Edited by Anne Cohler, Basia Miller, and Harold Stone. Cambridge: Cambridge University Press.

Moore, Giles (1971). *The Journal of Giles Moore.* Edited by Ruth Bird. Lewes: Sussex Record Society.

More, Thomas 〔1516 (1989)〕. *Utopia.* London: Penguin.

A Mournful Lamentation on the untimely Death of Paper Money (1781). Wilmington, DE: n.p.

Mueller, Reinhold C. (1997). *The Venetian Money Market: Banks, Panics, and the*

Public Debt, 1200–1500. Baltimore, MD: Johns Hopkins University Press.

Muldrew, Craig (1998). *The Economy of Obligation: The Culture of Credit and Social Relations in Early Modern England*. Basingstoke: Palgrave Macmillan.

Muldrew, Craig (2001). "'Hard Food for Midas': Cash and Its Social Value in Early Modern England." *Past & Present* 170: 78–120.

Muldrew, Craig (2007). "Wages and the Problem of Monetary Scarcity in Early Modern England." In Jan Lucassen (ed.), *Wages and Currency: Global Comparisons from Antiquity to the Twentieth Century*, 391–410. Bern: Peter Lang.

Muldrew, Craig (2018a). "Self-Control and Savings: Adam Smith and the Creation of Modern Capital." In Simon Middleton and James E. Shaw (eds), *Market Ethics and Practices, c. 1300–1850*, 63–86. Milton: Routledge.

Muldrew, Craig (2018b). "The Social Acceptance of Paper Credit as Currency in Eighteenth Century England: A Case Study of Glastonbury c. 1720–1742." In Marcella Lorenzini, Lorandini Cinzia, and D'Maris Coffman (eds), *Financing in Europe: Evolution, Coexistence and Complementarity of Lending Practices from the Middle Ages to Modern Times*. London: Palgrave Macmillan.

Mun, Thomas (1621). *A Discourse of Trade, from England unto the East-Indies*. London: n.p.

Munro, John H. (2003). "The Medieval Origins of the Financial Revolution: Usury, Rentes, and Negotiability." *International History Review* 25, no. 3: 505–62. doi:10.2307/40109398.

Murphy, Anne L. (2009). *The Origins of English Financial Markets: Investment and Speculation Before the South Sea Bubble*. Cambridge: Cambridge University Press.

Murphy, Antoin E. (1986). *Richard Cantillon: Entrepreneur and Economist*. Oxford: Clarendon Press.

Murphy, Antoin E. (1997). *John Law: Economic Theorist and Policy-Maker*. Oxford: Oxford University Press.

Murray, Judith Sargent (1798). *The Gleaner*. "Introduction" by Nina Baym (1992). Schenectady, NY: Union College Press.

Muzzarelli, M.G. (2012). "From the Closet to the Wallet: Pawning Clothes in Renaissance Italy." *Renaissance and Reformation/Renaissance et Réforme* 35, no. 3: 23–38.

National Archives (TNA). Mint Office (Mint).

National Archives (TNA). Treasury Office (T).

National Land Bank Act (1696).
Neal, Larry (2000). "How It All Began: The Monetary and Financial Architecture of Europe from 1648 to 1815." *Financial History Review* 7, no. 2 (October): 117–40.
Newman, Eric (1964). "Nature Printing on Colonial and Continental Currency." *Numismatist* 77, no. 2: 146–54.
Newman, Eric (1990). *The Early Paper Money of America*. 3rd edition. Iola, WI: Krause Publications.
Newman, Eric (2008). *The Early Paper Money of America*. 5th edition. Iola, WI: Krause Publications.
Noonan, John Thomas (1957). *The Scholastic Analysis of Usury*. Cambridge, MA:Harvard University Press.
North, Douglass C. and Barry R. Weingast (1989). "Constitutions and Commitment:The Evolution of Institutions Governing Public Choice in Seventeenth-Century England." *Journal of Economic History* XLIX, no. 4: 803–32.
Oslington, Paul (2012). "God and the Market: Adam Smith's Invisible Hand." *Journal of Business Ethics*: 429–38.
Pabst, Adrian (2011). "From Civil to Political Economy: Adam Smith's Theological Debt." In Paul Oslington (ed.), *Adam Smith as Theologian*, 106–24. London:Routledge.
Pagden, Anthony (2013). *The Enlightenment and Why It Still Matters*. New York:Random House.
Paine, Thomas 〔1778 (1974)〕. *American Crisis VII. In Philip S. Foner (ed.), The Life and Major Writings of Thomas Paine*. New York: Citadel Press.
Paine, Thomas (1796). *The Decline and Fall of the English System of Finance*. Paris: Hartley, Adlard and Son.
Palma, Nuno (2017). "Reconstruction of Money Supply over the Long Run: The Case of England, 1270–1870." *Economic History Review* 71, no. 2: 373–92.
Parsons, Jotham (2015). *Making Money in Sixteenth-Century France: Currency, Culture, and the State*. Ithaca, NY: Cornell University Press.
Paterson, William (1694). *A Brief Account of the Intended Bank of England*. London: Randal Taylor.
Pecora, Vincent (2006). *Secularization and Cultural Criticism: Religion, Nation, and Modernity*. Chicago: University of Chicago Press.
Pepys, Samuel (1970–83). *The Diary of Samuel Pepys*. Vols 1–10. Edited by

Robert Latham and William Matthews. London: Bell.

Phelps Brown, E.H. and Sheila V. Hopkins (1962). "Seven Centuries of the Prices of Consumables, Compared with Builders' Wage-Rates." In E.M. Carus-Wilson (ed.), *Essays in Economic History,* 179–97. London: Economic History Society.

Phillipson, N.T. (2010). *Adam Smith: An Enlightened Life.* London: Yale University Press.

Pietz, William (1988). "The Problem of the Fetish, IIIa: Bosman's Guinea and the Enlightenment Theory of Fetishism." *RES: Anthropology and Aesthetics* 16:105–24.

Piketty, Thomas (2014). *Capital in the Twenty-First Century.* Translated by Arthur Goldhammer. Cambridge, MA: Harvard University Press.

Pincus, Steven (2009). *1688: The First Modern Revolution.* New Haven, CT: Yale University Press.

Pocock, J.G.A. (1975). *The Machiavellian Moment: Florentine Political Thought and the Atlantic Republican Tradition.* Princeton, NJ: Princeton University Press.

Pocock, J.G.A. (1985). *Virtue, Commerce and History: Essays in Political Thought and History, Chiefly in the Eighteenth Century.* Cambridge: Cambridge University Press.

Poovey, Mary (2008). *Genres of the Credit Economy: Mediating Value in Eighteenth-and Nineteenth-Century Britain.* Chicago: University of Chicago Press.

Pope, Alexander 〔1728–43 (1986)〕. *The Dunciad. In M.H. Abrams et al. (eds), The Norton Anthology of English Literature.* New York: Norton.

Potter, William (1650). *The key of wealth: or, a new way, for improving of trade:lawfull, easie, safe and effectuall: shewing how a few tradesmen agreeing together,may (borrow wherewith to) double their stocks, and the increase thereof.* London:n.p.

Pressnell, L.S. (1956). *Country Banking in the Industrial Revolution.* Oxford: Oxford University Press.

Ramsey, David 〔1789 (1990)〕. *The History of the American Revolution.* Edited by Lester Cohen. 2 vols. Indianapolis: Liberty Classics.

Randolph, Peyton (1759). *A Letter to a Gentleman in London, from Virginia.* Williamsburg, VA: n.p.

Rassekh, Farhad (2017). *Four Central Theories of the Market Economy:*

Conception, Evolution and Application. London: Routledge.

Rawle, Francis (1721). *Some Remedies Proposed for the Restoring the Sunk Credit of the Province of Pennsylvania, with Some Remarks on its Trade.* Philadelphia: n.p.

Redish, Angela (1990). "The Evolution of the Gold Standard in England." *Journal of Economic History* 50, no. 4: 789–805.

Redish, Angela (2000). *Bimetallism: An Economic and Historical Analysis.* Cambridge: Cambridge University Press.

"Reply of Continental Currency to the Representation and Remonstrance of Hard Money" (1779). *United States Magazine* (February).

"The Representation and Remonstrance of Hard Money. Addressed to the People of America" (1779). *United States Magazine* (January).

Ricardo, David (1810). *The High Price of Bullion, A Proof of the Depreciation of Bank Notes.* London: John Murray.

Richards, Richard David (1929). *The Early History of Banking in England.* London: P.S. King & Son.

Ricks, Morgan (2016). *The Money Problem: Rethinking Financial Regulation.* Chicago: University of Chicago Press.

Robertson, John (2015). *The Enlightenment: A Very Short Introduction.* Oxford: Oxford University Press.

Robertson, William (n.d.). *History of America, Volume I.* London: n.p.

Rogers, James Steven (1995). *The Early History of the Law of Bills and Notes: A Study of the Origins of Anglo-American Commercial Law.* Cambridge Studies in English Legal History Index. Cambridge: Cambridge University Press.

Rose, Craig (1999). *England in the 1690s: Revolution, Religion and War.* Oxford: Blackwell.

Roseveare, Henry (1973). *The Treasury, 1660–1870: The Foundations of Control,* Historical Problems, Studies and Documents, 22. London: Allen and Unwin.

Rothschild, Emma (2001). *Economic Sentiments: Adam Smith, Condorcet, and the Enlightenment.* Cambridge, MA: Harvard University Press.

Rousseau, Jean-Jacques〔1772 (1997)〕. "Considerations on the Government of Poland." In Victor Gourevitch (ed.), *Rousseau: The Social Contract and other later Political Writings.* Cambridge: Cambridge University Press.

Rousseau, Jean-Jacques (1983). "Discourse on the Origin of Inequality." Translated by Donald Cress. In *On the Social Contract.* Indianapolis: Hackett.

Rousseau, Jean-Jacques (2003). "Luxury, Commerce, and the Arts." Translated by Henry C. Clark. In Henry C. Clark (ed.), *Commerce, Culture, and Liberty:Readings on Capitalism Before Adam Smith*. Indianapolis: Liberty Fund.

Rowlands, Guy (2012). *The Financial Decline of a Great Power: War, Influence, and Money in Louis XIV's France*. Oxford: Oxford University Press.

Royal Bank of Scotland (2017). "RBS History in 100 Objects."https://www.rbs.com/heritage/rbs-history-in-100-objects/objects-by-date.html (accessed January 18, 2018).

Saidel, Benjamin Adam and Abed S.K. Barakat (2007). "The Pillars of Hercules as Metaphors for Fertility and Health among Bedouin in the Southern Levant." Anthropos 102, no. 1: 220–4.

Saint-Simon, Henri, comte de (1834). *New Christianity*. London: n.p.

Sargent, Thomas J. and François R. Velde (2003). *The Big Problem of Small Change*. Princeton, NJ: Princeton University Press.

Saville, Richard (1996). *Bank of Scotland: A History, 1695–1995*. Edinburgh: Edinburgh University Press.

Schabas, Margaret (2008). "Temporal Dimensions in Hume's Monetary Theory." In Carl Wennerlind and Margaret Schabas (eds), *David Hume's Political Economy*, 127–45. London: Routledge.

Schumpeter, Joseph A. (1954). *History of Economic Analysis*. Edited by Elizabeth Boody Schumpeter. New York: Oxford University Press.

The Second Part of South-Sea Stock. Being an Inquiry into the Original of Province Bills or Bills of Credit 〔1721 (1971)〕. In Andrew McFarland Davis (ed.), *Colonial Currency Reprints*, 1682–1751. New York: B. Franklin.

Selgin, George (2008). *Good Money: Birmingham Button Makers, the Royal Mint, and the Beginnings of Modern Coinage, 1775–1821*. Ann Arbor: University of Michigan Press.

Semple, Clara (2005). *A Silver Legend: The Story of the Maria Theresa Thaler*. Gloucester: Barzan.

Shaw, James E. and Evelyn S. Welch (2011). *Making and Marketing Medicine in Renaissance Florence*. Amsterdam and New York: Rodopi.

Sheehan, Jonathan and Dror Wahrman (2015). *Invisible Hands: Self-Organization and the Eighteenth Century*. Chicago: University of Chicago Press.

Shell, Marc (1982). *Money, Language, and Thought: Literary and Philosophical Economies from the Medieval to the Modern Era*. Berkeley: University of California Press.

Sheriff, Mary (2003). "The Portrait of the Queen." In Dena Goodman (ed.), *Marie Antoinette: Writings on the Body of a Queen*, 45–72. London: Routledge.

Sheriff, Mary (ed.) (2006). *Antoine Watteau: Perspectives on the Artist and the Culture of his Time*. Newark: University of Delaware Press.

Shin, Hiroki (2015). "Paper Money, the Nation, and the Suspension of Cash Payments in 1797." *Historical Journal* 58, no. 2: 415–42.

Siegfried, Susan (1992). "Boilly and the Frame Up of 'Trompe l'oeil '." *Oxford Art Journal* 15, no. 2: 27–37.

Simmel, Georg 〔1907 (1978)〕. *The Philosophy of Money*. 2nd edition. Translated by Tom Bottomore and David Frisby. London: Routledge.

Skidelsky, Robert (1995). "J. M. Keynes and the Quantity Theory of Money." In Mark Blaug et al. (eds), *The Quantity Theory of Money: From Locke to Keynes and Friedman*, 80–96. Aldershot: Edward Elgar.

Smith, Adam 〔1776 (1976)〕. *An Inquiry into the Nature and Causes of the Wealth of Nations*. Edited by Edwin Cannan. Chicago: University of Chicago Press.

Smith, Adam 〔1776 (1976)〕. *An Inquiry into the Nature and Causes of the Wealth of Nations*. Edited by R.H. Campbell and A.S. Skinner. Textual editor W.B. Todd. Oxford: Oxford University Press.

Smith, Adam (1978). *Lectures on Jurisprudence*. Edited by Ronald L. Meek, Peter Stein, and D.D. Raphael. Oxford: Oxford University Press.

Solkin, David (1996). *Painting for Money: The Visual Arts and the Public Sphere in Eighteenth-Century England*. New Haven, CT: Yale University Press.

Sonenscher, Michael (1984). "Work and Wages in Paris in the Eighteenth Century." In Maxine Berg, Pat Hudson, and Michael Sonenscher (eds), *Manufacture in Town and Country Before the Factory*, 147–72. Cambridge: Cambridge University Press.

Spang, Rebecca L. (2015). *Stuff and Money in the Time of the French Revolution*. Cambridge, MA: Harvard University Press.

Spector, Céline (2007). "'Il faut éclairer l'histoire par les lois et les lois par l'histoire': statut de la romanité et rationalité des coutumes dans *L'Esprit des lois* de Montesquieu." In M. Xifaras (ed.), *Généalogie des savoirs juridiques: le carrefour des lumières*. Brussels: Bruylant; Edited by R.H. Campbell and A.S. Skinner. Textual editor W.B. Todd. Oxford: Oxford University Press.

"Speech of a Member of the General Court of Massachusetts, on the Question whether the Public Securities should be redeemed at their Current Value"

(1787). *American Museum* (May).
Speke, John Hanning (1868). *Journal of the Discovery of the Source of the Nile*. Eugene, OR: Resource Publications.
Spufford, Peter (1966). "Assemblies of Estates, Taxation and Control of Coinage in Medieval Europe." In *XII Congres International des Sciences Historiques*. Louvain-Paris: Etudes Presentée à la Commission Internationale pour L'histoire des Assemblées D'etats, XXXI.
Spufford, Peter (1988). *Money and its Use in Medieval Europe*. Cambridge: Cambridge University Press.
Stasavage, David (2011). *States of Credit: Size, Power, and the Development of European Polities*. Princeton, NJ: Princeton University Press.
A State of the Case, between Furnishing His Majesty with Money by Way of Loan, or by Way of Advance of the Tax of Any Particular Place, Upon the Act for the £1250000 (1666).
Stern, Julia A. (1997). *The Plight of Feeling: Sympathy and Dissent in the Early American Novel*. Chicago: University of Chicago Press.
Stern, Philip and Carl Wennerlind (2013). *Mercantilism Reimagined: Political Economy in Early Modern Britain and its Empire*. Oxford: Oxford University Press.
Steuart, Sir James〔1767 (1998)〕. *An Inquiry into the Principles of Political Oeconomy*. Edited by Andrew S. Skinner with Noboru Kobayashi and Hiroshi Mizuta. 4 vols. London: Pickering & Chatto.
Stewart, Dugald (1866). *Elements of the Philosophy of the Human Mind*. Boston: William H. Dennet.
Stewart, Ian (1992). "The English and Norman Mints, c. 600–1158." In C.E. Challis (ed.), *A New History of the Royal Mint*. Cambridge: Cambridge University Press.
Story, Joseph (1840). *Commentaries on the Law of Bailments, with Illustrations from the Civil and the Foreign Law*. 2nd edition. Boston: Little & Brown.
Styles, John (1980). "'Our Traitorous Moneymakers': The Yorkshire Coiners and the Law, 1760–83." In John A. Styles and John Brewer (eds), *An Ungovernable People: the English and Their Law in the Seventeenth and Eighteenth Centuries*, 172–249. New Brunswick, NJ: Rutgers University Press.
Supple, Barry (1964). *Commercial Crisis and Change in England, 1600–1642*. Cambridge: Cambridge University Press.
Swedborg, Richard (1999). *Marx, Weber and the Idea of Economic Sociology*.

Princeton, NJ: Princeton University Press.

Swift, Jonathan (1726). *Travels into Several Remote Nations of the World. In Four Parts. By Lemuel Gulliver, First a Surgeon, and then a Captain of Several Ships.* London: Benj. Motte.

Swift, Jonathan (1729). *A Modest Proposal for Preventing the Children of Poor People in Ireland From Being a Burden to Their Parents, or the Country, and for Making Them Beneficial to the Publick.* Dublin: S. Harding.

Swift, Jonathan (1965). *The Drapier's Letters to the People of Ireland.* Edited by Herbert Davis. Oxford: Clarendon Press.

Symson, Joseph (2002). *An Exact and Industrious Tradesman: The Letter Book of Joseph Symson of Kendal, 1711–1720.* Edited by S.D. Smith. Oxford and New York: Oxford University Press.

Tandeter, Enrique (1993). *Coercion and Market: Silver Mining in Colonial Potosí, 1692–1826.* Translated by Richard Warren. Albuquerque: University of New Mexico Press.

Taylor, Charles (2007). *A Secular Age.* Cambridge, MA: Harvard University Press.

Temin, Peter and Hans-Joachim Voth (2012). *Prometheus Shackled: Goldsmith Banks and England's Financial Revolution After 1700.* Oxford: Oxford University Press.

't Hart, Marjolein (1991). "'The Devil or the Dutch': Holland's Impact on the Financial Revolution in England, 1643–1694." *Parliaments, Estates and Representation* 11, no. 1: 39–52.

Thayer, Theodore (1953). "The Land-Bank System in the American Colonies." *Journal of Economic History* 13, no. 2: 145–59.

Thomson, Erik (2004). "Chancellor Oxenstierna, Cardinal Richelieu, and Commerce:The Problems and Possibilities of Governance in Early-Seventeenth-Century France and Sweden." PhD thesis, Johns Hopkins University.

Thornton, Henry (1965). *An Enquiry into the Nature and Effects of Paper Credit of Great Britain* (1802). Edited by F.A. von Hayek. New York: Augustus M. Kelley.

Tortella, Gabriel and Francisco Comín (2001). "Fiscal and Monetary Institutions in Spain (1600–1900)." In Michael Bordo and Roberto Cortés-Conde (eds), *Transferring Wealth and Power from the Old to the New World: Monetary and Fiscal Institutions in the 17th through the 19th Centuries.* Cambridge:

Cambridge University Press.
Tracy, James D. (1984). *A Financial Revolution in the Hapsburg Netherlands*. Berkeley and Los Angeles: University of California Press.
Trettien, Whitney (2017). "Leaves." In Bill Maurer and Lana Swartz (eds), *Paid: Tales of Dongles, Checks, and Other Money Stuff*. Cambridge, MA: MIT Press.
Trumbull, John 〔1775–82 (1962)〕. *M'Fingal*. In Edwin T. Bowden (ed.), *The Satiric Poems of John Trumbull: The Progress of Dullness and M'Fingal*. Austin: University of Texas Press.
Tschoegl, Adrian (2001). "Maria Theresa's Thaler: A Case of International Money." *Eastern Economic Journal* 27, no. 4: 443–62.
Tuck, Richard (2016). *The Sleeping Sovereign: The Invention of Modern Democracy*. Cambridge: Cambridge University Press.
Ullman, Walter (1966). *Principles of Government and Politics in the Middle Ages*. London: Methuen & Co. Ltd. Reprint, Routledge, 2010.
Usher, A.P. (1954–8). "Machines and Mechanisms." In C. Singer, E.J. Holmyard, A.R. Hall and T. Williams (eds), A History of Technology, Vol. 3: *From the Renaissance to the Industrial Revolution,* c. 1500 – c. 1750, 324–46. Oxford: Clarendon Press.
Valenze, Deborah (2006). *The Social Life of Money in the English Past*. Cambridge: Cambridge University Press.
Valeri, Mark (2010). *Heavenly Merchandize: How Religion Shaped Commerce in Puritan America*. Princeton, NJ: Princeton University Press.
Vaughan, Rice (1675). *A Discourse of Coin and Coinage: The First Invention, Vse, Matter, Forms, Proportions and Differences, Ancient & Modern:with the Advantages and Disadvantages of the Rise or Fall Thereof, in Our Own or Neighbouring Nations: and the Reasons*. London: Printed by Th. Dawks for Th. Basset.
Veblen, Thorstein (1899). "The Preconceptions of Economic Science [Part II]." *Quarterly Journal of Economics* 13: 396–426.
Velde, François R. (2009). "Was John Law's System a Bubble?: The Mississippi Bubble Revisited." In Jeremy Atack and Larry Neal (eds), *The Origins and Development of Financial Markets and Institutions: From the Seventeenth Century to the Present,* 99–120. Cambridge: Cambridge University Press.
Violet, Thomas (1650). *A true discovery to the Commons of England, how they have been cheated of almost all the gold and silver coyn of this nation, which hath been,and is daily transported into forraign parts: and how the people of*

this nation are, and have been abused by light and clipped English money, and the means shewed for the prevention thereof. London: W.B.

Von Glahn, Richard (2016). *The Economic History of China from Antiquity to the Nineteenth Century.* Cambridge: Cambridge University Press.

Vries, Jan de and Ad van der Woude (1997). *The First Modern Economy: Success, Failure, and Perseverance of the Dutch Economy, 1500–1815.* Cambridge:Cambridge University Press.

Waddell, Brodie (2015). "The Politics of Economic Distress in the Aftermath of the Glorious Revolution, 1689–1702." *English Historical Review* 130, no. 543:318–51.

Walsh, Patrick (2014). *The South Sea Bubble and Ireland: Money, Banking and Investment, 1690–1721.* Woodbridge: Boydell.

Weber, Max 〔1930 (2001)〕. *The Protestant Ethic and the Spirit of Capitalism.* Translated by Talcott Parsons. London: Routledge Classics.

Weil, Rachel (2013). *A Plague of Informers: Conspiracy and Trust in William III's England.* New Haven, CT: Yale University Press.

Weir, David R. (1989). "Tontines, Public Finance, and Revolution in France and England, 1688–1789." *Journal of Economic History* 49, no. 1: 95–124.

Weiss Smith, Courtney (2016). *Empiricist Devotions: Science, Religion, and Poetry in Early Eighteenth-Century England.* Charlottesville: University of Virginia Press.

Wennerlind, Carl (2005). "David Hume's Monetary Theory Revisited: Was He Really a Quantity Theorist and an Inflationist?" *Journal of Political Economy* 113, no.1: 223–37.

Wennerlind, Carl (2008). "An Artificial Virtue and the Oil of Commerce: A Synthetic View of Hume's Theory of Money." In Carl Wennerlind and Margaret Schabas (eds), *David Hume's Political Economy,* 105–26. London: Routledge.

Wennerlind, Carl (2011). *Casualties of Credit: The English Financial Revolution,1620–1720.* Cambridge, MA: Harvard University Press.

Winstanley, Gerrard (1649a). *A declaration from the poor oppressed people of England, directed to all that call themselves, or are called lords of manors, through this nation; that have begun to cut, or that through fear and covetousness, do intend to cut down the woods and trees that grow upon the commons and waste land.*

Winstanley, Gerrard (1649b). *The true Levellers standard advanced; or, The state of community opened, and presented to the sons of men.* London: n.p.

Winstanley, Gerrard (1652). *The law of freedom in a platform: or, true magistracy restored. Humbly presented to Oliver Cromwel,... wherein is declared, what is kingly government, and what is Commonwealths government.* London: printed by J.M. for the author.

Wise, John [as Amicus Patriae] 〔1721 (1971)〕. *A Word of Comfort to a Melancholy County. Or the Bank of Credit Erected in the Massachusetts-Bay. In Andrew McFarland Davis (ed.), Colonial Currency Reprints, 1682–1751.* New York: B. Franklin.

Wiséhn, Ian (1995). "Sweden's Stockholm Banco and the First European Banknotes." In Virginia Hewitt (ed.), *The Banker's Art: Studies in Paper Money,* 12–19. London: British Museum Press.

Wood, Gordon S. (1991). *The Radicalism of the American Revolution.* New York:Knopf.

Wordie, J.R. (1997). "Deflationary Factors in the Tudor Price Rise." *Past & Present* 154: 32–70.

Wrigley, E.A. and Roger S. Schofield (1989). *The Population History of England,1541–1871: A Reconstruction.* Cambridge: Cambridge University Press.

译名对照表
Index

accounts, keeping of 记账
Adams, John 约翰·亚当斯
Addison, Joseph 约瑟夫·艾狄生
Africa, trade in 非洲贸易
Africans, alleged inferiority of 所谓非洲人低人一等
alchemy 炼金术
America, objects as currency 充当美洲货币的对象
America, paper money in 美洲殖民地的纸币
    credit and social mobility 信贷与社会流动性
    debt and communal bonds 债务与公共债券
    funding independence 资金独立性
    Pennsylvania 宾夕法尼亚
American Indians 美洲印第安人
Americas, mines and mints in 美洲的矿山和铸币厂
Aristotle 亚里士多德
art and money 艺术与金钱
    coins, designs of 硬币的设计
    objects as currency 作为货币的对象（充当货币的物品）
artistic rights 艺术的权利
assignats（France）指券（法国）
Augsburg Mint 奥格斯堡铸币厂

Ayr Bank 艾尔银行

balance of trade 贸易平衡
bank failures 银行破产
Bank of Amsterdam 阿姆斯特丹银行
Bank of England 英格兰银行
    establishment of 英格兰建行的创建
    John Locke and 约翰·洛克与英格兰银行
    paper money of 英格兰银行的纸币
Bank of Scotland 苏格兰银行
Bank of the United States 美国银行
Bank Restriction Act（1797）银行限制法案（1797）
Bankers' Case 银行家们的案子
banknotes（England）银行券（英格兰）
    origins of 银行券的起源
    use of in London 银行券在伦敦的使用
Barbon, Nicholas 尼古拉斯·巴贲
barter 以物易物
benefits of money 货币的好处
Berkeley, George 乔治·贝克莱
    The Querist《问难》
Best, Henry 亨利·贝斯特

billon coins 大量的硬币
bills of exchange 汇票
bills, personal 个人票据
bimetallic ratios 双金属比率
bimetallism 双金属制
bitcoin 比特币
blanks, coin 币坯
Blondeau, Pierre 皮埃尔·布朗多
Blundell, Nicholas 尼古拉斯·布伦德尔
Borden, William 威廉·波登
Boulton, Matthew 马修·博尔顿
Bouton, Terry 特里·鲍顿
Bramante, Donato 多纳托·布拉曼托
Briot, Nicholas 尼古拉斯·布里奥
Briscoe, John, *Discourse of Money* 约翰·布里斯科《关于货币的一种论述》
brokers 经纪人
Broughton, John 约翰·布劳顿
Brown, Charles Brockden, *Arthur Mervyn* 查尔斯·布罗克登·布朗《亚瑟·默文》
Brown, William Hill, *The Power of Sympathy* 威廉·希尔·布朗《同情的力量》
Bullion Report（1810） 金银条报告（1810）
burglary 盗窃
Burstein, Andrew 安德鲁·布尔斯坦
Burton, Richard 理查德·伯顿
Busaglo, Jacob 雅各布·布萨格罗
button-making technologies 纽扣制造技术

Cannon, John 约翰·坎农

capital markets 资本市场
capitalism 资本主义
Carboni, Mauro 毛罗·卡尔沃尼
card games 纸牌游戏
card money（Canada）卡币（加拿大）
Carlyle, Alexander 亚历山大·卡莱尔
Cellini, Benvenuto 本威努托·切里尼
Chardin, Jean-Baptiste Siméon, *The House of Cards* 让·巴蒂斯·西美翁·夏尔丹《纸牌屋》
civic disinterest 公民的无私
Clark, T. J. T. J. 克拉克
Cobbett, William, *Paper against Gold and Glory against Prosperity* 威廉·科贝特《基于黄金的纸币，基于繁荣的荣誉》
coin collectors 钱币收藏家
coins 硬币
　in art 艺术中的硬币
　counterfeit 伪币
　designs of 硬币的设计
　and interpersonal credit 硬币和人际信用
　mechanical production of 硬币的机械制造
　problems with according to Steuart 斯图尔特指出的硬币问题
　quality of 硬币的质量
collectors of coins 钱币收藏家
colonies, paper money in 殖民地的纸币
commercial banking 商业银行业务
commercial culture 商业文化
commodity money 商品货币
Continental dollar（America） 大陆元（美国）
Cooke, Ebenezer, *Sotweed Redivivus*

埃比尼泽·库克《烟草重现》
Copley, John Singleton, *John Hancock* 约翰·辛格尔顿·科普利《约翰·汉考克像》
copper coins 铜币
copper plate money（Sweden）笨重铜币（瑞典）
Corporation of Moneyers, England 英格兰铸币官行会
corruption by money 货币腐败
costs of coin production 硬币制作的成本
counterfeit money 伪币
    anti-counterfeiting devices 防伪措施
    coins 硬币
    paper money 纸币
    punishments for 对造伪币的惩罚
Cour de Monnaies, France 货币法院，法国
covenants 协议（合同）
cowrie shells 玛瑙贝壳
credit 信贷、信用、借款、贷款、赊欠
    creation of 创造信用
    in everyday use 日常借贷
    and progress 信用与进步
    role of money in 信贷中的货币的作用
    and social mobility in America 美国的信贷和社会流动性
creditors' rights 债权人的权利
criminal trial records, money in 刑事审判记录中的货币
crises 危机
criticisms of money 货币批判

d'Alembert, Jean le Rond, *Encyclopedie* 达朗贝尔《百科全书》
Davenant, Charles 查尔斯·达文南特
David, Jacques Louis, *Death of Marat* 雅克·路易·戴维《马拉之死》
Davis, Kathleen 凯萨琳·戴维斯
debt and communal bonds 债务与公共债券
Defoe, Daniel 丹尼尔·笛福
    The Complete English Tradesman 《地道的英国商人》
    Essay upon Projects 《论规划》
demand for money 货币需求
Desan, Christine 克里斯汀·德桑
devaluation of currency 货币贬值
Devenish, Thomas 托马斯·德维尼什
Diderot, Denis, *Encyclopedie* 狄德罗《百科全书》
discounting of notes 票据贴现
divination and prudence 占卜与审慎
Doon, Maria 玛丽亚·杜恩
Downing, Sir George 乔治·唐宁爵士
ducat（Basel）杜卡特币（巴塞尔）
Dutch East India Company 荷兰东印度公司

Earle, Peter 彼得·厄尔
economic benefits of money 货币的经济利益
economic man 经济人
écu（France）埃居（法）
edge-marking of coins 硬币的刻边
England 英格兰
    capital markets 资本市场
    coin supply 硬币供应
    commercial banking 商业银行业务

debts in probate accounts 遗嘱认证账户中的债务
everyday credit 日常信贷（信用）
mercantilism 重商主义
minting of coins 硬币的铸造
modern money 现代货币
personal use of money in 货币在英格兰的个人用途
public debt 公债
See also Bank of England; banknotes (England); Great Recoinage, England 也见"英格兰银行；银行券（英格兰）；英格兰货币大重铸"

Enlightenment, definitions of 启蒙的定义
Evelyn, John 约翰·伊夫林
everyday money, new practices 日常货币的新实践
coins and interpersonal credit 硬币和人际信用
money in criminal trial records 刑事审判记录中的货币
types of paper money 纸币的类型
exchange function of money 货币的交换功能
extrinsic value 外在价值

Fabian, Johannes 约翰尼斯·法比安
faith in money 对货币的信心
farthing (England) 法寻（英格兰）
farthing (Ireland) 法寻（爱尔兰）
Fear, George 乔治·费耶
feminism 女权主义
Ferguson, Adam 亚当·弗格森
fobs 表袋

fractional reserve lending 部分准备金借贷
France 法国
bimetallic ratios 双金属比率
credit in 法国的信用
minting of coins 法国的硬币铸造
paper money 纸币
playing cards 扑克牌
political crises 政治危机
variety of money 货币的多样性
Franklin, Benjamin 本杰明·富兰克林
A Modest Inquiry into the... Necessity of a Paper-Currency《试论纸币的性质和必要性》
Poor Richard's Almanac《穷理查德年鉴》

gambling 赌博
Gildon, Charles, *The Golden Spy* 查尔斯·吉尔顿《金色间谍》
Girodet, Anne-Louis, *Portrait of Mlle Lange as Danae* 安·路易·吉罗代·特里奥松《兰格小姐扮成达那厄的肖像画》
globalization of trade 贸易全球化
Goodale, Leonard 伦纳德·古代尔
Goodhart, Charles 查尔斯·古德哈特
Goux, Jean-Joseph 让-约瑟夫·古克斯
Graham, James 詹姆斯·格雷厄姆
grand larceny 重大盗窃罪
Grassby, Richard 理查德·格拉斯比
Great Debasement, England 英格兰亨利八世大贬值
Great Mirror of Folly《愚蠢的伟大镜子》
Great Recoinage, England 英格兰货币

大重铸
Green, Joseph 约瑟夫·格林
　　The Dying Speech of Old Tenor
　　《旧期限的临终演说》
　　A Mournful Lamentation On the untimely Death of Paper Money 《对早逝纸币的悲悼》
Green, Thomas 托马斯·格林
Gresham's law 格雷欣法则
guilds of moneyers 铸币官公会
guinea（England）几尼（英格兰）

Hall, Benjamin 本杰明·霍尔
Hall, David 大卫·霍尔
Hamilton, Alexander 亚历山大·汉密尔顿
　　Federalist《联邦党人文集》
　　Report on the Public Credit《关于公共信用的报告》
hammered coinage 锤击铸币法
Hancock, John 约翰·汉考克
Hardwick, Julie 朱莉·哈德威克
Harris, Joseph, Essay upon Money and Coins 约瑟夫·哈里斯《论货币和硬币》
Hartlib Circle 哈特利布圈子
high-powered money 高能货币
Hirschman, Albert 阿尔伯特·赫希曼
Hobbes, Thomas 托马斯·霍布斯
　　Leviathan《利维坦》
Hodges, James 詹姆斯·霍奇斯
Hogarth, William, The Rake's Progress 威廉·霍加斯《浪子生涯》
housebreaking 入室行窃
Howard, Mary 玛丽·霍华德

Hoyle, Edmond, A Short Treatise on the Game of Whist 埃德蒙·霍伊尔《惠斯特牌戏浅说》
Hume, David 大卫·休谟
　　Of the Balance of Trade《论贸易平衡》
　　Of Money《论货币》
　　Of National Character《论国民性》
　　Of Public Credit《论公共信用》

"In God We Trust" "我们信仰上帝"
indented bills 锯齿状票据
intelligence and money 智力和货币
intrinsic value 内在价值
"invisible hand" allusion of Adam Smith 亚当·斯密的"看不见的手"的用典
issues of the age 时代问题
　　bubble crises 泡沫危机
　　general principles 一般原则
　　paper vs gold crisis 纸对黄金危机
　　recoinage 货币重铸

Jaucourt, Louis, chevalier de 路易斯·德·若古
Jefferson, Thomas 托马斯·杰斐逊
Jennings, Samuel 塞缪尔·詹宁斯
joint-stock companies 股份公司
jokes about European commercial cunning 关于欧洲商业诡计的笑话

Kant, Immanuel 伊曼努尔·康德
Kaplan, Steven 史蒂文·卡普兰
Keynes, John Maynard 约翰·梅纳德·凯恩斯

Keys, Anne 安妮·凯斯

Lahontan, Louis Armand, Baron de 拉昂丹男爵路易·阿尔芒
land 土地、地产
land bank model 土地银行模式
Lange, Anne Françoise 安妮·弗朗索瓦斯·兰格
Law, John 约翰·劳
　Mississippi Scheme 密西西比计划
　Money and Trade Considered 《论货币和贸易》
Levasseur, Thérèse 特蕾莎·莱瓦瑟
Linen Bank 亚麻银行
Liotard, Jean-Etienne, *Still Life with a Lotto Game* 让·艾蒂安·利奥塔德《带洛托盒的静物》
Lloyd, Edward 爱德华·劳埃德
Locke, John 约翰·洛克
　Further Considerations Concerning Raising the Value of Money 《关于提高货币价值的进一步思考》
　Second Treatise of Government 《政府论下篇》第二卷
　Some Considerations of ... Raising the Value of Money 《关于降低利息和提高货币价值的后果的一些思考》
London, England 伦敦，英国
　minting of coins 铸币
　personal use of money in 伦敦的货币的个人使用
　political crises and coins 政治危机与硬币
Low Countries 低地国家
Lowndes, William, ... *an Essay for the Amendment of the Silver Coins* 威廉·朗兹《一篇关于修正银币价值的报告》
Luccassen, Jan 简·卢卡森

Madison, James 詹姆斯·麦迪逊
Malthus, Thomas 托马斯·马尔萨斯
Mandeville, Bernard, *The Fable of the Bees* 伯纳德·曼德维尔《蜜蜂的寓言》
Marillac, Charles de 查尔斯·德·马里拉克
market, natural operation of 市场的自然运作
Marshall, Timothy 提摩太·马歇尔
Mason, John 约翰·梅森
Massachusetts bills 马萨诸塞纸币
Mather, Cotton 科顿·马瑟
McCulloch, J.R., *The Literature of Political Economy* J. R. 麦卡洛赫《政治经济学文献》
mechanical production of coins. See technologies of money 机械铸币，参见 "货币的技术"
Melon, Jean-François 让·弗朗索瓦·梅隆
mercantile relations, conviviality of 商业关系的融洽
mercantilism 重商主义
mercury and silver refining 水银与银的精炼
Mestrelle, Eloi 埃洛伊·梅斯特雷尔
Mexico, silver mines 墨西哥，银矿
mill-money 磨坊货币
Miller, Elizabeth 伊丽莎白·米勒
mint marks 铸币厂标记

minting of coins 货币铸造
Misselden, Edward 爱德华·米塞尔登
Mississippi Scheme 墨西西比计划
modern money 现代货币
money crops 货币作物
money of account 记账货币
moneyers 铸币官
More, Thomas, *Utopia* 托马斯·莫尔《乌托邦》
Morgan, Isabella 伊莎贝拉·摩根
Morris, William 威廉·莫里斯
mortgages 抵押
Muldrew, Craig 克雷格·穆德鲁
Mun, Thomas 托马斯·孟
Murray, Judith Sargent 朱迪思·萨金特·默里
Muzzarelli, Maria Guiseppina 玛丽亚·朱塞皮娜·穆扎雷利

national debts 国债
Neal, Larry 拉里·尼尔
Newman, Anne 安妮·纽曼
Newton, Isaac 艾萨克·牛顿
Newton, John 约翰·牛顿
Northall, James 詹姆斯·诺瑟尔
notaries and credit 公证人和信贷
notes of hand 手写签署票据
novels about money 关于货币的小说

Olivier, Aubin 奥本·奥利维耶
ontology of money 货币本体论

Pabst, Adrian 阿德里安·帕布斯特
Pagden, Anthony 安东尼·帕戈登
Paine, Thomas 托马斯·潘恩

Pamstruck, Johan 约翰·帕姆斯特克
Papal Mint, Rome 教皇铸币厂, 罗马
paper money 纸币
  in art 艺术中的纸币
  control of 纸币的控制
  designs of 纸币的设计
  development of 纸币的发展
  problems with 纸币的问题
  trust in 纸币的信用
  types of 纸币的类型
Paris Mint 巴黎铸币厂
pawnbrokers 典当商
Pepys, Samuel 塞缪尔·佩皮斯
pickpocketing 扒窃
pieces of eight (Spain) 八块（西班牙）
Pilkington, William Dawson 威廉·道森·皮尔金顿
Pocock, J.G.A. J. G. A. 波科克
poems about money 关于货币的诗
political representation 政治代表性
Pope, Alexander, *The Dunciad* 亚历山大·蒲柏《愚人志》
Pope, Elizabeth 伊丽莎白·波普
Potosí, Bolivia 波托西, 波利维亚
Potter, William 威廉·波特
power in society, decentralization of 社会权力的分散
primitive mind and a secular economy 原始思维与世俗经济
primitive money 原始货币
probate accounts, debts in 遗嘱认证账户中的债务
Protestant abstraction 新教的抽象
prudence, discourse on 关于审慎的话语
public bonds 公共债券

public debt 公债

quantity theory of money 货币数量理论

Rammage, David 大卫·拉姆齐
Ramsey, David, *History of the American Revolution* 大卫·拉姆西《美国独立战争史》
Randolph, Peyton 佩顿·兰多夫
reales（Spain）雷亚尔（西班牙）
recognition of coins 硬币的识别
recoinage 货币重铸
refining technologies 精炼技术
Revere, Paul 保罗·里维尔
Revolutionary War 美国独立战争
Ricardo, David, *The High Price of Bullion, A Proof of the Depreciation of Bank Notes* 大卫·李嘉图《金银条的高价是银行券贬值的证据》
rights of creditors 债权人的权利
ritual and religion, secularization 仪式和宗教，世俗化
    division between money and the religious 货币和宗教的分化
    primitive mind and a secular economy 原始心灵和世俗经济
Robert, Hubert 休伯特·罗伯特
Robertson, John 约翰·罗伯逊
Robertson, William 威廉·罗伯逊
Rothschild, Emma 艾玛·罗斯柴尔德
Rousseau, Jean-Jacques 让-雅克·卢梭
Royal Bank of Scotland 苏格兰皇家银行
Royal Mint, London 皇家铸币厂，伦敦

satires of money 对金钱的讽刺

Schumpeter, Joseph 约瑟夫·熊彼特
Schwab, Marx 马克思·施瓦布
screwpress minting 螺旋冲压铸币
scriveners 公证人
secularization in the Enlightenment 启蒙时代的世俗化
self-interest 自利
Semer, John 约翰·塞默
Shell, Marc 马克·谢尔
shoplifting 商店行窃
shortages of coinage 硬币紧缺
sign, money as a 作为符号的货币
silver coins 银币
silver mines 银矿
Simmel, Georg 乔治·齐美尔
slavery 奴隶制
slaves, in mining 矿山中的奴隶
small change 小面值硬币
Smith, Adam 亚当·斯密
    Wealth of Nations 《国富论》
Smith, Samuel 塞缪尔·史密斯
sociability of money 货币的社会性
Sonenscher, Michael 迈克尔·索南舍尔
South Sea Company 南海公司
Speke, John Hanning 约翰·汉宁·斯派克
steam-powered coining 蒸汽动力铸币
Stern, Julia 朱莉亚·斯特恩
Steuart, Sir James, *An Inquiry into the Principles of Political Of economy* 詹姆斯·斯图尔特《政治经济学原理研究》
Stewart, Dugald 杜加尔德·斯图尔特
Stubbs, John 约翰·斯图布斯
superstition 迷信
supply of money 货币供应

Surinam 苏里南
Swift, Jonathan 乔纳森·斯威夫特
 Drapier's Letters《布商的信》
 Gulliver's Travels《格列佛游记》
 A Modest Proposal《一个小小的建议》
 sympathy and financial independence 同情心与经济独立

talking money in literature 文学作品中"说话"的钱
Taylor, Charles 查尔斯·泰勒
technologies of money 货币技术
 mechanical coining 机械铸币
 mines and mints in the Americas 美洲的矿山和铸币厂
 paper money and trust 纸币与信用
 small change and industrial minting 小面值硬币与工业铸币
thaler（Maria Theresa, Austria）塔勒银元（玛丽亚·特雷西亚，奥地利）
thefts from a specified place 在指定地点行窃
theories of money 货币理论
Thornton, Henry, *Enquiry into the ... Paper Credit of Great Britain* 亨利·桑顿《大不列颠纸面信用的本质和作用的探讨》
tobacco notes 烟草充当货币
token money 代币
tokens 代币
Tower Hill mint, London 塔山铸币厂，伦敦
Tower of London mint 伦敦塔铸币厂
trade cards 商业名片

trade coins 贸易货币
translation between religious and secular economies 宗教和世俗经济的转化
trial records. See criminal trial records, money in 审判记录，参见"刑事审判记录中的货币"
tricks played on American Indians 对美洲印第安人的骗局
Trumbull, John 约翰·特鲁姆贝尔
 The Anarchiad《无政府主义者》
 M'Fingal《玛芬加》
Tucker, Josiah 约西亚·塔克

usury 高利贷

value of coins 硬币的价值
value of money 货币的价值
Varin, Jean 让·瓦兰
Veblen, Thorstein 托斯丹·凡勃伦
venality of money 金钱的腐败
Vigée-Lebrun, Elisabeth, *Marie Antoinette en chemise* 伊丽莎白·维杰-勒布伦，《穿衬衫的玛丽·安托瓦内特》
violent theft 暴力盗窃
visual culture of money. See art and Representation 货币的视觉文化，参见"艺术与表现形式"

wages 工资
Watteau, Jean-Antoine, *Gersaint's Shopsign* 让·安托万·华多，《热尔桑的画店》
wealth in America 美洲的财富
Weber, Max, *The Protestant Ethic*

and the Spirit of Capitalism 马克斯·韦伯《新教伦理与资本主义精神》
Weiss Smith, Courtney 考特尼·韦斯·史密斯
Wenham, Mary 玛丽·温翰
Wennerlind, Carl 卡尔·温纳林德
West, John 约翰·韦斯特
Whalan, John 约翰·沃兰
Winstanley, Gerrard 杰拉德·温斯坦利
Wise, John 约翰·怀斯
Wood, Gordon S. 戈登·S. 伍德
Wood, William 威廉·伍德

致 谢
Acknowledgements

这本论著很大程度上要归功于我们的同事和学生，他们每天都在和我们交流启蒙运动、货币的相关知识以及这些学科融合的方式。我们还要感谢比尔·莫勒（Bill Maurer），一位精明而睿智的编辑。感谢法拉·库雷希（Farah Qureshi）在插图方面的帮助，特别感谢埃利·帕顿（Ellie Paton）（英格兰银行博物馆）、克里斯汀·麦克唐纳（Kristen McDonald）（耶鲁大学刘易斯·沃尔波尔图书馆）、梅丽莎·墨菲（Melissa Murphy）（哈佛商学院贝克图书馆）、萨拉·B.韦伯（Sara B. Weber）（圣母大学赫斯堡图书馆）和丽莎·奥尔里奇斯（Lisa Olrichs）（国家图书馆）的帮助。布卢姆斯伯里出版社的团队非常出色，特别是杰拉尔丁·比林汉姆（Geraldine Billingham）、卡库尔·巴特（Kakul Butt）、劳拉·科维尔（Lara Covill）和罗尼·汉娜（Ronnie Hanna）。在哈佛法学院，苏珊·史密斯（Susan Smith）以无与伦比的优雅、智慧和耐心协调了项目的方方面面，最终取得了让我们皆大欢喜的成果。

关于各章作者

Notes on Contributors

詹尼弗·J. 贝克是纽约大学英语系副教授。她专攻美国文学、美国文化和思想史，对 18 世纪和 19 世纪的写作尤为感兴趣。她的第一本书《保卫联邦：早期美国的债务、投机和写作》（*Securing the Commonwealth*: *Debt, Speculation, and Writing in the Making of Early America*，约翰·霍普金斯大学出版社，2005），探究了金融发展，特别是公债和纸币的出现对 18 世纪的美国写作的影响。她目前致力美国浪漫主义与 19 世纪的生命科学的研究。

玛拉·卡登是马萨诸塞州历史学会的资深研究员，2017 年，她在耶鲁大学获得了历史学博士学位，并在里士满大学、费城图书馆公司的早期美国经济和社会项目以及亨廷顿图书馆都获得了奖学金。其著作《铸币条件》（*Mint Conditions*），是对近代早期英国大西洋世界和早期美国的货币、制造业和政治经济的一项研究。

丹尼尔·凯里是爱尔兰高威国立大学摩尔人文社会研究所的所长。他的著作包括专著《洛克、沙夫茨伯里和哈奇森：启蒙运动及其后的多样性竞争》（*Locke, Shaftesbury, and Hutcheson: Contesting Diversity in the Enlightenment and Beyond*，剑桥大学出版社，2006）。他编辑了《启蒙运动中的货币和政治经济学》（*Money and Political Economy in the Enlightenment*，伏尔泰基金会，2014）和《信贷帝国：

英国大西洋世界的金融革命，1688—1815》（*The Empire of Credit: The Financial Revolution in the British Atlantic World, 1688–1815*，爱尔兰学术出版社，2011）。他发表了大量关于16、17和18世纪的文学、哲学史、科学史、人类学和旅行方面的文章。2014年，他入选爱尔兰皇家学院，在爱尔兰研究委员会任职。

德怀特·柯德是康涅狄格大学的英语系副教授。他有两个主要的研究领域：第一个是英国18世纪的货币文化史；第二个是同一时期的残疾史，特别关注语言障碍。他是《咒骂高利贷者：英国的反金融与不确定性伦理，1690—1750》（*Raving at Usurers: Anti-Finance and the Ethics of Uncertainty in England, 1690–1750*，弗吉尼亚大学出版社，2016）的作者，书中描绘了基督教风险伦理与金融革命之间的文学、理论和历史联系。

克里斯蒂娜·德桑是哈佛大学法学院法学教授，她研究作为一种治理模式的货币。她在《制造货币：硬币、通货和资本主义的出现》（*Making Money: Coin, Currency, and the Coming of Capitalism*，牛津大学出版社，2014）中指出，社会制造货币方式的彻底转变引领了作为公共工程的资本主义的到来。她是哈佛大学资本主义研究项目的联合创始人，教授国际货币体系、货币宪法、宪法史、政治经济学和法学理论。

克雷格·穆德鲁是社会和经济史教授，也是剑桥大学皇后学院的会员。他的研究集中在两个方面。首先是对1500—1700年间在英国市场经济发展中信用对经济和社会所起作用的研究；其次是现代英国经济早期的农业劳动者的生活水平和工作情况。他是《义务经济：近代早期英国的信用文化与社会关系》（*The Economy of Obligation: The Culture of Credit and Social Relations in Early Modern England*，麦克米伦出版社，1998）和《食物、能源与工业革命：英国农业社会的工作与物质文化，1550—1780》（*Food, Energy and the Industrious Revolution: Work and Material Culture in Agrarian England, 1550–1780*, 剑桥大学出版社，2011）的作者。

丽贝卡·L. 斯潘是印第安纳大学历史系教授，也是该校人文科学和管理课程的负责人。她的《法国大革命时期的物品与货币》（*Stuff and Money in the Time of the French Revolution*, 哈佛大学出版社，2015）被英国《金融时报》评为"年度最佳图书"，并获得多个大奖。

卡尔·温纳林德是哥伦比亚巴纳德学院的历史学教授。他的研究重点是政治经济学史和货币思想史，并撰写、讲授资本主义的历史。温纳林德教授是《信用的伤亡：英国金融革命，1620—1720》（*Casualties of Credit: The English Financial Revolution, 1620–1720*, 哈佛大学出版社，2011）一书的作者。他也是关于休谟的世俗哲学的一本书的合著者，并且是《大卫·休谟的政治经济学》（*David Hume's Political Economy*, 劳特利奇出版社，2009）和《重构重商主义》（*Mercantilism Reimagined*, 牛津大学出版社，2013）的联合编辑。

图书在版编目（CIP）数据

货币文化史.Ⅳ,启蒙时代货币泡沫与价值反思/（美）比尔·莫勒（Bill Maurer）主编；（美）克里斯蒂娜·德桑（Christine Desan）编；连城译.— 上海：文汇出版社, 2022.8

ISBN 978-7-5496-3801-7

Ⅰ.①货… Ⅱ.①比… ②克… ③连… Ⅲ.①货币史-世界-17-18世纪 Ⅳ.①F821.9

中国版本图书馆CIP数据核字（2022）第123110号

A Cultural History of Money in the Age of Enlightenment by Christine Desan (Editor), Bill Maurer (Series Editor), ISBN: 978-1474237079

Copyright © Bloomsbury 2019

All rights reserved. This translation of *A Cultural History of Money in the Age of Enlightenment* is Published by arrangement with Bloomsbury Publishing Plc.

本书简体中文版专有翻译出版权由Bloomsbury Publishing Plc.授予上海阅薇图书有限公司。未经许可，不得以任何手段或形式复制或抄袭本书内容。

上海市版权局著作权合同登记号：图字09-2022-0374号

货币文化史 Ⅳ：启蒙时代货币泡沫与价值反思

作　　者／[美]比尔·莫勒 主编　[美]克里斯蒂娜·德桑 编
译　　者／连　城
责任编辑／戴　铮
封面设计／拾野文化
版式设计／汤惟惟
出版发行／文汇出版社
　　　　　上海市威海路755号
　　　　　（邮政编码：200041）
印刷装订／上海颛辉印刷厂有限公司
版　　次／2022年8月第1版
印　　次／2022年8月第1次印刷
开　　本／889毫米×1194毫米　1/32
字　　数／243千字
印　　张／10.75
书　　号／ISBN 978-7-5496-3801-7
定　　价／88.00元